RÉSUMÉ DU TRAITÉ

DE LA

PROPRIÉTÉ DES MINES.

CHALON-SUR-SAÔNE, IMPRIMERIE DE J. DEJUSSIEU.

RÉSUMÉ DU TRAITÉ

DE LA

PROPRIÉTÉ DES MINES

ET

DE SES CONSÉQUENCES,

D'APRÈS LES PRINCIPES DE LA LOI DU 21 AVRIL 1810,

Par **P. REY**, ancien avoué,

Ancien Directeur du Contentieux des Établissements de Blanzy, du Creusot, de Montchanin, etc.

Suppléant du Juge de Paix, à Chalon-sur-Saône,

PARIS,

Chez Victor DALMONT, Libraire-Éditeur,

QUAI DES AUGUSTINS, Nº 49.

CHALON-SUR-SAONE, chez l'auteur.

1859.

À

Monsieur **SCHNEIDER,** premier Vice-Président

du Corps législatif.

Il y aurait de l'ingratitude si je n'écrivais pas votre nom sur un
ouvrage dont vous avez des premiers si bien compris l'utilité et que
vous avez daigné encourager. J'acquitte une dette de reconnaissance
en vous le dédiant aujourd'hui que l'œuvre est complète.

P. REY.

27 Juin 1859.

AVERTISSEMENT.

Dans notre ouvrage *de la Propriété des Mines* et *de ses conséquences* nous nous étions posé résolument en réformateur. Nous avions cru faire une œuvre utile à tous en indiquant à la jurisprudence des voies nouvelles. Nous avions cru qu'un auteur, plein d'une vieille *expérience des choses*, peut tenter, par la seule autorité d'une parole sage et réfléchie, de tourner les esprits vers le droit chemin, et nous espérions de notre petit travail de grands résultats. En cela nous nous sommes trompé et nous savons pourquoi.

Nous n'avions pas songé qu'il faut l'autorité d'un nom, d'une carrière illustre, pour *déplacer* violemment et *renouveler* les idées, et que pour triompher dans une lutte aussi vive il ne suffit pas d'avoir *bon courage* et *bon droit*, il faut dominer par le prestige d'une force reconnue, de talents éprouvés. Nous devons avouer que tels n'étaient pas nos moyens de vaincre.

On nous a injustement accusé de *sophisme*, et l'on nous a traité de novateur *téméraire*, de réformateur *audacieux,* de *révolutionnaire,* de nouveau *Messie,* venant apporter la parole de vérité, etc. ; tout cela pour avoir dit que la concession d'une mine opère tout d'abord *un partage horizontal* du terrain concédé sous le nom *de mine* (1).

Aujourd hui, nous prenons un rôle plus modeste ; nous venons *resserrer* nos arguments, *résumer* nos idées, et, en humble compilateur, coudre à la suite les uns des autres tous les documents authentiques, tous les monuments de jurisprudence, où est écrite à chaque page *la parole de vérité.* Nous prouverons que nos théories, neuves et audacieuses pour bien des gens, sont aussi anciennes que la loi, et nous espérons, par notre travail *patient,* fermer carrière aux esprits aventureux qui, chaque jour, font et défont *au gré de leur fantaisie* un chef-d'œuvre de Napoléon Ier.

Nous montrerons, avec les documents législatifs, que la loi du **21 avril 1810** sur les mines *déroge* AU DROIT *de propriété* conféré par l'article 552 du code Napoléon et *autorise* LA CONCESSION *des terrains qui* CONTIENNENT *des matières précieuses,* et que la propriété d'une mine est une propriété territoriale de la même nature qu'une carrière de pierres.

Dans la loi de **1810,** comme dans le dictionnaire de l'Académie, *mine* et *terrain* sont synonymes, et la propriété d'une mine c'est le terrain *reconnu pour contenir* de l'or, de l'argent, du cuivre, du fer, de la houille, du manganèse, tant à la surface que dans le sein de la terre.

(1) Voir la *Revue historique* de droit français et étranger (2e livraison de 1858) et la *Gazette des Tribunaux* du 22 mai 1858.

Voici *le résumé* de toute la loi : L'article 2 ÉNUMÈRE *les substances minérales ou fossiles* qui donnent *au terrain* qui les contient *le nom de mine*, et tout propriétaire a le droit de faire des recherches dans sa propriété pour découvrir *une mine*.

Le gouvernement a aussi le droit de permettre à un tiers *de fouiller la propriété d'autrui* pour faire les mêmes recherches, et, après la découverte d'une mine, il a encore le droit de concéder cette propriété *à perpétuité* à un titulaire de son choix.

Sont *seuls concessibles* les *terrains* qui renferment les substances minérales dont la *nomenclature* est dans l'article 2 de la loi; les minières, les carrières et les tourbières sont exploitées sans concession, et les terrains houillers sont concédés sous le nom *de mines de houille*, lorsque l'intérêt général l'exige.

Donner au gouvernement le droit de concéder la propriété d'autrui *lorsque l'intérêt général l'exige* était chose facile ; mais en prononcer l'*expropriation* sans imposer au concessionnaire l'obligation d'en payer le prix immédiatement, était *une innovation* qui présentait des difficultés insurmontables ; c'est là ce que l'Empereur appelait *un secret* et ce que M. de Girardin a plus tard qualifié *de problème*.

Le Conseil d'État, présidé par l'Empereur, mit quatre années *à chercher la solution du problème ;* le mode adopté est en définitive bien simple : *indemnité annuelle* pour *le tréfonds* à partir de la concession ; *indemnité annuelle* pour *la surface* à partir de la prise de possession, et, dans deux cas déterminés par la loi, *le prix double* du terrain.

L'indemnité accordée pour le tréfonds doit, aux termes des articles 6 et 42, être fixée par l'acte de concession, *selon la nature du terrain* ; elle est réunie par la loi à la valeur de la surface, et devient le gage des créanciers inscrits *comme prix de vente*. Cette indemnité doit être *légère*, parce que l'exploitation de la mine donne une *plus-value* à la superficie, et fût-elle même dérisoire, la propriété ne serait pas moins justement acquise au concessionnaire.

L'indemnité accordée pour occupation à la surface, quelle qu'en soit la durée, est évaluée d'après *les bases* qui sont fixées par l'article 43 : *le double* de ce qu'aurait produit net le terrain occupé, valeur au moment de la prise de possession du concessionnaire.

Dans le cas d'une occupation *de plus d'une année*, ou quand les travaux de la mine ont rendu le terrain impropre à la *culture*, le propriétaire de la surface, d'après l'article 44, a dans les deux cas le choix entre les deux indemnités annuelles ou le prix double du terrain valeur *avant l'exploitation de la mine* ; dans ce cas, en perdant *sa qualité* de propriétaire *du dessus*, il n'a plus aucun droit sur le produit de la mine.

Jusqu'à sa dépossession le propriétaire de la surface conserve sa propriété pour la *cultiver* et l'*exploiter* comme il lui plaît, a dit **M.** Locré, indépendamment de la redevance qu'il prélève sur le produit de la mine ; mais on n'a jamais pris au sérieux cette redevance et l'on ne voit pas qu'elle forme le prix du tréfonds.

La *surface d'une mine* est sans profondeur ; sa valeur est basée sur le produit que donne la terre *végétale,* elle est fixée d'après la *qualité* et la *quantité* des produits qu'elle fournit et la *facilité* d'en opérer la vente. Or, de grands avantages résultent d'une exploitation de mines : elle fait régner l'abondance dans les pays d'alentour, le sol mieux cultivé devient fertile et les débouchés sont considérables ; il est donc juste que l'estimation du terrain soit basée sur le produit.

Pour écarter *toute autre* BASE que celle du produit du terrain, le 2me § de l'article 44 de la loi de 1810 renvoie, *quant au mode* d'évaluation, aux règles établies par les articles 48 et 49 du titre XI de la loi de 1807, qui excluent de l'estimation les constructions *illicites*, *non protégées* par la loi, et *la plus-value* que l'exploitation de la mine donne au terrain.

D'ailleurs le législateur n'a jamais eu la pensée d'accorder, en dehors des bases indiquées par l'art. 43, ni une double indemnité, ni un double prix ; il a voulu au contraire protéger les propriétaires de mines contre les *évaluations arbitraires*, en posant lui-même *les bases* des indemnités de manière à *désintéresser* l'un *sans grever* la condition de l'autre, comme l'a dit à la tribune législative l'un des commissaires du gouvernement, dans l'exposé des motifs de la loi, et toute dénégation sur ce point est impossible.

Mais on est tellement éloigné de ces idées, que les articles 43 et 44 sont invoqués par les propriétaires de la surface, qui s'en prévalent pour réclamer *le double de tout dommage*, et les tribunaux se croient autorisés par ces articles à doubler la réparation du préjudice.

Les propriétaires de mines eux-mêmes offrent dans certains cas une double indemnité, en établissant toutefois *deux catégories* de dommages, l'une au double et l'autre au simple ; personne ne voit que les articles 43 et 44 ont une application spéciale, et de là sont venues les difficultés sur le règlement des indemnités.

L'erreur a été générale, et elle ne peut disparaître tant qu'on n'admettra pas ce principe fondamental que la propriété d'une mine est une propriété *territoriale* ordinaire, de même nature qu'une carrière de pierres, exploitée par tranchées *à ciel ouvert* ou par galeries *souterraines*, DEPUIS LA SURFACE JUSQU'A UNE PROFONDEUR INDÉFINIE, et qu'on ne verra pas que la propriété de la *surface d'une mine* est une propriété *sans profondeur*.

Une mine ne peut être exploitée sans concession ; mais le concessionnaire n'a pas besoin d'autorisation pour exploiter sa propriété ; la concession est tout à la fois une *permission* et une *obligation d'exploiter*.

Au moment de la dépossession du propriétaire exproprié, l'intervention du préfet est indispensable, pour prévenir toutes collisions ; le concessionnaire ne peut prendre possession de la propriété concédée sans avertir le propriétaire et lui offrir l'indemnité préalable à laquelle a droit tout propriétaire *avant sa dépossession*.

Le propriétaire d'une mine doit se conformer aux règlements administratifs s'il veut, lorsqu'il y a effondrement de la surface, éviter *un premier* règlement de dommages, puis *un second*, et ainsi de suite, à mesure que le préjudice augmente à la surface. Il évite surtout expertises sur expertises et les frais ruineux qui sont la conséquence d'un règlement de dommage d'après le droit commun.

Quant *aux conséquences* de la concession du terrain, elles sont indiquées dans deux arrêts remarquables rendus par la Cour de cassation, Chambre civile et toutes Chambres réunies, en 1837 et 1841, à savoir que le concessionnaire *ne peut être privé* D'UNE PARTIE *de sa concession à raison de la* CRÉATION *d'un établissement* NOUVEAU, et que si les droits inhérents à la propriété de la surface (comme la culture) restent entiers, il ne s'ensuit pas que le propriétaire de cette surface *ait celui* DE NUIRE *à l'exploitation de la mine dans l'étendue de son périmètre.*

C'est, en un mot, le *statu-quo* sur la surface de la propriété concédée, sous certaines restrictions et moyennant indemnité; mais comme on n'admet pas *la vérité*, les arrêts remarquables de la Cour suprême sont *lettre-morte.*

On s'étonne ensuite que depuis *cinquante ans* on n'ait pas pu s'entendre sur les dispositions de l'article 11 de la loi, qui désignent les lieux *distraits* de la concession, ni sur celles des articles 6, 42, 43 et 44, qui règlent le prix des terrains *concédés à perpétuité.*

Nous avons un instant partagé l'erreur générale en cherchant dans la loi de 1810 la définition de la propriété des mines ; la loi ne définit jamais *les biens*, elle crée la propriété, en assure la possession et détermine les droits ; les définitions sont du domaine de la doctrine et de la science.

Mais, dans l'étude de cette matière si difficile, on n'arrive pas du premier coup à saisir la vérité ; pour nous, ce n'est qu'instruit par une expérience longuement acquise que nous sommes parvenu à vaincre les grandes difficultés du sujet et ainsi à interpréter d'une manière *logique* et *juste* le renvoi à la loi de 1807, sur lequel le gouvernement, la Cour de cassation et le Conseil d'État n'ont pu se mettre d'accord et qui a été ensuite déclaré par les jurisconsultes une *inadvertance* du législateur !

D'ailleurs, de l'aveu des hommes les plus compétents, la loi serait *incomprise* par tout le monde, et à cet égard un magistrat d'une Cour impériale nous a écrit :

« La loi du 21 avril 1810 n'est suffisamment connue NI DES MAGISTRATS QUI L'APPLIQUENT, NI DES AVOCATS QUI L'INTERPRÈTENT.

» Le moment est venu, je pense, de profiter d'un *demi-siècle* d'expérience pour réviser une législation que tout le monde déclare incomplète, POUR DÉFINIR *clairement* LA PROPRIÉTÉ DES MINES et *pour proclamer* hautement, *quels qu'ils soient*, les principes qui la régissent. »

Un conseiller d'État, connaissant toutes les difficultés de notre législation sur les mines, a bien voulu nous dire :

« J'ai à vous féliciter *de la perseverance* avec laquelle vous poursuivez l'étude de cette partie de notre législation. *Je pense comme vous* qu'elle n'est pas suffisamment APPROFONDIE ET ÉTUDIÉE, MÊME PAR CEUX QUI SONT CHARGÉS DE L'APPLIQUER. Vos travaux CONSCIENCIEUX serviront sans doute à la mieux faire connaître et à *élucider* les questions délicates qu'elle présente. »

Un avocat à la Cour impériale de Paris, *dans sa thèse* sur les mines, pour le doctorat (9 juin 1858), en adoptant nos idées sur les articles 11, 43 et 44 de la loi de 1810, s'exprime ainsi :

» Entendre la loi comme la Cour de cassation l'entend (à l'article 11), on n'est plus maître chez soi ; c'est soumettre le propriétaire d'un terrain à l'inquisition de son voisin....

« La Cour de cassation, d'accord en cela avec les auteurs, UN SEUL EXCEPTÉ, M. REY, *de la Propriété des Mines*, applique les articles 43 et 44 aux éboulements, fissures, etc. ; *aucun des motifs* (des arrêts de la Cour suprême) NE NOUS PARAÎT JUSTE...! »

Un ingénieur au Corps impérial des mines, qui a fait une étude spéciale de la loi de 1810, nous dit :

« Votre manière d'interpréter l'article 11 et les articles 43 et 44 *me paraît* SEULE CONFORME *à la loi* et SEULE CAPABLE *de concilier*, dans une juste mesure, *tous les intérêts*.

» Vous avez rendu un éminent service à tous ceux qui cultivent la science du droit, en réunissant les décisions éparses de la jurisprudence et montrant combien *elles sont divergentes*, PARCE QUE L'ON N'ÉTUDIE, PAS ASSEZ *la loi de* 1810. Quelle que soit d'ailleurs l'opinion de vos lecteurs, ils devront reconnaître que vous avez eu le mérite *de sonder des difficultés* DEVANT LESQUELLES TOUT LE MONDE AVAIT RECULÉ JUSQU'ICI. »

Un autre ingénieur, auteur *de deux ouvrages* sur la législation des mines, est d'accord avec nous sur les articles 11, 43 et 44, et, dans la *Revue historique du Droit français et étranger de* 1858, il a déclaré :

« Que la DOUBLE CONDITION *nécessaire* pour étudier la législation des mines *est à peu près* IMPOSSIBLE *à réaliser* (1), et que c'est pour cela QU'ELLE EST EN GÉNÉRAL SI MAL CONNUE ! »

Un jurisconsulte est obligé de soutenir que le renvoi à la loi de 1807 est une *inadvertance*, pour ne pas appliquer *la base* fixée par l'article 43 'de la loi de 1810 au règlement du double prix ; il nous a dit :

« Reste, je le sais, le renvoi à la loi du 16 septembre 1807 ; à cet égard *j'avoue* MON EMBARRAS et je ne me charge pas de l'expliquer. Tout ce que je puis dire, c'est que jusqu'à présent il a été considéré comme *une lettre-morte*, et jamais je n'en ai vu l'application.

« Dans votre système ce renvoi s'appliquerait aux articles 48 et 49 ; mais alors c'est le système du *statu-quo* et de l'interdiction à la surface ; c'est, vous le savez, un système qui est proscrit par la jurisprudence, notamment par la Cour de cassation (Chambre des requêtes), et comme le renvoi ne peut pas *raisonnablement* s'appliquer à autre chose, je serais vraiment tenté d'y voir *une inadvertance* du législateur ; il faut reconnaître que c'est ainsi que jusqu'ici les tribunaux ont traité ce renvoi. »

(1) Connaître l'art d'exploiter les mines et avoir l'habitude d'étudier les lois.

Le double prix qui se lie au renvoi serait donc aussi une inadvertance? Mais le renvoi est né d'une proposition *spéciale*, qui, après examen dans la section de l'intérieur, a été admise par le Conseil d'État, et, le jour même du vote de la loi, le rapporteur a déclaré qu'il est un *adoucissement* au double prix, ce qui prouve que la disposition est sérieuse et qu'elle doit être exécutée.

Ce renvoi à la loi de 1807 est le complément indispensable des articles 43 et 44 de la loi de 1810, non pas seulement sous le rapport de l'application de *la base* de l'article 43 *au double prix*, mais aussi parce qu'il interdit toutes constructions *nuisibles* à l'exploitation de la mine, conformément à ce qui a été décidé par la Cour suprême dans un arrêt solennel.

On verra qu'un ingénieur des mines voudrait, de son côté, faire considérer comme *lettre-morte* les articles 6 et 42, édictés pour le règlement du prix de la propriété souterraine ou de la mine, parce qu'ils prouvent l'*expropriation* du propriétaire de la surface.

Mais si l'on savait combien est difficile l'*étude d'un seul article* de la loi de 1810, et que nous avons, tout en réunissant la *théorie* à la *pratique,* employé de longues années à cette étude, on examinerait avec plus de confiance et avec plus de soin notre travail, et l'on n'opposerait pas *à un texte de loi* une jurisprudence qui *tôt* ou *tard* changera, nous a dit un président de la Cour impériale de Lyon.

Notre traité de la propriété des mines a reçu une approbation éclatante; on en trouve la preuve dans le second volume (voir pages 198 à 204), et nous rapportons ici d'autres preuves ; on lit dans les motifs d'un jugement :

« Considérant que ces principes, développés dans le traité *de la Propriété des Mines*, de M. REY, *tome* II, *chapitre* 2, ont été sanctionnés plus d'une fois par la Cour de cassation.... »

D'autre part, un éminent magistrat, président de la Cour de cassation, a daigné nous écrire ce qui suit :

« Vous avez *savamment approfondi* les graves questions que soulève notre législation sur les mines. — Vous aviez pour cela cet avantage sur les auteurs qui se sont occupés des mêmes matières, d'AVOIR VU *de près* les richesses minières que notre sol renferme, d'AVOIR ÉTUDIÉ leurs modes d'exploitation et d'AVOIR PU conséquemment mieux apprécier que BIEN D'AUTRES *les difficultés* que cette législation peut faire naître et INDIQUER AVEC AUTORITÉ LA SOLUTION A LEUR DONNER. »

Un ingénieur en chef des mines, membre de l'Institut, occupant une position élevée dans l'administration, nous a dit :

« Votre compétence *dans ces matières* EST ASSEZ CONNUE pour que votre traité OBTIENNE PARTOUT LE SUCCÈS QUI LUI EST DU..... »

Un jurisconsulte, qui est obligé par sa position d'étudier et d'approfondir toutes les questions qui se rattachent à la législation des mines, nous a écrit :

« Des travaux comme les vôtres, FONDÉS SUR CETTE EXPÉRIENCE DE CHAQUE JOUR qui amène les convictions *fortes* et *persévérantes*, honorent la science : ils ont droit, dès-lors, à UN EXAMEN ATTENTIF et *bienveillant*... J'ai pu apprécier l'ordre d'idée, la logique serrée, qui ont présidé à la rédaction de votre livre. La question du STATU-QUO, celle relative à la compétence, m'ont paru traitées d'une manière complète et m'ont fort intéressé. Je regarde dès à présent pour moi comme un devoir, et j'ajouterai un plaisir, de parler comme il convient de le faire d'UN TRAVAIL CONSCIENCIEUX, *élaboré dans des conditions* SI HONORABLES pour son auteur.

Pourquoi faut-il que de tels ouvrages, qui ne s'adressent qu'à un petit nombre de lecteurs, soient en général peu profitables à ceux qui y consacrent tant de veilles. L'opinion publique leur doit au moins un dédommagement. »

Enfin, un de nos compatriotes, homme d'un grand

talent, dans l'*Audience*, *bulletin des tribunaux*, du 23 juin 1858, a défendu notre ouvrage, en disant :

« Le livre de M. REY a eu *le rare avantage* de réunir un grand nombre de documents épars ; il a eu *cet autre mérite* de rechercher les principes dans les dispositions combinées de la loi elle-même, et de leur donner un corps. Certes, *ce n'est pas là l'œuvre* D'UN NOVATEUR : mais les hommes sont ainsi faits, *il ne faut pas* TOUT-A-COUP *faire luire* UNE LUMIÈRE TROP VIVE *à leurs yeux.* »

Nous devions faire connaître ces documents pour nous défendre contre cette injuste accusation de *sophisme* portée contre nous, et nous dirons à ceux auxquels un doute pourrait venir *sur l'indépendance* de nos idées, pour les convaincre, que nos jugements nous ont été dictés *par notre conscience seule*, et que, dégagé de toute préoccupation d'intérêts privés, nous avons fait une *œuvre de bonne foi* ; nous leur dirons encore que nous avons trouvé la plus vive résistance parmi ceux dont il a semblé que nous voulions servir la cause, et que notre principal adversaire *est le Comité des houillères françaises*, et que nous avons rompu des relations qui remontaient à près de trente années.

Qu'on sache donc bien que nous servons la grande cause du bien public, qu'on lise notre ouvrage, comme il a été fait, en toute conscience.

En terminant, nous dirons que notre travail a pour objet d'expliquer une loi *admirable*, et que ce serait une *mauvaise pensée* que de songer à y apporter la moindre modification.

Chalon-sur-Saône, le 14 Avril 1859.

OBSERVATIONS

SUR LA CONCESSION D'UNE MINE.

INEXÉCUTION DE LA LOI DU 21 AVRIL 1810.

Depuis un demi-siècle que la loi du 21 avril 1810 régit l'*exploitation* des mines, minières et carrières, on ne sait pas encore ou plutôt on n'a pas remarqué que la *propriété* d'une mine est de la même nature que la propriété d'une minière et d'une carrière, et qu'on appelle mine la terre ou le terrain *connu pour contenir* une ou plusieurs des substances minérales ou fossiles dont la *nomenclature* est dans la loi et qui diffèrent de celles qui font donner le nom de minières ou carrières à d'autres terrains.

` « Les mines, dit Guy-Coquille, font naturellement partie de la terre; elles sont formées de sa substance, ainsi leur propriété suit celle de la terre. »

« On nomme mine, dit Denisart, un lieu d'où l'on tire des diamants, des pierres précieuses, etc., ou bien où se forme quelque métal, comme de l'or, de l'argent, du cuivre, du fer, etc., ou quelque minéral, tel que le vitriol, l'antimoine, etc. »

Une mine, d'après la loi de 1810, *contient* en filons,

en couches ou en amas, de l'or, de l'argent, du platine, du mercure, du plomb, du fer, du manganèse, du charbon de pierre, etc.

Une minière *comprend* les minerais de fer dits d'alluvion, les terres pyriteuses propres à être converties en sulfates de fer, les terres alumineuses et les tourbes.

Et une carrière *renferme* les ardoises, les grès, les pierres à bâtir et autres, les marbres, les granits, pierres à chaux, pierres à plâtre, etc.

Les mines ne peuvent être exploitées qu'en vertu d'un acte de *concession* délibéré en Conseil d'État; les minières peuvent l'être sur une *permission* du préfet du département, et les carrières le sont sur une simple déclaration.

On ne croit pas que la propriété d'une mine est une propriété territoriale ordinaire ; on confond *la propriété* avec *la substance, la mine* avec *les produits,* et l'on croit généralement que la propriété d'une mine se compose d'un filon, d'une couche ou d'un amas de substances minérales ou fossiles, c'est-à-dire de choses fongibles, sans voir qu'elles ne sont que les produits de la propriété concédée.

Concéder la propriété perpétuelle d'une mine, c'est concéder une propriété *immuable,* sur laquelle des hypothèques peuvent être conférées comme sur les autres propriétés immobilières, et c'est comme si l'on concédait la propriété d'une minière, d'une carrière, d'une forêt ou d'un bois, d'un enclos, d'une prairie ou d'un étang.

La concession d'une mine est donc une expropriation pour cause d'utilité publique, moyennant *indemnités* et sous certaines *restrictions;* mais, comme on ne croit pas à la concession d'une véritable propriété, on ne comprend pas les dispositions de la loi qui en règlent le prix, ni celles qui désignent les lieux et les terrains réservés au propriétaire exproprié ou exclu de la concession.

De là les plus grandes controverses parmi les jurisconsultes et les auteurs, et des divergences dans les décisions des tribunaux sur les articles 41, 43 et 44, et cet état de choses dure depuis plus de trente ans sans qu'on puisse en prévoir la fin.

On en est arrivé aujourd'hui à une impossibilité absolue de régler l'exécution de la loi; c'est là ce qui nous a donné la hardiesse de penser et d'écrire qu'on n'avait jamais bien compris l'œuvre du législateur de 1810 et nous a poussé à la recherche d'un système qui mît fin à ces inextricables difficultés.

Nos recherches nous ont amené à reconnaître que le législateur, n'ayant pas voulu que le concessionnaire de la mine fût obligé, *au moment de la concession*, de payer *la surface de la mine*, a établi deux propriétés distinctes et séparées, l'une sur l'autre, et, comme il ne peut y avoir sur le même terrain deux maîtres absolus, il faut de toute nécessité que le droit de l'un prévale sur celui de l'autre.

Or, mettant de côté toute considération d'intérêt général, et remarquant que le concessionnaire, *après avoir payé sa propriété*, a le droit de l'exploiter *depuis la surface jusqu'à une profondeur indéfinie*, on est bien forcé de reconnaître que son droit doit l'emporter sur celui du propriétaire exproprié par l'acte de concession.

Du jour de la concession le propriétaire de la surface a *deux revenus*, l'un de la mine, l'autre de la surface; il a conséquemment *deux propriétés* ou deux droits immobiliers qu'il peut hypothéquer ou vendre séparément, et *cet état de choses est perpétuel* partout où le propriétaire de la surface n'a pas été dépossédé.

La concession d'une mine opère pour ainsi dire un partage horizontal, et la propriété de la surface, après comme avant le partage, n'a de valeur qu'autant qu'elle est susceptible d'un revenu ou d'un produit quelconque et qu'autant que ce produit peut être livré aux consommateurs ; d'où il suit que l'exploitation du charbon de pierre, facilitant la fabrication de la chaux et appelant une nouvelle population autour du terrain concédé (1), donne une valeur considérable à la propriété de la surface.

Les produits de cette propriété doublent, et la valeur de ces produits double aussi ; d'où il suit que la surface d'une mine exploitée donne quatre fois autant de revenu qu'avant la concession de la mine, et que ce sont là des avantages que personne ne peut contester.

On s'apitoie généralement trop sur le sort qui est fait aux propriétaires de la surface, parce qu'on ignore les avantages ou les bienfaits qui résultent de l'exploitation d'une mine pour la surface ; aucun de ces propriétaires ne demanderait l'achat de sa propriété si la loi était exécutée ; il se bornerait à recevoir le double de la valeur du produit net, qui, déjà *quadruplé*, serait huit fois ce qu'il était *avant l'exploitation de la mine*.

Mais, quelle que soit la nature de la propriété concédée, il est un point que personne n'osera contester, c'est que la propriété d'une mine, comme la propriété d'une carrière, commence à partir de la surface de la terre jusqu'à une profondeur indéfinie, et c'est que le propriétaire de l'une, comme le propriétaire de l'autre, a le droit d'exploiter sa propriété *par tranchée à ciel ouvert* dans toute l'étendue de la surface et par puits ou galeries dans tout le périmètre donné à la mine, jusqu'au centre de la terre.

Si donc le propriétaire d'une mine a le droit d'exploiter sa propriété *à ciel ouvert* et par puits ou galeries, partout où ce droit ne lui est pas interdit, et si ce droit est incontestable, *qu'est-ce que la propriété de la surface ?*

Il est évident que c'est une propriété essentiellement super-

_____

(1) Il y a des concessions de 2 ou 3 hectares.

ficielle, *dont la destination ne peut être changée* après la séparation de la propriété du dessous ou le partage qui s'opère par la concession ; cette propriété ne peut être qu'éventuelle ou subordonnée à l'exploitation de la mine. Ce sont là des points sur lesquels il faut réfléchir longtemps avant de décider quels sont les droits de la propriété de la surface.

Sans insister sur les conséquences de la concession d'une mine, ni sur les droits qu'elle donne, il faut laisser au temps, à l'expérience et à la force des choses, le soin de justifier ce qui a été dit par MM. Defermon et Fourcroy dans la séance du Conseil d'Etat du 10 octobre 1809, et par M. Locré, *Législation des Mines*, page 6.

Quant à présent, nous nous bornerons à démontrer que l'article 11 de la loi ne restreint que la dépossession *du propriétaire*, en désignant les lieux et les terrains desquels il ne peut être expulsé sans son consentement, et que les articles 43 et 44 ne règlent que l'expropriation en déterminant le prix de la surface ou du terrain occupé pour l'exploitation du concessionnaire.

Nous ferons voir en outre que le propriétaire de la surface, ayant une propriété perpétuelle, est libre d'y faire tout ce qu'il veut, à la condition de ne pas priver le propriétaire de la mine d'une partie de sa concession par la création d'un établissement nouveau, et de ne pas pratiquer de travaux nuisibles à l'exploitation de la mine dans l'étendue du périmètre concédé ; ces questions ont été résolues ainsi par la Cour de cassation en Chambre civile, le 18 juillet 1837, puis par toutes Chambres réunies en audience solennelle, le 3 mars 1841.

Qu'oppose-t-on à cette interprétation si juste et si rationnelle de la loi ? — On parle du droit sacré de la propriété comme s'il était question de la violer, et comme si ce droit n'était pas respecté, au moyen des avantages qui résultent de l'exploitation d'une mine et des indemnités doubles qui sont accordées aux propriétaires de la surface.

Le législateur de 1810 était tellement imbu du respect qu'on doit à la propriété, qu'il a réfléchi quatre années sur le moyen de concilier l'intérêt privé avec l'intérêt général, et comme on ne fait pas attention à la différence qui existe entre le système de la loi de 1791 et celui de la loi de 1810, on n'a jamais bien compris le titre 1er de cette dernière loi.

On ne remarque pas que la concession *de la propriété* d'une mine ne crée pas en réalité une propriété nouvelle, mais fait qu'on *la considère* comme nouvelle ; nous-même, malgré les longues études que nous avons faites de la loi de 1810, ce n'est que tout récemment que nous avons reconnu que la propriété des mines *est définie* en tête de cette loi.

La loi de 1810 n'est obscure et l'étude n'en est difficile qu'à cause de la *nature* de la propriété concédée et du mode indiqué pour la *purge*, la *prise* de possession et le *paiement* de cette propriété ; et cependant la concession DE LA TERRE *reconnue pour contenir* les substances minérales ou fossiles comprises dans la première série de la loi, ressort :

1° De la discussion du projet de la loi devant le Conseil d'Etat ;

2° De l'interprétation des principaux articles de la loi ;

3° De l'exposé des motifs de la loi par M. Regnault de Saint-Jean-d'Angély ;

4° Du rapport sur le projet de loi par M. de Girardin ;

5° De l'instruction ministérielle du 3 août 1810 sur l'exécution de la loi ;

6° D'un décret rendu par le Conseil d'État le 21 février 1814 ;

7° De l'opinion de M. Locré sur les droits réservés aux propriétaires de la surface d'une mine ;

8° Des remarquables arrêts rendus par la Cour de cassation en 1837 et 1844 sur les mêmes droits ;

9° De l'impossibilité d'exécuter la loi de 1810, sans admettre qu'*une mine* est une propriété de la même nature qu'*une carrière*.

§ 1er.

Discussion devant le Conseil d'État sur la propriété des mines·

On verra, dans la discussion devant le Conseil d'État, que l'Empereur, pour ôter toute idée de propriété publique, déclara que la propriété d'une mine est de la même nature que la propriété d'une carrière ; on ne s'est occupé ensuite que du mode de paiement de cette propriété, de manière à désintéresser le propriétaire exproprié sans imposer de trop lourdes charges au concessionnaire.

Dans la séance du 22 mars 1806, présidée par l'Empereur, SA MAJESTÉ dit :

« Quoique les mines soient comme les autres biens, susceptibles de tous les droits que donne la propriété, ce ne sont cependant pas des propriétés de la même nature que la surface du sol et les produits *qui en naissent*. Ces sortes de propriétés (à la découverte) doivent être régies par des lois particulières ; mais au-delà (après la concession), la propriété des mines *doit rentrer entièrement* sous le droit commun ; il faut qu'on puisse les vendre, les donner, les hypothéquer d'après les mêmes règles qu'on aliène ou qu'on engage une ferme, une maison, en un mot un immeuble quelconque. »

Le projet présenté n'étant pas rédigé dans ce système, l'Empereur ordonne une nouvelle rédaction et lève la séance.

Séance du 21 octobre 1808, présidée par l'Empereur.

M. le comte FOURCROY : « Depuis deux ans cette matière a fait l'objet des études de la section de l'intérieur. Après un grand nombre de discussions et de rédactions variées, on croit être parvenu à proposer un projet de loi qui réponde à l'importance de cette branche d'administration. »

L'EMPEREUR fait observer qu'on doit poser clairement le

principe que la mine fait partie de la propriété de la surface, et dit :

« La découverte d'une mine crée une propriété nouvelle ; un acte du souverain devient donc nécessaire pour que celui qui a fait la découverte puisse en profiter, et cet acte en réglera aussi l'*exploitation ;* mais comme le propriétaire de la surface a des droits sur cette propriété nouvelle, l'*acte de concession doit les liquider.* ON LUI DONNERA, à titre de redevance, *une part* sur les produits : cette part sera mesurée sur l'étendue de la surface dont il est propriétaire. ON LUI DONNERA en outre *une indemnité* pour la partie du fonds que l'exploitation lui enlève. »

De ce moment les bases pour le paiement du prix de la concession furent invariables, et l'on ne s'occupa plus que d'organiser un mode d'exécution des principes posés par l'Empereur.

Séance du 8 avril 1809, présidée par l'Empereur.

M. le comte REGNAULT de Saint-Jean-d'Angély, après avoir déclaré que la section de l'intérieur n'avait pu s'entendre pour régler les droits des propriétaires de la surface sur le produit des mines concédées, dit : « Ces difficultés naissent de ce que le Conseil veut que le propriétaire de la surface ait part aux bénéfices de l'exploitation, même lorsqu'il n'exploite pas. Il a été tenu des conférences chez M. le ministre de l'intérieur, sur les moyens d'organiser l'application de ce principe, et l'on a reconnu qu'il est impossible d'y parvenir. »

L'EMPEREUR demande : « Quels sont ces obstacles ? »

M. le MINISTRE de l'intérieur répond : « On ne peut qu'obliger ceux qui exploitent d'acheter la superficie ou d'admettre le propriétaire au partage avec eux. Or, l'exploitation des mines est tellement dispendieuse et le produit en est tellement incertain, que les concessionnaires ne voudront pas acheter, ou que si, à défaut d'achat, on les force de donner une part de bénéfices au propriétaire, on se jette dans des embarras inextricables pour déterminer ce partage. »

L'Empereur, qui n'admettait pas les impossibilités, dit : « Il est facile de faire cesser tous ces obstacles. Qu'on décide en général qu'il sera payé une redevance au propriétaire, et que l'acte de concession en règle la quotité *d'après les circonstances.* La propriété est le droit d'user ou de ne pas user de ce qu'on possède ; ainsi, dans la rigueur des principes, le propriétaire du sol devrait être libre de laisser exploiter ou de ne pas laisser exploiter ; mais puisque l'intérêt général oblige de déroger à cette règle à l'égard des mines, que du moins le propriétaire ne devienne pas étranger aux produits *que sa chose donne ;* car alors il n'y aurait plus de propriété. — Au reste, personne, sans doute, ne soutiendra que le propriétaire de la superficie ne soit aussi propriétaire du tréfonds. »

M. le comte Regnault de Saint-Jean-d'Angély fait observer : « Que la section de l'intérieur tout entière est d'avis qu'*une mine devient la propriété de celui qui l'exploite.* Personne n'oserait se livrer à une semblable entreprise, si le propriétaire de la superficie devait seul en profiter. »

L'Empereur ajoute : « Que, d'après le Code Napoléon, la propriété du sol emporte la propriété du dessus et du dessous. »

M. le comte Regnault de Saint-Jean-d'Angély : « Une mine est une propriété nouvelle qui n'appartient qu'au gouvernement, et qui n'est pas soumise aux règles ordinaires. »

L'Empereur répond : « *Une mine est de la même nature qu'une carrière de pierres,* laquelle appartient à celui dans le sol duquel elle se trouve. »

M. le ministre de l'intérieur propose : « Pour rendre hommage au principe que l'Empereur vient de rappeler, d'accorder au propriétaire de la superficie *un* ou *deux* sous par arpent... »

L'Empereur s'élève contre une telle proposition et fait observer : « Que, si le propriétaire *du dessus* ne l'est pas *du dessous*, il ne lui est absolument rien dû ; que s'il l'est, *il faut lui donner* UNE PART PLUS SÉRIEUSE *dans les bénéfices*, et la fixer par l'acte de concession. »

M. le comte DE SÉGUR dit : « Que, chez tous les peuples, les mines sont une propriété publique. C'est par cette raison que tous les actes *portant permission d'exploiter* ont toujours. établi une redevance au profit de l'État, et que l'Assemblée Constituante n'avait accordé qu'une indemnité au propriétaire chez qui l'on *ouvrait la mine*, et non une part dans les bénéfices : *elle ne le considérait que comme propriétaire de la superficie.* »

L'Empereur dit : « Que, dans ce système, il faudrait du moins déterminer à quelle profondeur cesse cette propriété de la superficie ; car autrement, sous prétexte de faire des fouilles, on pourrait couper la racine des arbres et ravager toutes les plantations. »

M. le comte DEFERMON fait remarquer : « Que le code Napoléon désigne les biens qui sont des propriétés publiques, et n'y comprend pas les mines ; au surplus, il serait indispensable de décider à quelle profondeur cesse la propriété privée, afin que le conseil des mines ne puisse pas prétendre arbitrairement qu'un propriétaire a creusé trop avant dans son propre sol. »

M. le comte BERLIER dit : « Qu'on ne pourrait attribuer une redevance proportionnelle aux propriétaires, *sans établir entre lui et le concessionnaire une association forcée,* ce qui serait contre les principes. Mais ce n'est pas là ce que l'on propose ; il ne s'agit que d'établir *une redevance fixe*, qui sera déterminée par l'acte de concession. Or, cette redevance *ne saurait être refusée* ; car certainement le propriétaire *du dessus* l'est aussi *du dessous*, et ne doit pas être *dépouillé des fruits* du dessous sans recevoir une indemnité. »

M. le comte Regnault de St-Jean-d'Angély fait observer :
« Que, si l'on cesse de regarder les mines comme des propriétés
publiques, il n'y aura plus de motifs pour les assujettir à une
redevance envers l'État, et qu'ainsi l'administration des mines
perdra une ressource qui lui est nécessaire. »

L'Empereur dit : « Il faut d'abord se bien fixer sur le
caractère d'une concession. On trouve, dans une instruction
donnée par le ministre de l'intérieur, des définitions et des
règles sur *la fouille des mines*, qui conduiraient à reconnaître
le propriétaire du dessous pour propriétaire de la surface. Il
faut, au contraire, maintenir le principe du code Napoléon,
afin qu'on ne vienne pas *ouvrir une mine* dans la propriété
d'autrui, et la ravager arbitrairement. Une mine est une
propriété nouvelle susceptible d'être concédée. Les règles de la
concession doivent sans doute être établies dans l'esprit de
favoriser l'exploitation des mines, mais sans nuire au droit de
propriété. Que le concessionnaire et le propriétaire du sol
soient donc ENTENDUS *contradictoirement* ; que leurs intérêts
soient *balancés* et *conciliés*, et que l'acte de concession les
détermine. »

Dans cette séance, le système de la loi fut établi ; l'Empereur
répondit à toutes les objections, ses idées prévalurent sur tous
les points ; c'est pourquoi nous engageons le lecteur à bien
méditer tout ce qui a été dit de part et d'autre.

Mais on doit surtout remarquer les paroles de M. Regnault
de St-Jean-d'Angély, disant que la section de l'intérieur tout
entière est d'avis qu'*une mine doit appartenir à celui qui
l'exploite*, parce qu'elles prouvent que si une mine ne comprenait que la substance à extraire, il eût été inutile de dire
qu'elle doit appartenir à celui qui l'exploite.

On remarquera encore que l'Empereur a déclaré que la
redevance à payer au propriétaire exproprié *doit être réglée
d'après les circonstances ;* c'est-à-dire, selon les localités et la

nature du sol, et que ce propriétaire doit être entendu contradictoirement avec le demandeur en concession.

Toutes les bases de la loi étant ainsi posées, le Conseil d'État n'est plus présidé par l'Empereur.

Séance du 20 juin 1809, présidée par l'archichancelier.

M. le comte PELET, sur un article portant que l'acte de concession donne à perpétuité *la propriété* des mines, dit : « Dans la discussion qui a eu lieu en présence de l'Empereur, il a été reconnu que le propriétaire *du dessus* l'est aussi *du dessous*, et néanmoins la section, s'écartant de ce principe, propose de faire concéder *la propriété du dessous* par un acte du gouvernement, comme si elle était vacante. Ce système blesse toutes les notions reçues, et en particulier la loi du 28 juillet 1791. Sur quel titre repose donc cette propriété du dessous ? Est-il dans la nature des choses que celui qui a la propriété du dessus trouve, en quelque sorte *sous ses pieds,* un autre propriétaire ? Ce propriétaire du dessus deviendra-t-il de nouveau propriétaire du dessous, lorsque l'exploitation sera concédée ? Voilà les embarras dans lesquels on s'engage en abandonnant ce principe si simple, consacré par le code Napoléon et professé par l'Empereur, que la propriété du sol emporte celle du dessus et du dessous. »

M. le comte DE SÉGUR répond : « Qu'on n'a pas l'intention de blesser ce principe, mais seulement d'en régler l'application, et dans la discussion dont parle M. le comte Pelet, on a décidé que, relativement aux mines, elle se réduisait *à indemniser le propriétaire.* »

M. le comte BERLIER fait observer : « Que si l'on se tenait exactement dans les termes du droit commun, le propriétaire du dessus aurait le droit de s'opposer à l'exploitation *permise à un tiers* ; que dès-lors la propriété d'une mine deviendrait *une propriété idéale,* et serait perdue pour tout le monde. Ce n'est pas là ce que l'Empereur a voulu ; son intention a été qu'on indemnisât le propriétaire, pour rendre hommage au principe d'après lequel la propriété du dessus entraîne celle du dessous. Tout est concilié par ce sage tempérament. Quel est, au reste, le résultat auquel M. le comte Pelet veut arriver ? »

M. le comte PELET dit : « Qu'il n'entend pas s'opposer à ce que l'*exploitation* des mines soit concédée à des tiers, mais qu'on se renferme dans le système de l'Assemblée Constituante, qui, lorsque le propriétaire ne voulait pas ou ne pouvait pas exploiter, ne transférait pas à perpétuité *la mine* à un tiers, sous le titre de propriété nouvelle, et n'admettait que des concessions temporaires. »

M. le comte de SÉGUR fait observer : « Que les frais nécessaires *pour mettre une mine en valeur* sont tellement considérables, que personne ne voudrait les faire si *la mine ne devait pas devenir sa propriété*. »

Qu'on remarque ici ces expressions : si *la mine* ne devait pas devenir sa propriété ! Or, s'il ne s'agissait que de la substance, une telle question eût-elle été posée ? Puis, mettre une mine *en valeur*, n'est-ce pas l'établissement de travaux de toutes natures, tant à la surface que dans l'intérieur de la terre ?

Il suffit de lire ce qui a été dit dans cette séance pour voir que M. le comte Pelet s'opposait *à la concession de la mine ;* il demandait qu'on se renfermât dans le système de la loi de 1794, qui n'accordait qu'un droit d'*exploitation* ou concession temporaire, et sa demande prouve qu'il n'avait pas bien compris ce qui avait été décidé en présence de l'Empereur.

Séance du 24 juin 1809, présidée par l'archichancelier.

M. le chevalier Vincent MARNIOLA, sur l'art. 10 : « Si l'on ne donnait pas pour règle aux experts que le propriétaire doit être indemnisé de toutes les pertes actuelles et subséquentes que les recherches lui font éprouver, les experts pourraient ne lui accorder que le dédommagement des fruits ou des semences détruits par les fouilles ; et que cependant il ne sera pas toujours couvert, car il est possible que les travaux faits *sur son terrain* en changent la nature et en détruisent les produits ; tel serait le cas où l'on aurait ravagé ses prairies.»

M. le comte Treilhard dit : « Que l'article n'a pour objet que d'établir le principe de l'indemnité, et que *les bases* d'après lesquelles elle doit être évaluée sont fixées par d'autres articles. »

M. le comte Regnault de Saint-Jean-d'Angély dit : « Qu'*elles* le sont par l'article 44 (1). »

M. l'archichancelier, relativement aux droits des créanciers sur la redevance qui forme le prix du terrain concédé, dit : « Il faut prendre garde qu'un débiteur de mauvaise foi, qui voudra frauder ses créanciers, leur soustraira le tréfonds en obtenant une concession, même sans intention et sans espérance de réduction, et réduira leurs hypothèques à la surface, qui deviendra d'une valeur à peu près nulle *lorsqu'elle sera séparée du tréfonds.* »

On doit dire ici que M. l'archichancelier n'était pas partisan de la loi de 1810 et qu'il y a eu exagération de sa part dans les conséquences qu'il a tirées *de la séparation du tréfonds.*

M. le comte Defermon, sur les formalités qui doivent précéder la concession, demande : « Que la publication soit justifiée par un certificat du maire. »

M. le comte Jaubert voudrait : « Que l'on appliquât ici les formes de publication établies par le code de procédure civile *pour la vente des objets saisis,* et particulièrement la disposition qui ordonne l'insertion dans les journaux. »

M. le comte Regnault de Saint-Jean-d'Angély pense : « Que

(1) Cet article forme aujourd'hui la 2me disposition de l'article 43.

tous ces amendements doivent être reportés à l'article que cela concerne. »

Il est tellement vrai qu'il y a expropriation du propriétaire du sol, qu'on doit suivre à son égard les formalités établies par le code de procédure civile *pour la vente des immeubles saisis.*

Séance du 27 juin 1809, présidée par l'archichancelier.

M. le comte DEFERMON, sur la 2me disposition de l'article 43 de la loi, dit : « Que des travaux, même passagers, peuvent entraîner des dégradations dont le propriétaire ne se trouverait pas indemnisé par une somme *double du produit* qu'il eût retiré de son terrain. C'est ce qui arriverait, par exemple, si les concessionnaires lui coupaient des arbres. »

M. le comte REGNAULT de Saint-Jean-d'Angély répond : « On a pourvu à ce cas par les articles 45 et 46 (1).

M. le chevalier Vincent MARNIOLA reproduit l'observation qu'il a faite dans la séance du 24 juin, en ajoutant : « Certains travaux, qui n'empêchent pas que le terrain ne soit encore propre à la culture, le rendent cependant impropre au genre d'exploitation que le propriétaire y avait établi. Il se peut, par exemple, que les excavations pratiquées sous des prairies les dessèchent à jamais, et cependant alors les articles 45 et 46 ne reçoivent pas d'application. »

M. le comte REGNAULT de Saint-Jean-d'Angély demande : « Si l'on veut obliger les concessionnaires à acheter toujours le terrain lorsque le propriétaire l'exige ? »

M. le comte de CESSAC répond : « Que cette disposition serait juste et nécessaire. »

M. L'ARCHICHANCELIER dit : « Que, si elle est adoptée, il ne faut plus que le prix soit payé trois fois la valeur. »

---

(1) Ces deux articles sont réunis ; ils forment l'article 44.

M. le comte Regnault de Saint-Jean-d'Angély propose : « De décider que le concessionnaire achètera, non le terrain entier, *mais la partie* sous laquelle *se fait l'exploitation*, et que le prix sera réglé conformément à la loi du 16 septembre 1807 (sur l'expropriation pour cause d'utilité publique). »

Ainsi, il a été question, sur la proposition de M. Regnault de Saint-Jean-d'Angély, de faire acheter par le propriétaire de la mine la partie de la surface *sous laquelle se fait l'exploitation ;* mais cette proposition, renvoyée à la section de l'intérieur, n'a pas été adoptée.

Séance du 4 juillet 1809, présidée par l'archichancelier.

M. le comte Réal fait observer : « Qu'aucun article du projet ne décide à qui l'indemnité sera payée lorsque le terrain est affermé. »

M. le comte Regnault de Saint-Jean-d'Angély dit : « Qu'elle doit l'être au fermier, quand l'extraction empêche les récoltes ; que si le fonds est détérioré, le propriétaire doit avoir part à l'indemnité dans une juste proportion. »

Séance du 8 juillet 1809, présidée par l'archichancelier.

M. le comte Defermon, sur l'impôt foncier, dit : « Que si les mines paient la cotisation foncière, on ne peut pas les assujettir en outre à une redevance annuelle. »

M. le comte Regnault de Saint-Jean-d'Angély fait observer : « Qu'il y a ici deux objets très-distincts (le terrain et l'exploitation), et dont chacun doit être imposé : la contribution foncière est perçue *pour le terrain*, et la redevance annuelle *pour l'exploitation ;* cette redevance est le prix de la *surveillance* et de l'*inspection* que l'exploitation nécessite. »

Dans la concession d'une mine il y a donc deux objets, *la propriété* et *l'exploitation.*

Séance du 10 *octobre* 1809 , *présidée par l'archichancelier.*

M. le comte DEFERMON , sur l'article 1er de la loi , propose :
« De retrancher ces mots : *ou existantes à la surface.* Il
demande qu'il ne soit besoin de concession pour exploiter
au-dessus de cent pieds. »

M. le comte REGNAULT de Saint - Jean - d'Angély pense :
« Qu'on peut dispenser le propriétaire d'obtenir une concession
lorsque le minerai qu'il exploite provient d'alluvion ; mais que
s'il existe dans son terrain un autre minerai impossible à
-exploiter *sans creuser* des galeries et des puits, il retombe
nécessairement dans le cas de concession. »

M. le comte DE SÉGUR fait observer que le minerai peut se
trouver à la superficie et dit : « Qu'il ne faut alors que des
galeries peu profondes , et l'on exploite à ciel ouvert. D'où il
résulte qu'il n'y a qu'*une minière ,* tant que le propriétaire
s'en tient là. »

M. le comte BERLIER , en adoptant les distinctions proposées
(*mines , minières* et *carrières*), pense : « Qu'on ne pourrait,
sans inconvénient , permettre de demander à exploiter *comme
mine le terrain* qui aurait d'abord été exploité *comme minière,*
et ne laisser exploiter *comme mine* que le terrain qui , de sa
nature , ne peut l'être autrement. »

Ces observations sont tellement explicites, qu'à la simple
lecture de la discussion on est forcé d'avouer que le terrain
est concédé *comme mine* quand l'extraction des substances
minérales nécessitent des travaux d'art.

M. le comte DEFERMON , sur l'article 5 , dit : « *Ce n'est pas*
POUR LA JOUISSANCE , *mais* POUR L'EXPLOITATION DU TERRAIN
qui renferme une mine (des substances minérales) , *que le
propriétaire doit avoir besoin de concession.* »

M. le comte FOURCROY répond : « L'article est rédigé dans

ce système. *Il n'exige la concession que pour l'exploitation de la mine, et laisse le propriétaire jouir du terrain, le* CULTIVER *et en* PRENDRE LA RÉCOLTE, *suivant les règles du droit commun.* »

Une mine se compose tellement *du terrain*, que, dans cette discussion, il fut convenu que le *propriétaire* n'aurait pas besoin de concession pour en conserver la *jouissance*, le *cultiver* et en *prendre la récolte*, et qu'une concession ne lui serait nécessaire que pour l'exploiter *comme mine.*

M. l'ARCHICHANCELIER, sur l'article 11 de la loi, dit : « Que, *dans des observations* qui lui ont été remises, on demande que la disposition ne soit pas étendue aux enclos construits *depuis l'exploitation commencée.* »

M. le comte DE SÉGUR objecte : « Que cette limitation empêcherait de clore dans l'étendue de six lieues carrées. »

M. le comte REGNAULT de Saint-Jean-d'Angély ajoute : « Qu'elle permettrait aux concessionnaires de placer un puits au milieu d'un parc nouvellement clos, s'ils y trouvaient plus de commodité pour les déblais et sans qu'il y eût nécessité absolue. »

M. l'ARCHICHANCELIER dit : « Qu'il n'entend pas défendre les observations ; qu'il se borne à les rappeler. »

M. le comte REGNAULT de Saint-Jean-d'Angély fait observer : « Que les inconvénients seraient d'autant plus grands que les concessions sont perpétuelles. »

M. l'ARCHICHANCELIER dit : « Que le *système de la loi de* 1791 est le plus favorable à la propriété, et qu'ON FERAIT BIEN DE S'Y ARRÊTER. On lui reproche qu'il resserre une branche considérable de richesses nationales. Faut-il donc tout sacrifier à cette considération ?

» Mais qu'arrivera-t-il *si le nouveau système* NE MARCHE PAS ? *On élaguera* par des décisions, des instructions, des avis, toutes les dispositions qui gênent, c'est-à-dire toutes celles qui sont en faveur de la propriété ; ainsi, la propriété *sera ruinée,* précisément pour avoir été trop protégée. »

Malgré ces considérations, comme on n'avait pas songé *aux conséquences* de la concession *de la propriété* d'une mine, on s'en effraya ; on abandonna le nouveau système, et l'on s'arrêta à celui de la loi de 1791 ; mais on avait compté sans l'Empereur, et, à la séance du 9 janvier 1810, sur la proposition de M. le comte Jaubert, on revint *au premier point de la discussion,* où, moyennant une part en argent sur le produit de la mine, il y a concession *de la propriété* de celle-ci.

Séance du 24 octobre 1809, présidée par l'archichancelier.

L'article 43 de la loi est de nouveau adopté avec cette mention : « L'indemnité sera toujours évaluée comme pour *vingt-cinq ares,* même dans le cas où le dommage s'étendrait sur une surface moindre. »

L'article 44 revient modifié en ces termes : « L'évaluation du prix (du terrain) sera faite suivant les règles établies par la loi du 16 septembre 1807, sur le dessèchement des marais, etc., titre XI. Le terrain à acquérir sera toujours compté pour *vingt-cinq ares,* lors même que la surface à acquérir sera plus petite. »

L'amendement de M. Regnault de Saint-Jean-d'Angély sur le renvoi à la loi d'expropriation de 1807 pour l'évaluation du prix du terrain, est bien admis par la section de l'intérieur ; mais la proposition soumise dans la séance du 27 juin 1809 de faire acheter la partie de la surface sous LAQUELLE *se fait l'exploitation,* a été rejetée, et les observations faites par M. Vincent Marniola dans la même séance n'ont pas d'autre suite.

Il en résulte néanmoins que les excavations *qui ne causent aucun dommage à la surface,* étant pratiquées en vertu d'un droit, ne donnent lieu à aucune indemnité, et que les

dommages causés par l'exploitation souterraine doivent être
réglés d'après la règle commune, ainsi qu'on va le voir.

Séance du 31 octobre 1809, présidée par l'archichancelier.

M. le comte Fourcroy présenta un titre sur la vacance par
l'abandon d'une mine où un article 66 était ainsi conçu :
« Dans le cas où les propriétaires de la surface allégueraient
qu'une *mine* ABANDONNÉE donne lieu à des *éboulements* ou
à des *dégradations* de terrains situés au-dessus d'elle, ils
auront *droit à* UNE *indemnité* de la part du *concessionnaire*
ABANDONNANT. »

Le titre de la vacance par l'abandon d'une mine a été
retranché de la loi, et le législateur a cru inutile de dire que
les propriétaires de la surface, lorsqu'une *mine* EXPLOITÉE
donne lieu à des éboulements ou à des dégradations, auront
droit à une indemnité de la part du *concessionnaire*
EXPLOITANT.

En effet, *le concessionnaire* EXPLOITANT étant sur les lieux,
il eût été superflu de réserver un recours contre lui et de dire
qu'il serait responsable des dommages causés par ses travaux
à la propriété de la surface ; mais il n'y avait aucun motif pour
le soumettre à une règle autre que celle qui aurait été appliquée
au *concessionnaire* ABANDONNANT, parce que les dommages
causés par les éboulements ou les dégradations *d'une mine*
EXPLOITÉE ne diffèrent pas des éboulements ou des dégradations résultant *d'une mine* ABANDONNÉE.

D'autre part, on a vu qu'il avait été proposé, dans la séance
du 27 juin 1809, de faire acquérir par le concessionnaire de
la mine le terrain *sous lequel* il exploite ou la partie endommagée par les excavations, et que la proposition a été implicitement rejetée par la section de l'intérieur ; on ne l'inscrivit pas
dans la loi et on rédigea un article qui n'obligeait qu'*à payer*

une indemnité lorsque les travaux souterrains occasionnent des éboulements ou des dégradations à la surface.

Mais ce qui prouve bien que la règle commune s'applique aux dommages causés à la surface par les travaux souterrains, c'est que l'Empereur, dans la séance du 13 février 1810, dit :

« Pour prévenir toute entreprise nuisible au voisin, on pourrait astreindre l'exploitant *à donner caution des dommages* que son entreprise peut occasionner, toutes les fois qu'un propriétaire voisin craindrait que *les fouilles* ne vinssent *ébranler* les fondements de ses édifices, *tarir* les eaux dont il a l'usage, *ou lui causer quelque tort.* »

Ces expressions : *ou lui causer quelque tort,* étaient trop générales et auraient pu s'étendre à tous les lieux *au-dessous* desquels des fouilles eussent été pratiquées, si l'article 15 de la loi, auquel les observations de l'Empereur ont donné lieu, n'était venu les restreindre en ces termes :

« L'exploitant doit, le cas arrivant de travaux à faire *sous des maisons* ou lieux d'habitation, sous d'autres exploitations ou dans leur voisinage immédiat, *donner caution* DE PAYER TOUTE INDEMNITÉ *en cas d'accidents....* »

Obliger l'exploitant à *donner caution de payer* TOUTE INDEMNITÉ *en cas d'accident,* c'est assurer par un cautionnement le paiement du préjudice causé ; mais la caution ne peut être demandée ou exigée que jusqu'à concurrence de la valeur de l'habitation ou de la maison mise en péril, et l'indemnité, dans le silence de la loi de 1810, doit être réglée d'après le droit commun, non-seulement parce qu'on ne peut rien exiger de la caution au-delà de son cautionnement, mais encore à cause de l'impossibilité d'appliquer à une maison, à propos d'un *éboulement* ou d'un *affaissement* de terrain, *les bases posées* par les articles 43 et 44 de la loi précitée.

Qu'on lise ensuite avec attention ces articles 43 et 44, on sera convaincu que l'un et l'autre ne s'appliquent qu'aux terrains *occupés* par des travaux établis *sur la surface*, et qu'ils ne peuvent être appliqués hors des cas qui y sont spécialement prévus ; et , si l'on admet cet *axiôme* que toute dérogation au droit commun doit être circonscrite dans ses limites *les plus étroites*, on verra qu'il est impossible de faire l'application de ces deux articles aux dommages causés par des *éboulements* ou des *affaissements* de terrain , parce que si le dommage est peu important , on ne peut *doubler la récolte* ni *le prix* du terrain ou de la maison endommagée.

Séance du 18 novembre 1809 , présidée par l'Empereur.

M. le comte FOURCROY, d'après le renvoi fait à la section de l'intérieur, en l'absence de l'Empereur, présente une nouvelle rédaction.

L'Empereur n'admet pas cette nouvelle rédaction et dit : « Il faut réunir ces articles et poser en principe que les mines sont des biens *dont la propriété* ne s'acquiert que par concession ; que le propriétaire de la surface y a des droits , et que ces droits sont réglés par l'acte portant concession *de la mine.* »

M. l'ARCHICHANCELIER dit : « Qu'il aimerait mieux qu'on déclarât le propriétaire de la surface propriétaire de la mine, à la charge de l'exploiter. »

L'EMPEREUR fait observer que ces idées sont trop métaphysiques, et dit : « Au surplus , dans la pratique, ces deux systèmes ont le même résultat, *puisque par l'acte de concession les droits du propriétaire sont assurés.*

» Il y a un très-grand intérêt à imprimer aux mines le cachet de la propriété. Si l'on n'en jouissait *que par concession*, en donnant à ce mot son acception ordinaire, il ne faudrait que rapporter le décret qui concède pour dépouiller les exploitants ; au lieu que, si ce sont *des propriétés*, elles deviennent *inviolables*. L'Empereur lui-même, avec les nombreuses armées qui sont à sa disposition, ne pourrait néanmoins s'*emparer d'un champ*, car violer le droit *de propriété* dans un seul, c'est le violer dans tous.

» Le SECRET ici est donc de faire des mines de *véritables propriétés*, et de les rendre par là SACRÉES *dans le droit* et *dans le fait....* »

On avait, dans la séance du 10 octobre 1809, abandonné le projet de concession *de la propriété* des mines, parce que, au sujet de l'article 11, on avait fait observer que cet article ne pouvait être appliqué aux nouvelles constructions; l'Empereur voulait revenir au projet, et la difficulté était de concéder *une propriété* en en laissant la jouissance au propriétaire exproprié et sans obliger le concessionnaire à en payer le prix *au moment de la concession;* c'était là en effet un grand problème que l'Empereur *appelait* UN SECRET.

Mais à la séance suivante M. le comte Jaubert fit une proposition qui ramena la discussion au premier point.

Séance du 9 janvier 1810, présidée par l'Empereur.

M. le comte JAUBERT, voyant que l'intention de l'Empereur était qu'il y eût concession *de la propriété des mines*, et, sans s'arrêter *aux conséquences* de cette concession, dit : « Qu'on éprouvera toujours quelque embarras tant qu'on ne rattachera pas la loi à l'article 552 du code Napoléon.

» Cet article, en donnant au propriétaire de la surface le droit de tirer des fouilles qu'il fait sur son terrain tous les produits qu'elles peuvent fournir, ajoute : *sauf les modifications résultant des lois et règlements relatifs aux mines.*

» Il ne s'agit donc plus que de fixer ces modifications ainsi qu'il suit :

« Art. 1er. Les modifications réservées par l'article 552 du code Napoléon, en ce qui concerne les mines, sont ainsi déterminées.

» Art. 2. Les mines ne peuvent être exploitées qu'en vertu d'un règlement d'administration publique.

» Art. 3. Lorsque le propriétaire de la surface a obtenu la permission d'exploiter *la mine*, la propriété *du dessus* et *du dessous* reste confondue sur sa tête.

» Art. 4. L'exploitation ne peut être accordée à un autre qu'au propriétaire de la surface, qu'à la charge par l'impétrant de lui payer UNE JUSTE INDEMNITÉ, et alors l'impétrant devient *plein propriétaire de la mine*; cette propriété se concède, se transmet et s'acquiert d'après les règles du code Napoléon, comme la propriété des autres biens. »

M. le comte REGNAULT de Saint-Jean-d'Angély dit : » M. Jaubert se reporte *au premier point de la discussion.* D'ailleurs son système aurait l'inconvénient de ruiner la propriété. Si, par exemple, on concédait *le dessous* de plusieurs lieues, les propriétaires de la surface *cesseraient de l'être dans toute cette étendue.* »

M. le comte BOULAY se borne à faire observer : « Qu'il serait prudent de s'abstenir de toute définition, de n'insérer dans le projet que les articles d'exécution. »

L'EMPEREUR pense au contraire : « Qu'il faut établir en principe que le propriétaire *du dessus* l'est aussi *du dessous*, à moins que *le dessous* NE SOIT CONCÉDÉ *à un autre*, auquel cas il reçoit une indemnité à raison de la privation de la *jouissance du dessus.*

La question à décider sur la proposition de M. le comte Jaubert étant grave, l'Empereur demande un rapport, ajourne la discussion et lève la séance.

Mais ce qu'il faut remarquer ici, c'est l'observation de M. Regnault de Saint-Jean-d'Angély sur la proposition de M. Jaubert; il dit que c'est se reporter *au premier point de la discussion* et que la concession *de la propriété* du dessous aurait pour effet d'exproprier le propriétaire du dessus *dans toute l'étendue de la concession.*

Ce point n'a pas été dénié ni contesté; il a été au contraire reconnu tacitement par M. Jaubert et approuvé non-seulement par M. le comte Boulay, mais encore par l'Empereur, lorsqu'il dit que si *le dessous* EST CONCÉDÉ, le propriétaire *du dessus* reçoit dans ce cas une indemnité pour privation *de la jouissance* DU DESSUS; d'après l'Empereur, les indemnités satisfont à tout.

D'autre part, on verra que la proposition de M. Jaubert a été approuvée par M. Regnault de Saint-Jean-d'Angély lui-même, dans le rapport qu'il a fait à la séance du 3 février 1810, et par l'Empereur dans celle du 13 du même mois, où il dit que les droits des propriétaires de la surface sur la propriété du dessous *se réduisent à une simple indemnité* quand il s'agit de l'exploitation des mines, ainsi que cela avait été décidé dans la séance du 20 juin 1809.

Séance du 18 janvier 1810, présidée par l'Empereur.

M. le comte RÉAL dit : « Aucun des exploitants dans le département de Jemmapes n'est d'avis qu'on puisse considérer le propriétaire *du dessus* comme propriétaire *du dessous;* ils auraient plutôt une idée contraire, parce que LE DESSOUS *est une propriété plus considérable que la surface;* dans l'ancienne coutume, le mineur ne devait payer d'indemnité que pour le dégât occasionné par les fouilles. »

L'EMPEREUR reconnaît : « Que si les propriétaires des mines sont en possession, soit en vertu d'actes particuliers, soit par les lois du pays, ils ont raison de réclamer contre la disposition qui oblige le mineur à payer une redevance au propriétaire de la surface; les y obliger, *c'est faire rétroagir la loi,* c'est donner à un individu qui ne réclame pas, le droit de réclamer au préjudice d'un autre qui n'est tenu envers lui *à aucune obligation.*

» Il est également inutile de déterminer à l'avance l'étendue des concessions ; c'est le gouvernement qui fait les concessions, il sera toujours le maître de restreindre ou d'étendre les limites ; il ne faut pas se lier par des dispositions de loi.

» La loi sur les mines doit avoir pour objet de favoriser les exploitants, car l'intention de l'Empereur est de favoriser les mineurs et *non de gêner leurs travaux.* »

Séance du 3 février 1810, présidée par l'Empereur.

M. le comte REGNAULT de Saint-Jean-d'Angély présente le rapport qu'il a été chargé de rédiger dans la séance du 9 janvier précédent, et, après avoir rendu compte de la législation des autres États de l'Europe, signale lui-même les inconvénients de la loi de 1794, revient au *premier point de la discussion,* fait ressortir les avantages du *nouveau système* abandonné à la fin de la séance du 10 octobre, et dit :

« Dans le mois de messidor de l'an II, deux arrêtés du comité de salut public créèrent une administration des mines sous le nom de *Conseil des mines ;* elle fut chargée de recueillir des renseignements sur les *mines exploitées* ou *à exploiter.*

» Cependant les inconvénients de la loi de 1794 se faisaient sentir chaque jour. — D'un côté, les propriétaires de la surface, abusant du droit qui leur était donné d'extraire à 100 pieds de profondeur, criblaient le terrain de trous, creusaient des puits qu'ils étaient forcés d'abandonner après une extraction modique, et, par des ouvrages mal entendus, ruinaient l'exploitation future. — D'un autre côté, les concessionnaires anciens, dont les droits avaient été maintenus par la loi de 1794, éprouvaient, pour les exercer, des difficultés insurmontables de la part des propriétaires de la surface...

» La nouvelle loi, discutée sous l'Empire du code Napoléon, respecte *la propriété du sol,* qui, d'après ce code, entraîne nécessairement *la propriété du dessous ;* mais elle apporte à cette propriété *les modifications* qu'il avait réservées implicitement pour les mines.

» L'intérêt public, si intimement lié à l'*exploitation* RÉGULIÈRE et bien ENTENDUE des mines, doit la régler comme il règle *celle* DES FORÊTS particulières...

» L'acte de concession accordé sur l'avis du préfet du département, après avoir entendu l'ingénieur des mines, réglera les conditions auxquelles se soumettra le concessionnaire, *conditions qui seront fixées d'après les localités...*

» Les concessions seront à perpétuité. Ce principe, qui, au réste, est celui de tous les pays *où les mines sont le mieux exploitées,* doit rassurer ceux qui craignent que les exploitants ne jouissent pas de leur propriété de manière à en conserver *la jouissance à nos neveux.*

» Si, lors de la fixation à cinquante ans de la durée des concessions, on a craint que les concessionnaires, *ne se regardant que comme usufruitiers,* n'abusassent pour jouir plus vite de la concession qui leur était accordée, cette crainte doit cesser maintenant qu'*ils doivent regarder leurs mines comme l'héritage de leurs enfants.*

» Telles sont les bases du nouveau projet de loi sur les mines, *si souvent et si longtemps discuté.* »

Ce rapport est ensuite adopté; les mines sont assimilées aux *forêts particulières,* et l'Empereur ordonne une nouvelle rédaction du projet de loi.

Séance du 13 février 1810, présidée par l'Empereur.

L'Empereur, sur l'article 2 de la nouvelle rédaction, dit: « Qu'il faut retrancher LES SELS *de la* NOMENCLATURE *des substances* comprises sous le nom de substances minérales ou fossiles. »

Mais, qu'on le remarque bien, l'article 2 de la loi désigne les substances qui donnent au terrain le nom *de mine.*

M. le comte JAUBERT, sur l'article 7, demande: « Qu'on change ces expressions : l'*acte de concession donne la propriété de la mine,* car, d'après le code Napoléon et les principes reconnus dans le cours de la discussion, le propriétaire *du dessus* l'est en même temps *du dessous ;* en effet, lorsqu'il devient concessionnaire, l'acte de concession *ne lui transfère pas une propriété,* mais lui accorde seulement l'*autorisation d'extraire* DES SUBSTANCES dont l'exploitation ne peut se faire qu'après une permission du gouvernement. »

L'EMPEREUR s'oppose au changement et dit : « Le code Napoléon, en employant ces expressions : le propriétaire *du dessus* l'est aussi *du dessous,* a voulu consacrer le principe qu'en France les terres ne sont sujettes à aucun droit *régalien* ou *féodal,* et laisser ainsi toute latitude au propriétaire ; cependant le code excepte de cette disposition les fouilles des mines, parce que la propriété *du sol* et *de la mine* ne sont pas inhérents.

« La concession forme une propriété nouvelle, et même, dans la main du propriétaire du sol, le droit d'exploitation est une richesse nouvelle ; dès-lors il faut, à son égard, se servir des mêmes expressions qu'à l'égard de tout autre concession-naire ; il lui faut aussi un acte qui lui confère ce droit et lui donne LA PROPRIÉTÉ *de la mine ;* cette mesure est dans son intérêt, car, propriétaire du sol et de la mine réunis, il peut cependant vouloir ne conserver qu'*une des deux propriétés ;* il peut vouloir les séparer, en vendre une ; il faut donc qu'il ait un titre qui réglera le sort de celui qui deviendra proprié-taire *du sol* ou *de la mine.* Par conséquent, lorsque le pro-priétaire du sol obtiendra *la permission d'exploiter,* l'acte de concession n'en devra pas moins déterminer *la redevance* imposée à la mine en faveur du sol ; le propriétaire semble se *la payer à lui-même,* et cela est vrai tant qu'il réunit *les deux objets.*

« Mais si on ne règle pas la redevance par l'acte de concession, si le propriétaire *vend la mine,* il faudra qu'il revienne au conseil obtenir ce règlement ; son acte de concession *resterait donc jusque-là incomplet,* il serait empêché de vendre et peut-être exposé à remettre en discussion *les conditions de la concession.* »

M. le comte JAUBERT fait observer : « Que le code Napoléon, en accordant la propriété *du dessus* et *du dessous*, n'astreint le propriétaire de la mine et du sol qu'à demander un acte qui règle son mode d'exploitation ; par conséquent les deux objets lui appartenaient, et LA RICHESSE *de la mine*, quoiqu'elle ne fût point encore exploitée, a pu être envisagée par les créanciers du sol comme le gage de leur créance, de telle sorte qu'ils ont un droit déjà acquis dont ils ne peuvent être privés par l'effet d'une concession faite à un tiers. »

L'EMPEREUR répond : « Les créanciers ont un droit tant que la mine n'est pas concédée ; mais lorsqu'elle vient à l'être, ils n'ont plus droit que *sur la redevance*, car la concession dépend de la volonté du gouvernement, et les créanciers ne peuvent le forcer à la donner. *Ainsi se concilient* LES DEUX DISPOSITIONS *du code qui accordent au propriétaire* DU DESSUS *la propriété* DU DESSOUS, *et fait* UNE MODIFICATION *à la généralité des conséquences de ce principe.*

« Pour ce qui est relatif aux mines, le droit de prélever une redevance sur les produits de la mine dérive de la qualité de propriétaire du dessus ; *mais c'est à la redevance que se borne ce droit,* lorsqu'il s'agit d'une exploitation de mine, et cette RESTRICTION *nous place dans la seconde disposition de l'article 552 du code Napoléon.* »

Cette dernière discussion, après un débat de *quatre années,* prouve combien les auteurs de la loi étaient d'accord sur la nature de la propriété d'une mine, puisqu'il ne s'agissait plus ici que de savoir *si le propriétaire du terrain* aurait besoin lui-même d'une concession ou d'une simple autorisation pour *extraire des substances,* disait M. le comte Jaubert.

On vient de voir quels ont été les motifs de l'Empereur pour demander avec insistance qu'il y ait concession, *même pour le propriétaire*, et l'on verra que ses observations sont reproduites dans le second alinéa de l'article 19 de la loi.

M. le comte REGNAULT de Saint-Jean-d'Angély ajoute cependant aux paroles de l'Empereur : « Que le Conseil a reconnu que le sol et la mine formaient dans la main du propriétaire deux propriétés tellement distinctes, qu'on lui accorde la faculté de constituer des hypothèques spéciales sur chacune ; le bailleur de fonds pour l'exploitation aura la préférence sur le créancier qui aurait pour gage le sol *avant l'ouverture de la mine,* encore bien que le titre de ce dernier créancier fût antérieur au sien. »

M. le comte JAUBERT, auteur de la proposition de concéder la propriété *du dessous,* définie par l'article 552 du code Napoléon, fait encore observer : « Que les droits des créanciers du propriétaire du sol sur la mine concédée ne sont pas assez déterminés. »

M. le comte REGNAULT de Saint-Jean-d'Angély dit : « Que le créancier a un droit sur la redevance, parce qu'elle est *représentative de la propriété* DU DESSUS. »

M. le comte PELET demande : « Si le propriétaire de la surface, qui n'est pas concessionnaire de l'exploitation, et qui, par conséquent, *n'a plus droit qu'à une redevance,* pourra vendre séparément *le sol* et *la redevance.* »

M. le comte REGNAULT de Saint-Jean-d'Angély dit : « Que, par l'article 18 de la loi, la redevance *est jointe* à la propriété de la surface. »

M. L'ARCHICHANCELIER pense : « Que la redevance devrait être considérée comme un service foncier ; *la mine mise en œuvre* est une propriété grevée d'une servitude au profit du propriétaire supérieur. »

M. le comte DEFERMON dit : « Que LA REDEVANCE *est un paiement en argent ;* qu'elle ne peut être qualifiée de servitude ; qu'on doit se borner à dire qu'elle appartient aux créanciers. »

M. le comte Treilhard pense: « Qu'on doit laisser au propriétaire *le droit de vendre* LA REDEVANCE , *sauf les droits des créanciers*, et même laisser aux concessionnaires le droit de s'affranchir de la redevance *en en remboursant le capital.* »

L'Empereur, qui jusqu'ici assiste à cette discussion sans y prendre part, déclare : « Qu'il approuve l'opinion émise par M. le comte Treilhard. »

Comme la propriété *du dessous* ne pouvait être concédée sans qu'on indemnisât le propriétaire *du dessus*, le règlement de la redevance, *juste prix de la concession*, a toujours été le sujet principal de la discussion et a particulièrement attiré l'attention de l'Empereur ; *cette redevance* est même exigée du propriétaire qui est censé se la payer à lui-même lorsqu'il obtient le droit d'exploiter son terrain *comme mine.*

Mais les droits des propriétaires de la surface ont été suffisamment définis, quand le président de la section de l'intérieur, chargé de la rédaction du projet de loi, a déclaré, dans la séance du 10 octobre 1810, que la concession de la mine *laisse le propriétaire* JOUIR *du terrain, le* CULTIVER *et en prendre* LA RÉCOLTE *selon les règles du droit commun.*

Ils se trouvent encore définis dans la loi elle-même aux articles 43 et 44, qui n'accordent une indemnité au propriétaire de la surface que pour privation *de la jouissance de la surface ;* car n'accorder une indemnité ou le double prix que lorsque le propriétaire de la surface est privé *de son revenu,* c'est déclarer qu'il n'a pas droit à autre chose.

Séance du 24 février 1810 , présidée par l'Empereur.

L'Empereur ordonne que le projet soit communiqué à la commission du Corps législatif.

Observations de la commission du Corps législatif.

La commission du Corps législatif, entre autres observations, a demandé d'abord, sur l'article 43 de la loi, la suppression de la disposition qui obligeait de payer au moins vingt-cinq ares de terrain ; le rapport porte à ce sujet :

« On propose cette suppression, parce qu'il suffit pour l'indemnité du propriétaire qu'il reçoive le double du produit net du terrain endommagé. C'est *une base* fixée par l'usage général, et que la loi du 28 juillet 1791 avait adoptée. Il serait d'ailleurs injuste d'assujettir l'exploitant à payer une double indemnité pour vingt-cinq ares, tandis que, le plus souvent, il n'en aurait endommagé que quelques centiares. »

Ensuite, sur l'article 44, la commission demanda l'addition d'une disposition portant que : « *Le terrain à acquérir sera toujours estimé au double de la valeur qu'il avait avant l'exploitation de la mine,* » et la suppression de celle-ci : « L'évaluation du prix sera faite suivant les règles établies par la loi du 16 septembre 1807, sur le dessèchement des marais, etc., titre XI. Le terrain à acquérir sera toujours compté pour vingt-cinq ares, lors même que la surface à acquérir sera plus petite.

« On demande cette suppression, parce que la disposition devient inutile si les articles proposés sont adoptés. On a cru qu'il y aurait trop d'inconvénients d'assujettir les exploitants à acquérir à un prix double de la valeur, vingt-cinq ares, *lorsqu'ils n'ont besoin* que de quelques perches, soit pour ouvrir *un chemin,* soit pour creuser *une fuite d'eau.*

« Dans les expropriations forcées pour cause d'utilité publique, on ne paie que le terrain nécessaire, et au prix ordinaire. *L'exploitation des mines tient en quelque sorte à l'utilité publique.* »

C'est, on le voit, la commission du Corps Législatif qui

a demandé qu'on doublât le prix d'achat, valeur que le terrain avait avant l'*exploitation* ou l'*ouverture* de la mine, ce qui équivaut au renvoi à la loi de 1807 dont elle demandait la suppression.

Le Conseil d'État tint une dernière séance le 24 mars 1810, pour discuter les observations de la Commission du Corps législatif; il adopta le double prix du terrain *valeur avant l'exploitation de la mine;* mais il refusa de supprimer le renvoi à la loi de 1807 pour le règlement de ce prix quand l'achat est exigé, et la loi fut votée le 21 avril suivant.

Mais, qu'on le remarque bien, dans tout le cours de la discussion l'opinion de l'Empereur a été invariable et a toujours prévalu ; il a voulu qu'il y ait concession de *la propriété* des mines, et sa volonté est inscrite dans la loi.

Pour apprécier toute l'importance de cette loi, il faudrait ne jamais oublier combien de soins et de travail elle coûta aux législateurs. Pendant quatre années le Conseil d'État eut à examiner et à discuter bien des systèmes, et ce ne fut qu'après de laborieux efforts qu'il rédigea le projet sanctionné dans une discussion solennelle.

En résumé, ceux qui liront avec attention cette discussion, seront désormais convaincus que nier la concession du terrain qui renferme ou sur lequel gisent les substances minérales ou fossiles dont la *nomenclature* est dans l'article 2 de la loi, c'est nier ce qui a été dit par l'Empereur dans la séance du 13 février 1810.

<h2 style="text-align:center">§ 2.</h2>

** Articles de la loi établissant la concession du terrain. **

La loi du 21 avril 1810 sur les mines, minières et carrières, restera, comme on l'a déjà dit, une des gloires du gouvernement de Napoléon Ier; pour apprécier l'*ingénieuse* conception de cette loi, il faut reconnaître que la concession d'une mine CONFÈRE *sous certaines restrictions*, UNE PROPRIÉTÉ TERRITORIALE *dont la surface est* INDÉFINIMENT *laissée au propriétaire exproprié* et dont le prix est réglé au moyen *de deux sortes* d'indemnités, l'une pour le tréfonds, payable *à partir de la concession*, l'autre pour la surface, payable *à la prise de possession*, ou remplacées par l'achat du terrain occupé.

Pourquoi se refuser à admettre la concession du terrain, quand tous les documents législatifs indiquent cette concession et quand tous les articles de la loi, *sans en excepter un seul*, loin de contredire cette théorie, semblent au contraire s'y plier en devenant d'une interprétation simple et facile ?

On voudrait, en partant d'une fausse base et dénaturant la propriété concédée, que la loi se prêtât à toutes les idées plus ou moins justes et pût être appliquée à toute chose, même à une propriété *imaginaire*, et l'on ose ensuite accuser le législateur.

« MINE, dit le dictionnaire de l'Académie, 6ᵉ édition, *lieu souterrain où gisent et d'où l'on peut extraire* en grand des métaux, des minéraux et certaines pierres précieuses. UNE MINE d'or, d'argent, de cuivre, d'étain, *de charbon de terre*, etc. UNE MINE de diamants, de rubis ; trouver, découvrir, *ouvrir*, *fouiller* une mine.

» Il se dit quelquefois, plus particulièrement, de la cavité souterraine pratiquée *pour extraire ce qu'une mine* CONTIENT ; *travailler* DANS LES MINES ; *descendre* DANS UNE MINE ; *les galeries* d'une mine ; la mine *s'éboula* sur les ouvriers ; etc. »

La loi de 1810 a-t-elle changé ce langage, ou au contraire ne le confirme-t-elle pas ?

« Art. 1ᵉʳ. Les masses de substances minérales ou fossiles *renfermées* dans le sein de la terre ou *existantes* A LA SURFACE, *sont classées*, relativement aux règles de l'exploitation de chacune d'elles, SOUS LES TROIS QUALIFICATIONS de *mines, minières et carrières.* »

D'après cette première disposition de la loi, il est manifeste que nul ne peut avoir le droit de rechercher ou d'extraire les substances minérales ou fossiles *renfermées dans le sein de la terre ou existantes à la surface*, sans avoir la libre disposition de cette terre, depuis la surface jusqu'à une profondeur indéfinie, et, comme toute propriété territoriale *est classée d'après les produits*, la loi *classe* LES TERRES où gisent les substances minérales ou fossiles sous les trois qualifications de *mines*, *minières* et *carrières*.

« Art. 2. Sont CONSIDÉRÉES *comme mines* CELLES CONNUES POUR CONTENIR en *filons*, en *couches* ou en *amas*, de l'or, de l'argent, du cuivre, du fer, du plomb, du manganèse, du charbon de pierre, etc. »

Le mot : CELLES, mis à la place *de mines*, désigne dans cet article les *terrains* RECONNUS *pour contenir* des substances minérales ou fossiles énumérées plus loin ; mais, comme les mines sont des *propriétés territoriales*, les substances minérales ou fossiles ne sont que *les produits* de ces propriétés, et lorsque la loi autorise la concession *de la propriété* d'une mine, elle concède *comme mine*, en vertu de l'article 7, les terrains dont parle l'article 1er.

On a vu, du reste, que M. le comte Berlier, dans la séance du 10 octobre 1809, disait qu'*un terrain*, après avoir été exploité *comme minière*, ne pourrait l'être *comme mine*, et qu'il ne faut laisser exploiter *comme mine* QUE LE TERRAIN *qui ne peut l'être autrement ;* l'article 69 de la loi indique aussi que le terrain qui ne peut plus être exploité *comme minière* peut l'être *comme mine*.

On a vu ensuite que l'Empereur, dans celle du 13 février 1810, dit qu'il fallait retrancher les sels de la *nomenclature* des substances minérales ou fossiles désignées dans l'article 2 de la loi ; ce qui prouve surabondamment que *la mine*, c'est *le terrain* dont les substances minérales ou fossiles ne sont que les produits.

« Art. 3. Les *minières* COMPRENNENT les minerais de fer dits d'alluvion, les terres pyriteuses, les terres alumineuses et les tourbes. »

Ici encore ce sont *les terres* qui constituent *la propriété* des minières où gisent d'autres substances, telles que les minerais de fer d'alluvion et les tourbes, qui sont *les produits* de cette propriété.

« Art. 4. Les *carrières* RENFERMENT les ardoises, les grès, les pierres à bâtir et à chaux, les marbres, les granits, les marnes, les cailloux, etc. »

Nulle erreur n'est possible quant à la nature *de la propriété* des carrières ; personne n'ignore que cette propriété est une propriété ordinaire, et qu'elle ne diffère des autres propriétés territoriales que par *les produits* qu'elle renferme.

« Art. 5. Les mines ne peuvent être exploitées qu'en vertu d'un acte de concession délibéré en Conseil d'État. »

La propriété des mines est seule concessible : aux mines seules, disait M. Regnault de Saint-Jean-d'Angély, s'appliquent *les principes nouveaux ;* elles ne peuvent être exploitées, même par le propriétaire du terrain, sans une concession du gouvernement, qui en dispose dans un intérêt public.

« Art. 6. L'acte de concession règle les droits des propriétaires de la surface SUR LE PRODUIT *des mines concédées.* »

Cet article *associe* les propriétaires de la surface à l'exploitation des mines, en lui accordant *une part sur le produit* de celles-ci ; mais on a vu, dans la séance du 8 avril 1809, qu'il fut reconnu qu'on se jetterait dans des embarras inextricables pour déterminer les bases d'*un partage* du produit, et qu'il a été dit que les droits des propriétaires seraient réglés à une somme déterminée par l'acte de concession d'après *les circonstances.*

La discussion sur ce point fut grave ; on opposait aux idées de l'Empereur deux alternatives : forcer le concessionnaire, au moment de la concession, *à acquérir* la superficie du terrain ou à admettre les propriétaires de la surface *à partager* les produits de la mine, et c'est alors que l'Empereur leva les obstacles au moyen d'*une indemnité en argent,* débattue entre le demandeur en concession et les propriétaires des terrains à concéder.

A cet effet, la loi, article 17, veut que ces propriétaires soient *entendus* ou *appelés* légalement, et l'instruction ministérielle du 3 août 1810 dit que, s'*il y a discussion* sur le règlement de cette indemnité, elle sera soumise au Conseil de préfecture, qui donnera son avis.

Mais on doit comprendre que la propriété concédée et payée doit être respectée et que le concessionnaire doit en avoir la libre disposition.

« Art. 7. L'acte de concession donne LA PROPRIÉTÉ PERPÉTUELLE *de la mine*, laquelle est dès-lors disponible et transmissible comme tous autres biens, et dont on ne peut être exproprié que dans les cas et selon les formes prescrites pour les autres propriétés, conformément au code Napoléon et au code de procédure civile.

» Toutefois, une mine ne peut être vendue *par lots* ou *partagée* sans une autorisation préalable du gouvernement, donnée dans la même forme que la concession. »

On vient de voir à l'article 6 que la loi établit une distinction entre *les mines* et *le produit*, et l'on voit ici que l'acte de concession en confère *la propriété à perpétuité* et que cette propriété est placée dans le droit commun, ainsi que l'a voulu l'Empereur dans la séance du 22 mars 1806.

Une seule exception a été apportée à la règle commune, la propriété d'une mine ne peut être *partagée* ou vendue *par lots* sans une autorisation du gouvernement, et l'exception, en justifiant la règle, prouve encore que la propriété perpétuelle d'une mine est une propriété territoriale ordinaire.

On verra, à l'article 29 de la loi, que cette propriété doit être délimitée comme toutes les autres propriétés territoriales, à partir de la surface jusqu'au centre de la terre, sous les restrictions ou les réserves portées en l'article 11 et moyennant les indemnités imposées au concessionnaire par les articles 6, 42, 43 et 44.

« Art. 8. Les mines sont immeubles. — Sont aussi immeubles LES
BATIMENTS, machines, puits, galeries et autres travaux *établis à
demeure*, conformément à l'article 524 du code Napoléon. — Sont aussi
immeubles par destination les chevaux, agrès, outils et ustensiles
servant à l'exploitation. »

Dire que les mines sont immeubles était chose superflue et
a peut-être donné lieu à beaucoup d'erreurs ; mais déclarer
que *les bâtiments*, machines, puits, galeries et autres travaux
établis à demeure, sont immeubles conformément à l'article
524 du code Napoléon, c'est reconnaître que le propriétaire
d'une mine est maître du terrain *sur lequel* il bâtit, fouille
et établit des travaux à perpétuité.

« Art. 9. Sont meubles *les matières* EXTRAITES, les approvisionne-
ments et autres objets mobiliers. »

La loi fait ici une distinction entre *la propriété* et les
matières qu'elle produit ; les matières extraites *sont meubles*,
celles non extraites *sont des fruits* qui peuvent être immobi-
lisés conformément à l'article 689 du code de procédure civile,
et ces fruits, aux termes des articles 598 et 1403 du code
Napoléon, *appartiennent* à l'usufruitier ou *tombent* dans la
communauté, lorsque la mine *est ouverte* au moment de
l'usufruit ou du mariage, comme les produits de tout autre
immeuble.

D'autre part, ce qui prouve encore qu'une mine est une
propriété territoriale comme *une forêt* ou *une carrière*, c'est
que *les produits* des mines sont assimilés, par l'article 1403
précité, *aux coupes* de bois.

« Art. 10. Nul ne peut faire des recherches pour découvrir des
mines, enfoncer des sondes ou tarières SUR UN TERRAIN *qui ne lui
appartient pas*, que du consentement du propriétaire de la surface, ou
avec une permission du gouvernement, donnée après avoir consulté
l'administration des mines, à la charge d'une préalable *indemnité envers
le propriétaire*, et après qu'il *aura été* ENTENDU. »

Cet article, en reconnaissant *le droit* du propriétaire et en déclarant que lui seul peut *faire* ou *permettre* des recherches dans son terrain, autorise néanmoins le gouvernement à accorder à un tiers la permission de fouiller la propriété d'autrui à ces deux conditions, d'*entendre* le propriétaire et de le faire *indemniser*.

Mais le concessionnaire de la mine n'a pas besoin du consentement du propriétaire *de la surface* ni d'une permission du gouvernement pour fouiller sa propriété et pour en extraire les richesses qu'elle renferme ; il n'est tenu qu'au paiement *du terrain concédé*, savoir : le tréfonds à partir de la concession, et la surface au fur et à mesure de la *prise de possession*.

« Art. 11. Nulle *permission* de recherches ni *concession* de mines ne pourra, *sans le consentement formel du propriétaire de la surface*, donner le droit de faire des sondes et d'ouvrir des puits ou galeries, ni celui d'établir des machines ou magasins dans les enclos murés, cours ou jardins, ni dans les terrains attenant aux habitations ou clôtures murées, dans la distance de 100 mètres desdites clôtures ou des habitations. »

On conçoit que, lorsque la loi autorisait le gouvernement non-seulement à permettre de fouiller la propriété d'autrui, mais encore à concéder cette propriété, *sans le consentement de celui à qui elle appartient*, elle devait au moins réserver au propriétaire son habitation, ses enclos murés, cours ou jardins et *les terrains attenants*, jusqu'à 100 mètres de distance.

Cet article s'inscrit de lui-même dans tout acte de permission ou de concession ; il désigne tout ce qui est réservé *au propriétaire*, à moins que d'autres réserves ne lui aient été accordées par cet acte, s'il y a eu opposition ou réclamation de sa part, *contre la demande* en permission ou en concession, et distraction d'autres parties *de sa propriété*.

Les concessionnaires, dit l'instruction ministérielle du 3 août 1810, ne peuvent se permettre aucune espèce de travaux dans les lieux désignés par l'article 11 de la loi qu'après en avoir obtenu *des propriétaires* une permission *spéciale* et *authentique*. Cette permission équivalant à une concession des lieux réservés, on comprend qu'il faille un consentement spécial et authentique.

Mais le propriétaire peut, *avant la concession*, faire des recherches dans toutes ses propriétés, qu'elles soient ou qu'elles ne soient pas murées, et, *après la concession*, il a encore le droit de les permettre au concessionnaire dans les lieux à lui réservés, sans le consentement *du voisin*.

« Art. 12. Le *propriétaire* pourra faire des recherches, sans formalité préalable, dans les lieux réservés par l'article 11, comme dans les autres parties de sa propriété ; mais il sera obligé d'obtenir une concession avant d'y établir une exploitation. *Dans aucun cas, les recherches ne pourront être autorisées* DANS UN TERRAIN DÉJA CONCÉDÉ. »

Dans *un terrain* DÉJA CONCÉDÉ ! M. de Girardin a dit que les recherches sont exclusivement réservées au concessionnaire dans *un terrain* DÉJA CONCÉDÉ, et l'instruction ministérielle du 3 août 1810 porte que les recherches ne peuvent avoir lieu *dans l'étendue d'une concession* DÉJA OBTENUE que par le concessionnaire lui-même ou d'après son consentement formel !

Quelle preuve plus forte faut-il pour établir qu'il y a concession *du terrain* qui renferme les substances minérales ou fossiles ?

Mais, comme cette concession semble désormais impossible à nier, nous ferons remarquer que cet article 12 est un simple rappel aux articles 552 du code Napoléon, 5 et 7 de la loi de 1810 ; il se borne à résumer les droits du propriétaire, soit avant les recherches, soit au moment de la découverte de l'une des substances dénommées dans l'article 2 de la loi, soit après la concession du terrain *sous le nom de mine*.

« Art. 13. Tout Français ou tout étranger naturalisé ou non en France, agissant isolément ou en société, a le droit de demander et peut obtenir, s'il y a lieu, une concession de mines. »

Cette disposition, disait M. de Girardin, est libérale et politique ; elle engage les hommes éclairés à venir se fixer parmi nous, et leur présente des avantages capables de les décider à nous apporter leurs capitaux et leur industrie.

« Art. 14. L'individu ou la société doit justifier des facultés nécessaires pour entreprendre et conduire les travaux, et des *moyens de satisfaire* AUX REDEVANCES, *indemnités qui lui seront imposées* PAR L'ACTE DE CONCESSION. »

Quiconque, disait encore M. de Girardin, a les facultés nécessaires, peut obtenir une concession, en justifiant qu'il peut donner caution *de payer toute indemnité* EN CAS d'accidents causés par ses travaux à des habitations ; il doit aussi justifier *des moyens* de satisfaire *aux redevances* imposées par l'acte de concession.

« Art. 15. L'exploitant doit aussi, le cas arrivant de travaux à faire sous *des maisons* ou *lieux d'habitation*, sous d'autres exploitations, ou dans LEUR VOISINAGE *immédiat*, donner caution de *payer toute indemnité* EN CAS D'ACCIDENT : les demandes ou oppositions des intéressés seront, en ce cas, portées devant nos tribunaux et cours. »

Cet article établit, 1° que le propriétaire *de la mine* a le droit d'*extraire* les substances minérales ou fossiles dans toute l'*étendue* du périmètre concédé, jusque *sous les maisons* ou lieux d'habitation et dans leur VOISINAGE IMMÉDIAT, en dehors des lieux réservés au propriétaire et exclus de la concession ; 2° que les dommages causés par les travaux souterrains doivent être réglés d'après le droit commun, selon le préjudice occasionné, et c'est là ce qu'il faut remarquer.

« Art. 16. Le gouvernement juge des motifs ou considérations d'après lesquels la préférence doit être accordée aux divers demandeurs en concession, qu'ils soient propriétaires de la surface, inventeurs ou autres. »

La loi confirme ici les dispositions de l'article 5 ; elle met, pour ainsi dire, les mines à la disposition du gouvernement ; mais elle respecte le droit de propriété, en allouant des indemnités aux propriétaires dont le gouvernement est autorisé à prononcer l'expropriation, dans le but de favoriser l'exploitation des richesses souterraines.

« Art. 17. L'acte de concession fait après l'accomplissement des formalités prescrites, *purge* en faveur du concessionnaire tous *les droits des propriétaires* de la surface (sur la mine), après qu'ils ont été *entendus* ou *appelés légalement*, ainsi qu'il sera ci-après réglé (Art. 23 et 24.) »

Si les droits des propriétaires de la surface ne sont purgés sur la mine que lorsque ceux-ci ont été *entendus* ou *appelés* légalement et que lorsque les formalités prescrites ont été régulièrement observées, on doit en conclure que ces propriétaires conservent tous leurs droits sur la mine ou le terrain, s'il y a eu inobservation des formalités qui doivent précéder la concession.

D'où il suit que si la propriété de la mine a été régulièrement concédée et si les droits du propriétaire de la surface sont *purgés* sur cette propriété, c'est qu'elle lui appartenait et c'est qu'il en a été *exproprié* légalement; alors il est non-seulement dessaisi de la propriété du terrain concédé, mais ses droits *sont liquidés* par l'acte de concession, conformément à l'article 42 de la loi.

« Art. 18. LA VALEUR *des droits* résultant en faveur du propriétaire de la surface, en vertu de l'article 6 de la présente loi, *demeurera réunie* à LA VALEUR *de ladite surface*, et sera affectée avec elle aux hypothèques prises par les créanciers du propriétaire. »

Il ne faut pas confondre *la valeur* des droits RÉUNIE *à la valeur* de la surface par cet article avec *les droits* QUI SONT PURGÉS en vertu de l'article 17; *la valeur* réunie à celle de la surface n'est *purgée* que lorsque le capital en a été remboursé conformément à ce qui a été dit par M. Treilhard et approuvé par l'Empereur à la fin de la séance du 13 février 1810.

La *valeur* des droits accordés par l'article 6, liquidée à une somme déterminée par l'acte de concession, en vertu de l'article 42, forme LA SOULTE *du partage horizontal* qui s'opère entre le dessus et le dessous de la terre, et les hypothèques qui grevaient les deux propriétés avant la concession, ne grèvent plus que *la valeur* de la surface et *la valeur* des droits liquidée ou la soulte.

Cette expression : *la valeur* de la surface, insérée dans l'article 18, indique encore que la propriété de la surface est comprise dans la concession, et que le concessionnaire a le droit de s'en emparer en en payant *la valeur* d'après les bases posées dans les articles 43 et 44 de la loi.

Disons-le encore, le concessionnaire *est propriétaire* de la mine ou du terrain, depuis la surface jusqu'au centre de la terre ; il n'a pas besoin, en dehors des lieux réservés, du consentement du propriétaire de la surface, ni d'une permission du gouvernement, pour exploiter sa propriété, et il n'est tenu qu'à la payer.

« Art. 19. Du moment où une mine sera concédée, même au propriétaire de la surface, cette propriété *sera distinguée* de celle de la surface, et *désormais* CONSIDÉRÉE *comme propriété nouvelle*, SUR LAQUELLE *de nouvelles hypothèques* pourront être assises, sans préjudice de celles qui auraient été ou seraient prises *sur la surface* et *la redevance*, comme il est dit à l'article 18.

» Si la concession est faite au propriétaire de la surface, ladite redevance sera évaluée pour l'exécution de l'article 18. »

S'appuyant sur l'article 552 du code Napoléon, la loi distingue ici *deux sortes* de propriétés : LA MINE *et* LA SURFACE *de la mine*, et la propriété de la mine est entièrement détachée de la surface ; *une propriété* SÉPARÉE DE LA SURFACE, disait M. de Girardin, *est une conception* ABSOLUMENT NEUVE, *émanée du génie qui consolide et agrandit chaque jour les destinées de la France.*

Cette séparation, en ne laissant au propriétaire exproprié que *la surface* de la propriété du terrain concédé, indique avec évidence que tout ce qui n'est pas laissé ou réservé à l'*ancien* propriétaire passe entre les mains du *nouveau* titulaire, comme propriété nouvelle, sur laquelle de nouvelles hypothèques peuvent être assises.

Mais lorsque la loi dit que de *nouvelles* hypothèques pourront être assises sur la propriété de la mine, c'est que cette propriété, avant la concession, était ou pouvait être grevée d'hypothèques, *qui ont été purgés* en même temps que les droits des propriétaires, et de là résulte encore la preuve que la mine concédée se compose du terrain qui renferme les substances minérales dont la *nomenclature* est comprise dans l'article 2 de la loi.

« Art. 20. UNE MINE *concédée pourra être affectée*, PAR PRIVILÈGE, en faveur de ceux qui, par acte public et sans fraude, justifieraient avoir fourni les fonds pour les recherches de la mine, ainsi que POUR LES TRAVAUX DE CONSTRUCTION ou confection de machines nécessaires *à son exploitation*, à la charge de se conformer aux articles 2103 et autres du code Napoléon, relatif aux privilèges. »

Cet article est la paraphrase de l'article 8 de la loi, en ce qu'il prouve que le propriétaire de la mine ou du terrain a non-seulement le droit d'y établir *des constructions* et autres travaux, mais encore de *conférer* DES PRIVILÈGES *sur sa propriété* en faveur de ceux qui ont fourni les fonds pour tous les travaux d'établissement d'exploitation, à la charge par eux de se conformer au droit commun.

Or, comme nul n'a le droit de bâtir et de creuser sur la propriété d'autrui, et que nulle disposition de la loi n'autorise le concessionnaire de la mine à s'établir à perpétuité sur la surface, où serait donc son droit s'il n'était dans la concession de la propriété du terrain dont il s'empare en maître absolu pour tous les besoins de son exploitation ?

Restreindre le droit du concessionnaire et l'obliger à payer le prix de la propriété sur laquelle il s'établit, ne sont que les conditions de la concession du terrain, objet principal de l'acte qui en confère la propriété à perpétuité, et ces conditions ne donnent aucun droit. Il ne suffit pas de respecter une partie de la surface et de payer l'autre pour avoir le droit de s'en emparer et de s'y établir à demeure.

« Art. 21. Les autres droits de privilège et d'hypothèques pourront être acquis SUR LA PROPRIÉTÉ *de la mine*, aux termes et en conformité du code Napoléon, *comme sur les autres propriétés* IMMOBILIÈRES. »

Si la propriété d'une mine n'était pas *immuable* comme toutes les autres propriétés *immobilières*, elle ne pourrait pas être grevée du privilège de vendeur, ni des hypothèques acquises par les créanciers du propriétaire.

On a vu, d'ailleurs, à l'article 9 de la loi, que les *matières extraites* sont meubles, et que celles non extraites sont, aux termes des articles 598 et 1403 du code Napoléon, soumises à l'usufruit de l'usufruitier de la propriété, ou qu'elles appartiennent à la communauté pendant le mariage des époux.

De telle sorte, que LE DROIT *d'extraire les matières* ou substances minérales n'est qu'une simple jouissance *de la propriété*, qui réside dans les mains du concessionnaire investi en vertu de l'article 7 de la loi de 1810 ; de même qu'au temps de la loi de 1791, le concessionnaire, disait M. de Girardin, n'était que le *fermier* de la propriété qui *résidait* en d'autres mains.

On a imprimé tout récemment, dans un système d'opposition à notre ouvrage, que la *propriété des mines* est une propriété publique, qui se compose d'un *filon*, d'une *couche* ou d'un *amas* de substances minérales, comme si ce n'était pas là choses *essentiellement fongibles*, sur lesquelles il est impossible de conférer des privilèges et des hypothèques.

Il est donc fâcheux que des hommes de talent émettent de telles idées et les propagent avec confiance. Ils semblent ne pas voir que la loi ainsi expliquée devient plus obscure que jamais, et qu'ils rendent plus difficile le débrouillement de ce *chaos* où les arrêts de la justice sont plongés.

Nous-même nous regrettons pour notre part d'avoir dit, *dans l'avant-propos du 2ᵐᵉ volume de notre ouvrage*, que le législateur n'a pas défini la propriété des mines ; c'est là une erreur grave que nous reconnaissons. Espérons que d'autres imiteront cette franchise !

« Art. 22, 23, 24, 25 et 26. Toutes les dispositions de ces articles sont relatives aux formalités qui précèdent la concession d'une mine et au droit d'opposition des propriétaires des terrains demandés en concession. »

Le droit d'opposition de ces propriétaires n'a jamais été bien compris, et il ne pouvait pas l'être, puisqu'ils ignoraient que la demande en concession comprenait les terrains *reconnus pour contenir* les substances minérales ou fossiles dont la nomenclature est dans l'article 2 de la loi.

« Art. 27. A l'expiration du délai des affiches et publications (pendant quatre mois), et sur LA PREUVE de l'accomplissement des formalités portées aux articles précédents, dans le mois qui suivra au plus tard, le préfet du département, sur l'avis de l'ingénieur des mines, et après avoir pris *des informations* sur LES DROITS et LES FACULTÉS des demandeurs, donnera son avis et le transmettra au ministre de l'intérieur. »

Le préfet est tenu de vérifier non-seulement si toutes les formalités ont été accomplies, mais encore si le demandeur en concession a justifié de sa *solvabilité* comme il y est tenu aux termes de l'article 14 de la loi.

« Art. 28. Il sera définitivement statué sur la demande en concession par un décret délibéré en Conseil d'État. — Jusqu'à l'émission du décret, toute opposition sera admissible devant le ministre de l'intérieur ou le secrétaire-général du Conseil d'État : dans ce dernier cas, elle aura lieu par une requête signée et présentée par un avocat au Conseil, comme il est pratiqué pour les affaires contentieuses ; et, dans tous les cas, elle sera notifiée aux parties intéressées.

» Si l'opposition est motivée sur la propriété de la mine acquise par concession ou autrement, les parties seront renvoyées devant les tribunaux et cours. »

La loi établit, dans cet article, une distinction entre les oppositions formées par les propriétaires des *terrains* qui sont à *concéder* et les oppositions formées par les propriétaires de mines ou des *terrains* DÉJA *concédés ;* dans le premier cas, le gouvernement est seul juge de la valeur des oppositions ou de l'opportunité de la concession et *des réserves* demandées par les propriétaires des terrains ; dans le second cas, comme il s'agit d'une question de propriété ou de limites entre la propriété demandée en concession et celle déjà concédée, c'est aux tribunaux à statuer.

« Art. 29. L'*étendue* de la concession sera déterminée par l'acte de concession : elle sera limitée *par des points fixes* PRIS A LA SURFACE du sol, et passant par des plans verticaux *menés* DE CETTE SURFACE *dans l'intérieur de la terre à une* PROFONDEUR INDÉFINIE, à moins que les circonstances et les localités ne nécessitent un autre mode de limitation. »

Cette disposition complète les articles 1er et 7 de la loi, en ce qu'elle indique que la terre qui renferme ou sur laquelle gisent les substances minérales ou fossiles désignées dans l'article 2, compose la propriété d'une mine, dans toute l'étendue donnée à cette propriété, *depuis la surface jusqu'à une profondeur indéfinie.*

L'étendue et les limites de la propriété d'une mine sont ensuite fixées par l'acte de concession et par une plantation de bornes, à la diligence du préfet ; procès-verbal en est dressé par l'ingénieur des mines dans la forme ordinaire.

« Art. 30. *Un plan* RÉGULIER *de la surface*, en triple expédition, et sur une échelle de dix millimètres pour 100 mètres, sera annexé à la demande. Ce plan devra être *dressé* ou *vérifié* par l'ingénieur des mines, et *certifié* par le préfet du département. »

On vient de voir à l'article 29 que les limites de la propriété d'une mine sont indiquées dans l'acte de concession et fixées par une plantation de bornes, et l'on a vu que l'article 11 s'inscrit de lui-même dans ledit acte et qu'il exclut de la concession les enclos murés, cours ou jardins, ainsi que les terrains attenant aux habitations ou clôtures murées, jusqu'à 100 mètres de distance.

On comprend que les dispositions de cet article 11 seraient incomplètes si les lieux et les terrains exclus de la concession et réservés au propriétaire n'étaient pas indiqués de manière à établir les droits de chacun des deux propriétaires voisins, et c'est dans ce but que la loi prescrit *un plan* RÉGULIER *de la surface* ou *indicatif* DE CE QUI EXISTE sur *la surface* d'une mine au moment de la concession.

Ce plan est d'ailleurs indispensable au gouvernement pour vérifier si la *surface des terrains* demandés en concession permet de les exploiter *comme mine*, parce que l'instruction ministérielle du 3 août 1810 exige, comme principale condition, que le concessionnaire ait *la faculté d*'ASSEOIR *l'exploitation sur une* ÉTENDUE DE TERRAIN *suffisante*.

Mais la vérification faite, si l'acte de concession n'apporte aucune modification *au plan*, la propriété concédée devient inviolable et sacrée comme toute autre propriété ; nul obstacle, nulle restriction ne peut être apportée à l'exploitation de la mine, ainsi que la Cour suprême l'a décidé *deux fois*, dont une en audience solennelle, sur les plaidoiries des plus savants jurisconsultes, et après elle la Cour impériale d'Angers, le 5 mars 1847.

L'importance attachée *au plan* RÉGULIER *de la surface* est telle, que la même instruction porte que ce plan doit être *annexé à la minute* de l'acte de concession, et que si des changements doivent y être opérés, ces changements seront *exécutés* sous la surveillance de l'administration générale des mines, *certifiés* par le chef de l'administration et *visés* par le ministre lui-même.

« Art. 31. Plusieurs concessions pourront être réunies entre les mains du même concessionnaire, soit comme individu, soit comme représentant une compagnie, mais *à la charge de tenir* EN ACTIVITÉ L'EXPLOITATION *de chaque concession*. »

Cette disposition a été modifiée par un décret du président

de la République, du 23 octobre 1852 ; la réunion de plusieurs concessions ne peut avoir lieu sans une autorisation du gouvernement ; *mesure inutile*, selon nous, ainsi que nous pourrions le démontrer. Mais, si l'intérêt public exige que la propriété territoriale qui renferme des richesses nationales soit concédée à perpétuité, la loi exige ici, par le même motif, que cette propriété soit perpétuellement en exploitation, et à l'article 49 elle interdit de *suspendre* ou de *restreindre* cette exploitation.

Mais puisque la loi exige que l'exploitation de la mine ou du terrain concédé *marche toujours* sans être *suspendue* ni *restreinte*, il faut de toute nécessité que l'exploitant ne puisse être entravé par de nouvelles *restrictions* ou par des *obstacles* apportés à l'exercice de son droit d'exploitation.

Il faut surtout que le *statu-quo* soit imposé sur la surface d'*une mine* ou du terrain concédé *comme mine* ; car si cette surface était couverte par de nouvelles constructions, clôtures murées ou autres établissements *protégés* par l'article 11, TOUTE EXPLOITATION *à ciel ouvert*, même par puits et galeries, *serait impossible*.

Les adversaires du *statu-quo* invoquent *le droit* de propriété de la surface, comme si ce droit n'était pas *modifié* par la concession du terrain *comme mine* et comme si la propriété concédée n'était pas inviolable et ne devait pas toujours être *en exploitation* DANS L'INTÉRÊT PUBLIC !

« Art. 32, 33, 34, 35, 36, 37 et 38. Les dispositions de ces articles sont relatives à l'IMPÔT FONCIER et à *la redevance* PROPORTIONNELLE à payer à l'État. »

On a vu, dans la séance du 8 juillet 1809, que M. Defermon disait que, si les mines paient la *contribution foncière*, on ne devait pas les assujettir en outre à une redevance proportionnelle ; M. Regnault de Saint-Jean-d'Angély a fait observer qu'il y a *deux objets* très-distincts : *le terrain* et l'*exploitation*, et que la contribution foncière est pour le terrain, et la redevance pour l'exploitation. D'où il suit qu'il y a concession *du terrain* qui renferme la *substance* à exploiter.

« Art. 39. Le produit de la redevance fixe (ou contribution foncière) et de la redevance proportionnelle (perçue sur l'extraction), formera un fonds spécial dont il sera tenu un compte particulier au trésor public, et qui sera appliqué aux dépenses de l'administration des mines et à celles de recherches, OUVERTURE *et mise en activité des mines* NOUVELLES ou *rétablissement des mines* ANCIENNES. »

Ouvrir une mine, c'est *ouvrir la terre* qui renferme les substances minérales ou fossiles désignées dans l'article 2 de la loi et qui EST CLASSÉE par cet article sous le nom *de mine.*

Mettre en activité les mines *nouvelles*, c'est établir sur la terre ou le terrain concédé les travaux nécessaires à l'exploitation, et rétablir les mines *anciennes*, c'est reprendre des travaux abandonnés ; mais si la propriété d'une mine se composait d'un *filon*, d'une *couche* ou d'un *amas* de substances minérales ou fossiles, comment serait-il possible de distinguer une mine *nouvelle* d'avec une mine *ancienne ?* La substance découverte ou extraite serait toujours mines nouvelles.

D'autre part, cette propriété, qualifiée par la loi de propriété *immuable, incommutable,* et sur laquelle le concessionnaire peut conférer des privilèges et des hypothèques, pourrait être convertie en *lingots*, passée au *laminoir*, ou réduite en *poussière* ou en *cendre* ! Voilà où l'on arrive quand on sort du vrai.

« Art. 40. Les anciennes redevances dues à l'État, soit en vertu de lois, *soit d'après des baux,* cesseront d'avoir cours.... »

« Art. 41. Ne sont point comprises dans l'abrogation les redevances dues *à titre* DE RENTE *pour cession* DE FONDS ou autres causes semblables..... »

Ces deux articles démontrent que l'État, avant la loi de 1810, passait des baux pour l'extraction des substances minérales renfermées dans ses propriétés , moyennant *une redevance annuelle*, et que parfois il concédait la *propriété* elle-même moyennant *une rente foncière*.

Or, quand l'État avait passé *des baux* pour extraire de ses propriétés les richesses minérales qu'elles contenaient, ou dont il avait fait *cession* DU FONDS moyennant *une rente* FONCIÈRE, il ne pouvait rien faire qui pût porter atteinte au droit du concessionnaire.

« **Art. 42.** Les droits attribués par l'article 6 de la présente loi aux propriétaires de la surface seront réglés à une somme déterminée par l'acte de concession. »

La loi de 1810, en exigeant dans l'intérêt public la concession perpétuelle de la terre qui renferme les richesses nationales, n'a pas eu pour objet de consacrer une spoliation ; elle veut au contraire que le propriétaire exproprié soit *sérieusement* indemnisé, et l'on en trouve la preuve dans les paroles prononcées par l'Empereur à la séance du 8 avril 1809.

Une autre preuve est la sollicitude que témoignaient les auteurs du projet de la loi pour les intérêts du propriétaire exproprié et de ses créanciers, dans la discussion qui a eu lieu à la fin de la séance du 13 février 1810 ; la loi elle-même, aux articles 6, 18 et 42, porte la marque de cet intérêt.

L'article 6 accorde l'indemnité ; l'article 18 réunit cette indemnité *à la valeur* de la surface et la soumet aux hypothèques des créanciers, et l'article 42 exige que l'indemnité soit réglée à une somme déterminée par l'acte de concession.

Mais qu'arrive-t-il ? la discussion devant le Conseil d'État et les dispositions de ces trois articles sont à peu près incomprises ; on n'admet pas la concession d'une véritable propriété, et les indemnités *pour le tréfonds*, objet de la sollicitude des auteurs de la loi et particulièrement de l'Empereur, sont parfois accordées d'une manière *dérisoire*.

D'autre part, les propriétaires des terrains, étant expropriés sans qu'ils s'en doutent, ne réclament rien, ni *avant* ni *après* leur expropriation ; puis ils crient ensuite à la spoliation, comme si ce n'était pas leur faute : le moment serait venu qu'ils connussent bien *les conséquences* de la concession d'une mine.

« Art. 43. Les *propriétaires* de mines sont tenus de payer les indemnités dues au propriétaire de la surface sur le terrain duquel *ils établiront leurs travaux*.

» Si *les travaux* ENTREPRIS par les explorateurs, ou par les propriétaires de mines, *ne sont que passagers*, et si LE SOL *où ils ont été fait2* peut être *mis en culture* au bout d'un an, *comme il l'était* AUPARAVANT, l'indemnité sera réglée au double de ce qu'eût *produit net le terrain* endommagé. »

» Art. 44. LORSQUE L'OCCUPATION DES TERRAINS pour la recherche ou les travaux des mines *prive* les propriétaires de la surface.*de la jouissance du revenu* au-delà du temps d'une année, ou lorsqu'après le^s *travaux (entrepris)* LES TERRAINS *ne sont* PLUS PROPRES *à la culture*, on peut exiger *des propriétaires* de mines l'acquisition des terrains *à l'usage* de l'exploitation. Si le propriétaire de la surface le requiert, les pièces de terre trop endommagées ou dégradées sur une trop grande partie de leur surface devront être achetées en totalité par le propriétaire de la mine.

» L'évaluation du prix sera faite, quant au mode, suivant les règles établies par la loi du 16 septembre 1807, sur le dessèchement des marais, etc., titre XI ; mais le terrain à acquérir sera toujours estimé *au double* de la valeur qu'il avait *avant l'exploitation de la mine.* »

La première disposition de l'article 43 impose *aux propriétaires* de mines l'obligation de payer une indemnité au propriétaire de la surface SUR LAQUELLE *ils établissent leurs travaux;* mais dans cette disposition il n'est nullement question des *explorateurs*, parce que l'article 10 oblige ceux-ci d'avoir le consentement du propriétaire de la surface ou une permission du gouvernement et d'indemniser le propriétaire après l'avoir prévenu.

Les propriétaires de mines n'ont pas besoin du consentement du propriétaire de la surface, ni d'une permission du gouvernement ; ils tiennent leurs droits de la concession *du terrain à explorer* ou à *exploiter* moyennant une *rente foncière* qui est réglée, en vertu de l'article 42, par l'acte qui leur en confère la propriété , et qui est réunie à la valeur de la surface par l'article 18 , sauf le rachat, conformément à ce qui a été dit par M. le comte Treilhard et approuvé par l'Empereur à la fin de la séance du 13 février 1810.

La seconde disposition de l'article 43 met les explorateurs sur la même ligne que les propriétaires de mines ; les uns comme les autres sont tenus à la même indemnité pour occupation à la surface, et ne doivent que le double de ce qu'eût produit net le terrain endommagé, si LE SOL est remis en culture au bout d'un an *comme il l'était auparavant.*

Comme il l'était *auparavant*, c'est là ce qu'il faut encore remarquer ; car un terrain peut être endommagé de manière à ce qu'il ne puisse jamais être remis en culture comme il l'était *auparavant,* sans être pour cela *impropre à la culture ;* mais , dans ce cas , à la cessation des travaux, des dommages-intérêts sont dus au propriétaire de la surface *dans la proportion* du préjudice causé, en outre de l'indemnité annuelle qui a été payée, *d'après la base fixée par la loi*, pendant tout le temps qu'a duré l'occupation des travaux.

Seulement, *lorsque* l'OCCUPATION, dit l'article 44, *a duré* PLUS D'UNE ANNÉE, ou qu'à la cessation des travaux *les terrains* NE SONT PLUS PROPRES *à la culture*, LES PROPRIÉTAIRES *des mines* sont tenus de faire l'acquisition *des terrains* qui sont employés *à l'usage* DE L'EXPLOITATION, en ajoutant que, si la pièce de terre est endommagée ou dégradée sur une trop grande partie de sa surface, elle devra être achetée en totalité par le *propriétaire de la mine* et non par les explorateurs.

Dans le premier cas , il suffit d'établir que l'OCCUPATION *dure depuis plus d'une année ;* dans le second cas , il faut faire constater, non que les terrains ne peuvent être cultivés comme ils l'étaient auparavant , mais qu'*ils sont complètement* IMPROPRES *à toute culture* , et ici la question de droit dépend uniquement de la vérification de la nature du dommage causé aux terrains ou d'une expertise. *Voilà ce qu'il faudrait remarquer.*

Dans les deux cas, l'évaluation du prix doit être faite d'après les règles établies par la loi du 16 septembre 1807, sur le dessèchement des marais, titre XI, où il est dit, art. 48 et 49, que lorsqu'il est question de supprimer des établissements créés *illégalement*, ils doivent *être démolis* SANS INDEMNITÉ, *si l'utilité publique* LE REQUIERT, et que le terrain ne doit être payé que d'après la valeur qu'il avait *avant l'entreprise des travaux,* ou valeur AVANT L'EXPLOITATION DE LA MINE.

Le renvoi à la loi de 1807 et valeur *avant l'exploitation de la mine* sont un problème, quoique M. de Girardin ait formellement déclaré à la tribune législative que le renvoi est *un adoucissement* AU DOUBLE PRIX *proposé par la commission* qu'il présidait ; néanmoins les terrains ont été estimés jusqu'ici valeur *au moment de la prise de possession,* et les propriétaires de mines n'ont jamais bénéficié de l'adoucissement *promis.*

Quoi qu'il en soit, ce qu'il faut remarquer avant tout dans l'ensemble des quatre dispositions des articles 43 et 44, c'est que l'acquisition des terrains ne peut être exigée que *des propriétaires de mines* et non des explorateurs ou permissionnaires autorisés par le gouvernement à fouiller la propriété d'autrui.

Les explorateurs sont bien tenus de payer les mêmes indemnités que les propriétaires de mines pendant la durée de l'occupation ou des travaux ; mais, à la cessation des travaux, lorsqu'ils abandonnent le terrain après des recherches infructueuses, ils ne doivent que *la réparation du dommage* d'après le droit commun, quoique les dégâts causés par eux soient de même nature que ceux qui proviennent de l'exploitation.

Comme simples permissionnaires les explorateurs fouillent et explorent la propriété d'autrui, tandis que les propriétaires de mines fouillent et exploitent leur propriété, et la loi n'oblige ceux-ci de payer cette propriété, surface et tréfonds, que d'après la valeur que le terrain avait avant la concession ou l'exploitation *comme mine ;* double circonstance qui ne peut se rencontrer quand il n'y a qu'*exploration du terrain.*

Ainsi, lorsque le terrain *sur lequel* des travaux ont été établis peut être mis en culture comme il l'était auparavant, le propriétaire de la mine ou l'explorateur ne doit que *le double* de ce qu'aurait *produit net* le terrain endommagé ; dans le cas contraire, propriétaire et explorateur de mines, l'un et l'autre doivent en outre la réparation de tout le préjudice causé au terrain ; et si le terrain est tellement endommagé qu'il soit impropre·à un genre de culture quelconque, le propriétaire de la mine, *lui seul*, est tenu d'en faire l'acquisition lorsque le propriétaire de la surface le demande.

Mais quand le terrain *est encore propre à la culture,* non au même genre de culture qu'avant les travaux, le propriétaire de la mine ne doit que la *moins value* du terrain et ne peut être contraint de l'acquérir ; il faut que le terrain soit complètement *impropre à toute espèce de culture,* en voici la preuve :

On a vu que M. Vincent Marniola, dans la séance du 24 juin 1809, fit observer que, « Si l'on n'accordait au propriétaire de la surface que le dédommagement des fruits, il pourrait arriver qu'il ne fût pas suffisamment indemnisé ; tel serait le cas où les travaux auraient changé *la nature du terrain.* » dans la séance du 27 même mois, il insista de nouveau, en disant : « Que certains travaux, qui n'empêchent pas que le terrain ne soit encore *propre à la culture,* le rendent cependant *impropre au genre* d'exploitation que le propriétaire y avait établi ; tel serait le cas où *les excavations pratiquées* sous ses prairies *les auraient desséchées à jamais,* et néanmoins l'article 44 *ne reçoit pas d'application.* »

Les observations de M. Vincent Marniola donnèrent lieu, de la part de M. Regnault de Saint-Jean-d'Angély, à une proposition qui avait pour objet *de faire acheter* par le concessionnaire de la mine *la partie du terrain* sous laquelle *se fait l'exploitation*, et d'en régler le prix conformément à la loi du 16 septembre 1807 ; mais la proposition, renvoyée à l'examen de la section de l'intérieur, n'a été admise que pour le renvoi à la loi de 1807, *et l'on ne voulut pas que le conces-sionnaire fût tenu d'acheter le terrain endommagé par les excavations*, QUEL QUE FUT LE PRÉJUDICE CAUSÉ !

En effet, dans la séance du 24 octobre 1809, l'article 44 revint modifié seulement par le renvoi à la loi de 1807, titre XI, et il n'est permis au propriétaire de la surface d'exiger l'achat de son terrain, *sur un règlement exceptionnel*, que dans LES DEUX CAS *spécialement* prévus par cet article.

Du reste, on a vu également, dans la séance du 31 même mois, que le concessionnaire qui a exploité ou a abandonné une mine, ne doit que la réparation des dommages causés au terrain par les *éboulements* ou par les *affaissements* résultant des travaux souterrains.

D'où il suit que, lorsque le propriétaire de la surface n'a pas été *dépossédé*, il ne peut exiger, d'après le droit commun, que *la moins value* du terrain ; c'est-à-dire que la réparation du préjudice causé par les excavations pratiquées sous sa propriété.

On ne fait pas attention ensuite que l'indemnité accordée par l'article 43 est simplement *le prix de la récolte* qui appartient au fermier, ainsi que cela a été dit par M. Regnault de Saint-Jean-d'Angély dans la séance du 4 juillet 1809 ; dans ce cas, les dégâts causés au terrain sont seuls payés au proprié-taire à la cessation de l'occupation, et alors, si le terrain est *impropre à la culture*, l'achat peut en être exigé.

Mais qu'on le remarque bien, il n'y aurait plus de difficulté sur l'interprétation et l'application des articles 43 et 44 de la loi si, d'une part, on était généralement d'accord que la concession d'une mine CONFÈRE, sous les restrictions portées en l'article 11, UNE PROPRIÉTÉ *territoriale* dont la surface est *indéfiniment* laissée en jouissance *comme propriété* au propriétaire *exproprié*, et si, d'autre part, l'on reconnaissait que le prix de la propriété concédée *doit être réglé* au moyen *de deux sortes* DE REDEVANCES FONCIÈRES, l'une pour le tréfonds, qui est liquidée par l'acte de concession, en vertu de l'article 42, l'autre pour la surface, qui est à liquider à la prise de possession, conformément à l'article 43, ou par le *paiement* DOUBLE DE LA VALEUR, dans les *deux cas* prévus par l'article 44.

Ainsi, qu'on cesse donc de nier la concession du terrain *qui renferme la matière minérale à extraire*, on verra alors que les articles 11, 43 et 44 ne peuvent être invoqués que par le propriétaire *à déposséder* ou *dépossédé* DE SON TERRAIN par la prise de possession du concessionnaire.

Il faudrait aussi rappeler que tous les grands principes de la propriété ont été discutés *pendant deux ans* par la section de l'intérieur du Conseil d'État, ainsi que M. Fourcroy l'a dit dans la séance du 21 octobre 1808, et que la plus grande préoccupation des esprits était *de définir* LES DROITS *de chacun* des deux propriétaires sur le même terrain !

On a discuté les droits du *premier occupant*, et il a été reconnu que le propriétaire de la surface n'aurait, *en dehors des lieux à lui réservés*, que le droit de culture qu'il s'est APPROPRIÉ *avant la concession* DU TERRAIN.

Dans tous les cas, il est inutile de démontrer que l'article 44 ne peut être appliqué qu'*aux terrains* OCCUPÉS ou *complètement* IMPROPRES *à la culture* dont le prix doit être évalué d'après les règles établies par la loi du 16 septembre 1807 sur le dessèchement des marais, etc., titre XI, et porté au double de la valeur qu'ils avaient avant *leur exploitation comme mine*.

Or, comme il est évident que cet article contient *des dispositions exceptionnelles* et que *les exceptions* sont de droit étroit, il est impossible d'appliquer celles-ci hors des cas spécialement prévus, notamment aux *éboulements* ou aux *dégradations* provenant des travaux souterrains, et surtout aux dommages causés *à des bâtiments*.

« Art. 45. Cet article indique les causes pour lesquelles les exploitants se doivent réciproquement réparation des dommages, et dit que *le règlement s'en fera par experts.* »

Le droit commun s'applique même entre les exploitants *propriétaires* de mines, à plus forte raison doit-il être appliqué entre les deux propriétaires du même terrain.

« Art. 46. Toutes les questions d'indemnités à payer par les propriétaires de mines, à raison des recherches ou travaux *antérieurs* à l'acte de concession, seront décidées conformément à l'article 4 de la loi du 28 pluviôse an VIII. »

Cet article 46, en déterminant les cas de la compétence des Conseils de préfecture, renvoie implicitement devant les tribunaux ordinaires le règlement des indemnités pour recherches ou travaux *postérieurs* à l'acte de concession, sans rien déroger à l'article 10 de la loi de 1790, ni à l'article 27 de la loi de 1791, confirmé par l'article 5 de la loi de 1838.

Or, comme les travaux *antérieurs* à la concession d'une mine sont de même nature que les travaux *postérieurs*, il résulte encore de ce même article que les dégâts occasionnés par l'occupation ou par les éboulements et affaissements de terrain, ne donnent lieu, en dehors de l'indemnité accordée par l'article 43, qu'à la juste réparation du dommage causé à régler d'après le droit commun, et que, si l'indemnité à payer ne devait pas être réglée par le Conseil de préfecture, elle devrait l'être par le juge de paix.

Ainsi, quelle que soit la durée de l'occupation de ses travaux, ou quel que soit le dommage par lui causé pour les recherches, même par une exploitation provisoire de la mine, exploitation indispensable pour connaître les gisements *de la substance découverte,* l'explorateur n'est tenu, tout le temps que durent ses travaux d'exploration, qu'au paiement de l'indemnité annuelle à régler conformément à l'article 43 de la loi, et à la cessation de travaux infructueux *il ne doit que la réparation du dommage.*

Mais, du jour où l'explorateur obtient la concession et qu'il devient propriétaire du terrain concédé *comme mine*, il peut être contraint à payer le terrain occupé, valeur avant l'exploitation dont nous venons de parler; c'est-à-dire valeur que le terrain avait *avant d'être exploité provisoirement comme mine*.

Du jour de la concession la propriété change de mains, et toutes constructions ou tous autres établissements *créés postérieurement* sur le terrain concédé, par le propriétaire de la surface, *doivent être démolis sans indemnité*, s'ils sont nuisibles à *l'exploitation de la mine*, ainsi que la Cour de cassation l'a décidé deux fois, dont une en audience solennelle.

D'après la commission du Corps législatif, la disposition valeur que le terrain avait *avant l'exploitation de la mine*, devait remplacer le renvoi à la loi de 1807 dont elle avait demandé la suppression dans ses observations.

Mais le propriétaire de la surface est libre d'exiger ou de ne pas exiger le paiement de son terrain *valeur avant l'exploitation comme mine;* il peut vouloir conserver les deux rentes foncières tout le temps de l'occupation ou jusqu'à ce que son terrain lui soit rendu propre à la culture, à moins qu'il ne convienne au propriétaire de la mine de rembourser le capital des deux rentes *au denier vingt*. Tels sont les droits réciproques des deux propriétaires.

Aussi la loi est incompréhensible quand on n'admet pas la concession du terrain et qu'on veut appliquer les dispositions des articles 43 et 44 à toute espèce de dommage causé à la surface; le renvoi à la loi de 1807 et valeur du terrain avant l'exploitation ne seraient que *des inadvertances* du législateur.

On emploie l'article 44 à doubler le prix de toute chose; deux maisons pour une, quand même elle a été construite après l'exploitation de la mine, au-dessus des excavations pratiquées sous le sol, et l'exercice du droit du concessionnaire n'est plus qu'un délit commis dans la propriété d'autrui.

De là les erreurs, les controverses dont la jurisprudence offre un triste exemple depuis si longtemps, *et dont elle ne sortira jamais* si l'on n'est pas d'accord qu'il y a concession du terrain, et que les articles 43 et 44 ne s'appliquent qu'à la *prise de possession.*

D'ailleurs, pourquoi ne pas admettre le système que nous présentons, quand il a non-seulement l'avantage d'éviter toutes difficultés et de simplifier l'application de la loi, mais d'être en harmonie avec l'article 11, qui apporte *des restrictions* à la concession du terrain, et avec les articles 6, 42, 43 et 44, qui règlent le *prix* de la concession, tréfonds et surface séparément, ou le terrain entier ?

« Art. 47 et 48. Ces deux articles ont rapport à la surveillance des ingénieurs.

« Art. 49. Si l'exploitation est RESTREINTE OU SUSPENDUE, *de manière à inquiéter* LA SURETÉ PUBLIQUE ou les besoins des consommateurs, les préfets, après avoir entendu les propriétaires, en rendront compte au ministre de l'intérieur pour y être pourvu ainsi qu'il appartiendra. »

On le voit, rien ne doit gêner ou paralyser l'exploitation des mines *concédées*, et le concessionnaire, après avoir pris l'engagement de fouiller et d'exploiter les terrains par lui demandés en concession, ne peut ni *suspendre* ni *restreindre* ses travaux ; il a dû, avant de former sa demande en concession, examiner les lieux et s'assurer des gisements de la substance à extraire, et *après la concession* du terrain *comme mine* il n'a point à se prévaloir des difficultés qu'il éprouve ; c'est à lui à les faire disparaître.

Mais, dans ce cas, on comprend que la surface des terrains concédés ne doit pas, en dehors des lieux réservés, être couverte de nouvelles constructions ou d'établissements quelconques, s'ils ne sont autorisés pour cause d'utilité publique et s'il n'est accordé une juste indemnité au propriétaire de la mine, ainsi que cela a été jugé par la Cour de cassation.

« Art. 50. Si l'exploitation compromet la sûreté publique, la conservation des puits, la solidité des travaux, la sûreté des ouvriers mineurs ou des habitations de la surface, il y sera pourvu par le préfet, ainsi qu'il est pratiqué en matière de grande voirie et selon les lois. »

Si la distance *minima* de 100 mètres à laquelle le propriétaire de la mine doit se placer *au-dessous* des lieux réservés, conformément à l'instruction ministérielle du 3 août 1810, était insuffisante pour empêcher les accidents à la surface, les préfets sont autorisés à prescrire les mesures de sûreté nécessaires à la conservation des habitations de la surface. Le cautionnement imposé à l'exploitant par l'article 15 de la loi n'est que pour les cas imprévus.

On comprend alors qu'il ne doive pas être permis au propriétaire de la surface, après la concession de la mine, d'établir de nouvelles clôtures murées ou habitations qui empêcheraient non-seulement l'exploitation *à ciel ouvert* et dans les 100 mètres AU-DESSOUS de la surface, mais encore dans les 100 mètres AUX ALENTOURS ; ce serait *une véritable* EXPROPRIATION *sans formalités préalables* NI INDEMNITÉS.

« Art. 51. Les concessionnaires antérieurs à la présente loi deviendront, du jour de sa publication, *propriétaires* INCOMMUTABLES, sans aucune formalité préalable d'affiches, VÉRIFICATION DE TERRAINS, ou autres préliminaires, à la charge seulement d'exécuter, s'il y en a, LES CONVENTIONS *faites avec les propriétaires de la surface*, et sans que ceux-ci puissent SE PRÉVALOIR *des articles 6 et 42.* »

La loi dispense ici de *vérifier* LES TERRAINS qui se trouvent concédés de droit, en obligeant seulement les concessionnaires d'exécuter les conventions qu'ils avaient faites avec les propriétaires de la surface ; mais, en accordant la propriété de la mine ou plutôt le tréfonds du terrain, sans imposer l'obligation aux concessionnaires de payer *la rente foncière* allouée par l'article 6 et liquidée en vertu de l'article 42, le législateur a selon nous commis une faute.

Ce fut là, disons-nous, une faute, parce qu'il y a concession du terrain pour les anciennes comme pour les nouvelles concessions ; les concessionnaires, *de fermiers* qu'ils étaient au temps de la loi de 1791 , sont aujourd'hui *propriétaires incommutables* en vertu de la loi de 1810 ; ils exploitaient autrefois, a dit M. de Girardin, une propriété *qui résidait en d'autres mains*.

Les conséquences de la concession de la propriété d'une mine n'étaient donc pas ignorées du législateur ; elles ont été nettement formulées dans la séance du 10 octobre 1809 , lorsqu'il a été convenu que le propriétaire exproprié *jouirait* du terrain concédé, le *cultiverait* et en *prendrait la récolte* selon les règles du droit commun.

Ces conséquences ont été tellement bien comprises, que, dix-huit ans après, M. Locré a dit lui-même, dans son ouvrage de la *Législation des Mines*, que le propriétaire de la surface n'a plus que le droit d'*exploiter* et de *cultiver* sa propriété *comme il lui plaît*, et plus loin il justifie cette expression.

Ce fut l'Empereur qui ne voulut pas qu'on accordât une indemnité pour les anciennes concessions ; il fit observer, dans la séance du 18 janvier 1810, que si l'on obligeait le mineur à payer une redevance au propriétaire de la surface, ce serait *faire rétroagir la loi* et ce serait donner un droit à celui qui ne réclame rien.

D'ailleurs, les anciennes concessions accordées avant la promulgation du code Napoléon, qui accorde la propriété du dessous au propriétaire du dessus, étaient dispensées de payer les redevances comme prix du tréfonds, parce qu'alors le propriétaire de la surface, qui ne s'était pas *approprié* le tréfonds, n'en avait pas acquis la propriété par la *possession*.

On ne réfléchit pas assez que nul n'est propriétaire que par la possession et qu'il ne peut se dire propriétaire que de ce qu'il s'est *approprié*, lui ou ses auteurs, par *une possession réelle;* telle était la position du propriétaire de la surface avant le code Napoléon, et telle est aussi sa position après la concession *du tréfonds* de sa propriété.

Dans tous les cas, lorsqu'il s'agit de régler l'indemnité du tréfonds d'après la loi de 1810, on doit faire entrer en compensation la mieux value donnée à la surface par l'exploitation de la mine.

Tout cela, peut-être, a contribué à ce que les articles 6 et 42 n'ont jamais été bien compris; des indemnités *dérisoires* sont accordées au propriétaire de la surface en exécution de ces deux articles, malgré l'importance attachée à ces indemnités par l'article 18.

« Art. 52. Les anciens concessionnaires seront en conséquence soumis *au paiement* DES CONTRIBUTIONS, comme il est dit articles 33 et 34, à compter de l'année 1811. »

Les propriétaires de mines, anciens ou nouveaux concessionnaires, doivent l'impôt foncier comme tous autres propriétaires.

« Art. 53. Quant aux exploitants de mines qui n'ont pas exécuté la loi de 1791, et qui n'ont pas fait fixer, conformément à cette loi, les limites de leurs concessions, ils obtiendront les concessions de leurs exploitations actuelles conformément à la présente loi: à l'effet de quoi les limites de leurs concessions seront fixées sur leurs demandes ou à la diligence des préfets, à la charge seulement d'exécuter les conventions faites avec les propriétaires de la surface, et sans que ceux-ci puissent *se prévaloir* des articles 6 et 42 de la présente loi. »

Même faute ici que dans l'article 51, parce qu'on ne devait pas priver les propriétaires de la surface du tréfonds de leurs propriétés sans les indemniser; quoi qu'il en soit, c'est la loi, et l'on doit dire avec un arrêt de la Cour impériale d'Angers, du 5 mars 1847: « *Que si le législateur de 1810, préoccupé des idées d'intérêt général, n'a pas suffisamment défendu les droits du propriétaire* DE LA SUPERFICIE, *celui-ci ne peut s'en faire un moyen contre le concessionnaire qui agit en vertu* DE LA LOI: *dura lex, sed lex.* »

« Art. 59. Le propriétaire *du fonds* SUR LEQUEL il y a du minerai de fer d'alluvion est tenu d'exploiter en quantité snffisante pour fournir, autant que faire se pourra, aux besoins des usines établies dans le voisinage avec autorisation légale : en ce cas, il ne sera assujetti qu'*à en faire* LA DÉCLARATION au préfet...

» Art. 60. Si le propriétaire n'exploite pas, les maîtres de forges auront la faculté d'exploiter à sa place...

» Art. 69. Il ne pourra être accordé aucune concession pour minerai de fer d'alluvion, ou pour des mines en filons ou couches, que dans les cas suivants :

1º Si l'exploitation à ciel ouvert cesse d'être possible, et si l'établissement de puits, galeries et travaux d'art est nécessaire.

2º Si l'exploitation, quoique possible encore, doit durer peu d'années, et rendre ensuite impossible l'exploitation par puits et galeries. »

Le propriétaire peut exploiter son terrain *comme minière ;* il n'est tenu qu'à en faire la déclaration au préfet, ou s'il n'exploite pas, les maîtres de forges peuvent obtenir la permission d'exploiter la propriété d'autrui.

Mais LE TERRAIN *exploité* COMME MINIÈRE *devient concessible* lorsque l'extraction de la substance minérale nécessite l'établissement de puits, galeries et *travaux d'art*, et si la concession est accordée à un autre qu'au propriétaire, *la propriété* passe entre les mains du concessionnaire.

« Art. 80. Les maîtres de forges sont autorisés à établir des patouillets, lavoirs et chemins de charroi, SUR LES TERRAINS qui ne leur appartiennent pas, mais sous les restrictions portées en l'article 11 ; le tout à charge d'indemnité envers les propriétaires du sol, et en les prévenant un mois d'avance. »

Les maîtres de forges qui ne sont pas concessionnaires ou qui ne sont pas propriétaires des terrains, sont autorisés à établir leurs travaux en observant les prescriptions de l'article 11 et après avoir prévenu les propriétaires des terrains un mois d'avance.

Mais lorsqu'ils sont propriétaires, ou lorsqu'ils sont concessionnaires des terrains et qu'ils ont obtenu le consentement des propriétaires, les prescriptions de l'article 11 ne leur sont point applicables; ce qui indique que cet article 11 n'a pas pour but d'éloigner à 100 mètres d'un enclos ou d'une habitation un lavoir ou un chemin, et qu'il ne peut être invoqué que par les propriétaires des terrains.

Cette observation sur l'article 80 démontre combien est grande l'erreur de ceux qui croient que l'article 11 a pour objet seulement d'éloigner un chemin, un lavoir ou un magasin, un sondage, etc., tandis qu'il ne reçoit d'application que lorsqu'il s'agit de déposséder le propriétaire dont le terrain est permissionné ou concédé.

« Art. 81. L'exploitation des carrières à ciel ouvert a lieu sans permission....

« Art. 83. Les tourbes ne peuvent être exploitées que par le *propriétaire du terrain* ou de son consentement. »

Aux propriétaires des terrains appartient le droit d'exploiter les carrières et les tourbières; elles ne sont jamais concessibles.

« Art. 87. Dans tous les cas prévus par la présente loi et autres naissant des circonstances où il y a lieu à expertise, les dispositions du titre XIV du code de procédure civile, articles 303 à 323, seront exécutées. »

Les articles 303 à 323 du code de procédure civile seront exécutés quand il y a lieu à expertise; il est sous-entendu qu'ils seront exécutés *dans les limites du possible;* car, puisque l'article 87 a *écarté* les dispositions *de l'article* 302 qui est en tête du titre XIV, portant que, *lorsqu'il y aura lieu à un rapport d'expert, il sera ordonné par un jugement,* il est manifeste que le législateur de 1810 a entendu qu'une expertise peut être convenue amiablement, d'un commun accord, ou ordonnée par une juridiction exceptionnelle dans le cas prévu à l'article 46, ou par un juge de paix, quand il s'agit de dommage aux champs, fruits ou récoltes; dans ces deux cas le titre XIV du code de procédure civile est sans application.

La loi, dans cet article 87, n'a point dérogé à la juridiction des Conseils de préfecture, ni à celle des juges de paix, quand il s'agit de dommages faits aux *champs*, *fruits* et *récoltes*, d'autant mieux que l'article 27 de la loi de 1791 dit que toutes contestations relatives aux mines, demandes en règlement d'indemnités, seront portées par devant les juges de paix ou devant les tribunaux de districts, suivant l'ordre de compétence.

S'il s'agit d'une question de propriété, elle est portée devant les tribunaux ; mais toutes demandes en règlement d'indemnités est naturellement de la compétence des juges de paix, *à quelque valeur que la demande puisse s'élever !*

On a vu, à la suite de la séance du 24 février 1810, dans les observations de la commission du Corps législatif, que les exploitants peuvent n'avoir besoin que de *quelques centiares* de terrain et même que de *quelques perches* pour ouvrir un chemin ou creuser un fossé.

On comprend alors que, pour une indemnité relative au dommage causé à une parcelle de terrain, les juges de paix sont et doivent être seuls compétents pour évaluer l'indemnité à payer.

La question de compétence des juges de paix est de la plus haute gravité ; elle est même d'ordre public.

C'est là un point que nous avons longuement développé dans notre ouvrage *de la Propriété des Mines*, et nous ne saurions trop engager les exploitants de mines comme les propriétaires de la surface à recourir aux juges de paix *sur toutes les questions de dommages.*

Mais si l'on était bien pénétré que la propriété de la surface *est sans profondeur*, qu'elle est toute superficielle et à l'extérieur de la mine, on verrait alors qu'elle ne donne qu'un droit de culture, et que les dégâts causés aux champs ou récoltes sont de la compétence des juges de paix ; telles sont, d'ailleurs, les dispositions formelles de la loi.

Nous avons stationné longtemps sur les articles 43 et 44,

parce que l'exécution de la dernière disposition de l'article 44 est des plus difficiles ; n'admettant pas la concession du terrain, on n'est pas disposé à voir qu'il y a, pour ainsi dire, accord *sur la chose* et *sur le prix* au moment de la concession, et l'on ne remarque pas que le propriétaire exproprié *a la faculté de choisir* entre les deux rentes foncières, jusqu'au rachat *au denier vingt*, ou le double prix, valeur avant l'exploitation du terrain *comme mine*.

Nous rappellerons en terminant l'interprétation de la loi, que la terre existe depuis toute éternité, et que, si la loi crée et garantit la propriété, la science seule définit tous les genres de propriétés ; aussi ne doit-on pas chercher dans la loi de 1810 *la définition* ni de la propriété des mines, ni de la propriété de la surface.

En résumé, pour bien comprendre la loi de 1810, il faut aussi bien comprendre que c'est la nature des substances minérales renfermées dans le sein de la terre qui donne le nom *à chacune* DES TROIS CLASSES *de propriétés souterraines* dont parle l'article 1er de la loi et dont le classement est fait aux articles 2, 3 et 4 ; mais chacune *des trois classes* de propriétés souterraines ne diffère entre elles que *par le produit*, comme *une vigne* ne diffère non plus *d'un bois* que par le produit.

§ 3.

Exposé des motifs de la loi par M. Regnault de St-Jean-d'Angély.

M. le comte Regnault de Saint-Jean-d'Angély, qui avait participé à la rédaction de tous les projets de la loi de 1810, assisté à la discussion de ces projets, apporte au Corps législatif, séance du 13 avril 1810, le projet définitif de cette loi, et, partant de ce point que la propriété des mines est une propriété *territoriale*, il s'exprima ainsi :

« En établissant les principes de la propriété, le code Napoléon, article 552, avait en quelque sorte posé *la première* PIERRE d'un autre monument législatif sur lequel devait reposer le grand intérêt de l'exploitation des mines.

» C'est cette loi, devenue plus nécessaire, mais plus difficile par la multiplication, la diversité, l'étendue, l'IMPORTANCE DES INTÉRÊTS sur lesquels elle statue; c'est, Messieurs, cette loi que nous vous apportons.

» Elle a été préparée par de longues recherches sur les principes suivis en pareille matière dans les temps anciens et modernes, et par l'examen DES INCONVÉNIENTS *de la législation* ACTUELLE DE LA FRANCE. »

On a vu, dans la discussion au Conseil d'État, que le projet de loi a été rattaché à l'article 552 du code Napoléon, qui *divise la terre* HORIZONTALEMENT en deux propriétés *superposées :* l'une composée *de la superficie,* l'autre comprenant *tout le terrain* qui est au-dessous, et toutes deux distinctes et séparées, quoique formées du même terrain.

On a vu surtout, dans la séance du 8 avril 1809, que les auteurs de la loi ont voulu que *la propriété* des mines appartînt à celui qui a le droit d'en exploiter *les produits;* deux choses parfaitement distinctes, disait M. Regnault de Saint-Jean-d'Angély lui-même dans la séance du 8 juillet 1809, tandis que la loi de 1791 ne permettait que la concession *des produits;* tel est ce principe de la différence qui existe entre les deux législations.

« Je vous exposerai comment, *en respectant,* avec le droit romain et le code Napoléon, LE DROIT *du propriétaire de la surface,* le Conseil d'État a été amené à consacrer le principe DE LA PROPRIÉTÉ INCOMMUTABLE DES MINES dans les mains des concessionnaires et à leur imprimer le caractère DES BIENS PATRIMONIAUX. »

Il est tellement vrai qu'il y a concession DE LA PROPRIÉTÉ *des mines,* que cette propriété est déclarée *incommutable* et *paraphernale;* c'est-à-dire exempte de TOUT TROUBLE et qu'elle est HÉRÉDITAIRE *à jamais.*

« Il faut que les mines cessent d'être des propriétés précaires, incertaines, non définies; il faut en faire DES PROPRIÉTÉS *auxquelles* TOUTES LES DÉFINITIONS du code Napoléon puissent s'appliquer; au lieu de rester DIVISÉES COMME LA SUPERFICIE, il faut qu'elles deviennent, par l'intervention du gouvernement, et en vertu d'un acte solennel, UN ENSEMBLE DONT L'ÉTENDUE SERA RÉGLÉE, qui soit distincte du sol, qui soit en quelque sorte une création particulière. »

TOUTES *les définitions* du code Napoléon s'appliquent à la propriété des mines comme à toute autre propriété territoriale ; mais cette propriété, par nécessité, doit être d'*une certaine* ÉTENDUE et ne peut être DIVISÉE *comme la surface ;* la loi le défend.

Le tréfonds de la terre, qui constitue la propriété de la mine, ne doit pas rester divisé comme la terre végétale ; il faut que, par un acte du gouvernement, les diverses fractions de la propriété souterraine soient réunies, et qu'elles deviennent un ensemble qui forme une propriété distincte de la propriété superficielle au moyen d'une séparation horizontale, dont le principe est établi dans l'article 552 du code Napoléon, sur lequel repose le principe fondamental de la loi de 1810.

« Dans cette création, le droit du propriétaire de la surface ne doit pas être *méconnu* ni *oublié ;* il faut, au contraire, qu'il soit CONSACRÉ POUR ÊTRE PURGÉ, RÉGLÉ POUR ÊTRE ACQUITTÉ, afin que la propriété que l'acte du gouvernement désigne, définit, limite et crée en vertu de la loi, soit d'autant plus *inviolable,* plus *sacrée,* qu'elle aura plus strictement SATISFAIT *à tous les* DROITS. »

La propriété d'une mine est formée PAR LA RÉUNION *de divers corps* D'HÉRITAGES dans le tréfonds, dont l'ensemble constitue une propriété séparée de la terre végétale, qui est le seul objet en valeur au moment de la séparation du dessous ; néanmoins, des indemnités sont accordées aux propriétaires du dessus *à cause* DE L'EXPROPRIATION *qu'ils subissent.*

« Ainsi, les mines seront désormais une propriété perpétuelle, disponible, transmissible, lorsqu'un acte du gouvernement *aura* CONSACRÉ *cette propriété* par une concession qui RÉGLERA LE DROIT de celui auquel appartient la surface. »

La propriété des mines est concédée par un acte qui doit RÉGLER *les droits* de celui qui subit l'expropriation et auquel il ne reste que la surface du terrain RENFERMANT *la matière minérale ;* mais celui qui n'a plus *que la surface* du terrain ou de la mine, *n'a aucun droit* AU DESSOUS *de cette surface.*

« La loi sur les mines renvoyant au droit commun SUR TOUTES LES RÈGLES DES INTÉRÊTS PARTICULIERS, on est débarrassé, pour sa rédaction, de toutes les difficultés que présentaient LES EXCEPTIONS MULTIPLIÉES. Ce principe, une fois découvert et établi, les conséquences en découlent sans effort, et LE SYSTÈME *entier* de la loi se présente avec clarté. »

En renvoyant au droit commun sur toutes *les règles* DES INTÉRÊTS *particuliers*, le législateur de 1810 n'a tracé que quelques rares exceptions, et l'on doit recourir à la règle générale pour tout ce qui n'est pas prévu dans la loi de 1810 par une disposition spéciale.

« Les mines concédées par un acte délibéré en Conseil d'État seront, comme je l'ai dit, DES PROPRIÉTÉS IMMOBILIÈRES nouvelles, *associées* à toute l'INVIOLABILITÉ, toute LA SAINTETÉ des anciennes. »

Si la propriété des mines doit jouir de toute *l'inviolabilité* et de tout le respect qui protège les autres *propriétés* IMMOBILIÈRES, il est manifeste que le propriétaire de la surface dont les droits ont été *purgés, liquidés* et *payés*, ne peut établir de nouvelles constructions ou autres établissements portant atteinte au droit d'exploitation du concessionnaire.

« Rechercher les mines est un travail qui doit être encouragé, il le sera : qui doit être surveillé ; et, le permettant, l'administration ne le perdra pas de vue ; elle écartera les recherches des maisons, des enclos, OU LE PROPRIÉTAIRE *doit trouver* (chez lui) UNE LIBERTÉ ENTIÈRE et LE RESPECT POUR L'ASILE de ses jouissances domestiques. »

Ces paroles sont mal interprétées ; on ne voit pas qu'il s'agit simplement d'*empêcher* que le propriétaire de la surface ne soit *dépossédé* ou *expulsé* de son domicile et de l'asile de ses jouissances domestiques ; ce n'est qu'avec son consentement formel qu'on peut envahir les lieux à lui réservés

Mais, puisqu'on ne croit pas à la concession du terrain qui renferme la matière minérale, on ne peut pas croire davantage que l'orateur parlait alors des lieux qui sont *exclus de la concession*, et desquels le propriétaire de la surface ne peut être dépossédé sans son consentement formel.

« Le *maximum* DE L'ÉTENDUE de la concession n'est pas fixé par la loi nouvelle, comme dans celle de 1791 ; *il sera réglé* PAR LES CONVENANCES ; et la jurisprudence actuelle du Conseil d'État, qui est de multiplier les concessions, *en ne les accordant pas* TROP VASTES, sera sûrement maintenue. Les limites des concessions seront en général fixées verticalement. »

Une concession n'est accordée et l'étendue n'en est fixée *que d'après* LES LOCALITÉS, et cette concession, d'après l'instruction ministérielle du 3 avril 1810, doit être refusée lorsque le terrain n'offre pas l'étendue nécessaire à une exploitation régulière et durable.

Si la localité ne permet qu'une concession d'*un* ou de *deux* hectares, d'après les indications du *plan* RÉGULIER de la surface, qui doit être annexé à la demande, elle est alors réduite à cette étendue ; mais elle *ne peut subir* d'autres réductions.

« Les mines seront soumises à deux redevances : l'une, fixe, sera de 10 francs par kilomètres carrés DE L'ÉTENDUE *de la concession ;* l'autre, proportionnelle ; juste tribut que *la propriété* doit à l'Etat.

» A cette charge de la concession envers l'État se joignent : 1º LA RÉTRIBUTION au propriétaire de la surface sous *le terrain* duquel on exploite ; 2º LES INDEMNITÉS à ceux dont on est obligé DE PRENDRE *la propriété* pour creuser des puits, faire l'extraction, déposer les matières. Les règles de ces indemnités sont établies de manière à DÉSINTÉRESSER *les propriétaires,* SANS GREVER *la condition des exploitants.* »

Ce qu'il faut remarquer ici, c'est que la propriété d'une mine est concédée moyennant deux sortes d'indemnités, l'une pour *le tréfonds*, l'autre pour *la surface* ; elles sont établies de manière à *désintéresser* les propriétaires *sans grever* la condition des exploitants, et il résulte en effet des articles 6, 42, 43 et 44 de la loi que ceux-ci paient d'abord une indemnité pour le tréfonds et ensuite une autre indemnité pour la surface, ou le prix double du terrain entier, tréfonds et surface; la loi règle elle-même le prix de la concession.

Mais peut-on dire qu'il n'y a pas concession du terrain moyennant deux sortes d'indemnités? Où serait donc le droit du concessionnaire de s'en emparer, même en payant ces indemnités?

« La loi qui, POUR LES MINES, exige une *concession*, n'exige POUR LES MINIÈRES qu'une *permission* et n'accorde que l'usage ou l'emploi temporaire et conditionnel de LEURS PRODUITS : différence sagement conçue et motivée SUR LA DIVERSITÉ DES SUBSTANCES et la différence de leur exploitation. »

Les mines ne diffèrent des minières que par *la diversité* DES SUBSTANCES que chacune d'elles renferme; mais *mines*, *minières*, *carrières* et *tourbières* sont des propriétés de la même nature que les autres propriétés territoriales, et une mine c'est le terrain *reconnu pour contenir* L'UNE DES SUBSTANCES énumérées dans l'article 2 de la loi, comme une minière ou une carrière c'est le terrain qui *renferme les substances* désignées aux articles 3 et 4.

C'est à cela qu'il faut faire attention; car du moment qu'on comprendra bien que c'est la nature des substances minérales renfermées dans le sein de la terre qui donne le nom *à chacune* DES TROIS CLASSES *de propriétés souterraines*, et que chacune d'elles ne diffère des autres que par le produit, il n'y aura plus la moindre difficulté; le concessionnaire sera propriétaire incommutable du terrain *séparé de la surface*.

Mais qu'on remarque bien la distinction qui a été faite ici par M. Regnault de Saint-Jean-d'Angély entre *les mines* et *leurs produits*; c'est-à-dire entre *le terrain* et *les substances* à exploiter, ou entre *la propriété* et *le revenu*.

Il faudrait aussi qu'on sût bien que la surface d'une mine est une propriété toute superficielle, que la science définit ainsi : « *Surface*, longueur, largeur, *superficie, extérieur* d'un corps. » (BOISTE.)

§ 4.

Rapport sur le projet de loi de 1810, par M. de Girardin.

M. le comte de Girardin présidait la commission qui fut chargée d'examiner le projet de loi sur les mines et eut, à ce sujet, des conférences avec la section de l'intérieur du Conseil d'État ; dans son rapport au Corps législatif, séance du 24 avril 1810, passant en revue les droits du législateur et ceux de la société, il les rappela en ces termes :

« Les auteurs du projet soumis aujourd'hui à votre délibération paraissent avoir reconnu avec votre commission que LA LOI CRÉE SEULE LA PROPRIÉTÉ dont elle SEULE *assure l'exercice ;* QU'ELLE PEUT *le régler* ou *le restreindre* suivant son plus grand avantage, et qu'elle l'abandonne dans toute sa plénitude lorsqu'elle en retire le plus grand bénéfice. Le même motif l'*engage à le* RESSERRER dans cette circonstance.

» Ainsi, ELLE OBLIGE LE PROPRIÉTAIRE à *céder* TOUT OU PARTIE DE SA POSSESSION, *lorsqu'elle est réclamée* AU NOM DE L'UTILITÉ GÉNÉRALE. Pour soutenir un siège, ON DÉTRUIT *les faubourgs* d'une ville ; DES MAISONS SONT DÉMOLIES pour rectifier l'alignement d'un grand chemin, DES MOULINS ABATTUS *pour faciliter le dessèchement* d'UN MARAIS ou l'écoulement des eaux. C'est pour le profit de la communauté QU'ELLE SOUMET à *de certaines règle*s LE DROIT DE PROPRIÉTÉ. L'origine et l'exercice de ce droit ont donc pour résultat LE BIEN-ÊTRE DU CORPS SOCIAL ! »

M. de Girardin a compris toute l'importance de l'œuvre des rédacteurs du projet soumis au Corps législatif, en disant que la loi CRÉE SEULE *la propriété,* que seule elle en assure l'*exercice,* et qu'elle peut le *resserrer* AU NOM DE L'UTILITÉ GÉNÉRALE, et en faisant observer que tout propriétaire quel qu'il soit *est obligé* DE CÉDER SA POSSESSION *pour le bien-être du corps social !*

Ces principes exposés, M. de Girardin arrive ensuite à la loi sur les mines, et, parlant des droits du corps social, il ajoute :

« Puisqu'il exerce, dans certains cas, une surveillance active SUR LES PROPRIÉTÉS TERRITORIALES, ne devait-il pas aussi rechercher le meilleur mode d'*extraire* LES RICHESSES DISSÉMINÉES DANS LE SEIN DE LA TERRE? — Celui de séparer les mines d'avec la surface paraissait présenter le plus d'avantage. »

Séparer les mines d'avec la surface, pour extraire *les richesses* DISSÉMINÉES *dans le sein de la terre,* c'est séparer le terrain minéral d'avec la terre végétale, et concéder la propriété de la mine, c'est concéder *la propriété* TERRITORIALE qui a été *reconnue pour contenir* de l'or, de l'argent, du fer, du charbon de pierre, etc. ; mais il ne faut pas confondre la propriété *territoriale* avec les richesses *à extraire* DU SEIN DE LA TERRE, dont la nomenclature, a dit l'Empereur, est dans l'art. 2 de la loi.

« Prononcer que les mines sont des propriétés domaniales, c'eût été annuler l'article 552 du code Napoléon et non le modifier. Cette modification offrait *un problème* DIFFICILE *à résoudre ;* il a été résolu de la manière la plus satisfaisante, puisqu'elle est la plus utile à l'intérêt de la société.

» Vous aurez sans doute saisi, Messieurs, la différence qui existe entre UNE CONCESSION MÊME PERPÉTUELLE et LA PROPRIÉTÉ *de la mine.* La concession n'est proprement qu'une *autorisation*, un *bail*, un *privilège.* Elle donne le droit d'appliquer son travail, ses capitaux, son industrie à *l'exploitation* d'une mine dont LA PROPRIÉTÉ RÉSIDE EN D'AUTRES MAINS ! »

De telles paroles n'ont pas besoin de commentaire pour établir qu'au temps de la loi de 1791 le concessionnaire d'une mine n'était qu'*un fermier* DE LA PROPRIÉTÉ *qui appartenait à un autre*, et, en parlant des concessionnaires qui exploitaient les mines avant la loi de 1810, M. de Girardin disait encore :

« Ils accueilleront donc avec reconnaissance les dispositions d'une loi libérale qui, DE FERMIERS QU'ILS ÉTAIENT, les rend désormais PROPRIÉTAIRES. — A l'instant où la loi sera publiée, les concessionnaires deviennent PROPRIÉTAIRES *incommutables*, leur propriété *est entièrement* DÉTACHÉE *de la surface.*

« Une propriété SÉPARÉE DE LA SURFACE est *une conception* ABSOLUMENT NEUVE, *émanée* DU GÉNIE qui consolide et agrandit chaque jour les destinées de la France ! »

Ainsi, depuis la loi de 1810, les concessionnaires de mines ne sont plus *des fermiers :* ils sont *propriétaires* DU TERRAIN *qu'ils exploitent* et qui leur est concédé comme mine pour *en extraire* LES RICHESSES *qu'il renferme*. Leur propriété est entièrement *séparée* de la terre végétale *qui est à la surface;* c'est une *conception neuve* émanée de l'Empereur !

Néanmoins, en août 1858, l'auteur d'une brochure ayant pour titre : *Limites de la propriété du sol et celles de la mine*, examinant cette question : Qu'est-ce que la propriété d'une mine ? répond : C'est le *filon*, la *couche* ou l'*amas* de l'une DES SUBSTANCES *énumérées* dans l'article 2 de la loi de 1810, comme si *les produits* constituaient *la propriété*.

Cette publication a été faite sous les auspices du comité houiller de France, en opposition à notre ouvrage, en disant : « On a imprimé *quelque part* que la concession d'une mine entraîne *la concession* DU TERRAIN qui renferme *la substance* à la surface comme au tréfonds. *Où a-t-on vu cela ?* »

Nous ne pouvons que renvoyer l'auteur de cette brochure *au Dictionnaire de l'Académie*, aux articles 1ᵉʳ et 29 de la loi et à ce qui vient d'être dit par M. de Girardin.

« Le propriétaire peut faire des recherches DANS SON TERRAIN ; c'est un droit qui dérive *de la propriété*. Le gouvernement peut aussi, par un motif d'intérêt général, en accorder la permission à d'autres, à la charge d'une indemnité préalable en faveur du propriétaire, et dont les bases sont fixées par l'article 43 du projet.

Cependant, ni cette permission de recherche, ni même LA PROPRIÉTÉ DE LA MINE ACQUISE conformément à la présente loi, n'autorisent jamais à faire des fouilles, des travaux ou établissements d'exploitation sans le consentement formel du propriétaire, dans ses enclos murés, cours ou habitation et dans ses terrains attenant auxdites habitations ou clôtures murées, dans un rayon de 100 mètres. Vous jugerez sans doute, Messieurs, que *le respect* POUR LE DOMICILE d'un citoyen commandait *cette restriction....* »

Tout individu a le droit de faire des recherches dans sa propriété; c'est là un droit qui appartient à tout propriétaire et qui ne cesse pour lui *que lorsque sa propriété passe en d'autres mains*. Voilà ce qu'il faudrait comprendre.

« La dernière disposition de l'article 12 de la loi interdit toutes recherches DANS UN TERRAIN DÉJA CONCÉDÉ... S'il existait dans un terrain *déjà concédé* UNE SUBSTANCE inconnue, tous les motifs se réunissent *pour en attribuer* EXCLUSIVEMENT la recherche au concessionnaire (du terrain). »

Peut-on encore nier la concession du terrain, quand cette concession est non-seulement écrite en toutes lettres dans la loi, mais lorsqu'elle est encore interprétée par le législateur, en disant que toutes recherches dans un terrain déjà concédé *sont exclusivement attribuées* au concessionnaire?

« Pour saisir l'esprit des autres articles du projet, il faut se reporter à l'article 552 du code Napoléon; la loi proposée, réalisant *la modification* prévue par cet article même, *fait de la mine* UNE PROPRIÉTÉ DISTINCTE DE CELLE DE LA SURFACE; mais, pour ne pas préjudicier aux droits du propriétaire de la surface, *la mine*, QUI EST DÉTACHÉE *de la surface*, EST GREVÉE en sa faveur d'UNE RENTE FONCIÈRE, et cette rente, *jusqu'au rachat* opéré légalement, *restera* ATTACHÉE à la surface. »

La mine grevée d'une *rente foncière*, c'est la propriété souterraine *définie* par l'article 552 du code Napoléon, et quand on dit la mine, c'est comme si l'on disait la propriété *du dessous* dont il est parlé dans cet article, avec le droit de s'emparer de la propriété *du dessus* pour tous les besoins de l'exploitation ou de l'extraction de la substance minérale, qui ne peut être *grevée* d'une rente foncière ni d'hypothèques ou privilèges, puisque c'est *chose fongible*.

Il y a du reste tellement concession du terrain minéral qui est au-dessous de la superficie, que le prix de cette concession est réglé au moyen d'une *rente foncière*, laquelle *est réunie* à la valeur de la surface ou terre végétale qui couvre la mine.

« Les mines, en effet, sont doublement enclavées : LE CORPS DE LA MINE est dans le sein de la terre. On ne peut y arriver que par des puits, et ces puits eux-mêmes DONT L'EMPLACEMENT est toujours INDIQUÉ D'UNE MANIÈRE ABSOLUE par le gisement ou l'allure DE LA SUBSTANCE, sont ordinairement dans l'intérieur des terres. »

Mais il serait impossible d'extraire la substance disséminée dans le sein de la terre par tranchée *à ciel ouvert* et même par puits ou galeries s'il n'y avait concession du terrain et si dans l'endroit où gît la substance *le statu-quo* n'était pas imposé à la surface, qui devient une dépendance du terrain concédé comme mine.

Il faut que le concessionnaire puisse s'emparer de l'emplacement *indiqué d'une manière absolue* pour arriver à la substance à extraire partout où elle gît, sinon le droit concédé pourrait être paralysé par de nouvelles constructions ou clôtures, et, arrivant aux indemnités à payer *pour prise de possession de la surface,* M. de Girardin dit :

« Votre commission a pensé, comme le Conseil d'État, qu'on ne pouvait se borner à une simple indemnité proportionnée au dommage. L'article 22 de la loi du 28 juillet 1791 fixait aussi l'indemnité au double du dommage ; mais, en cas d'achat, le prix ne s'élevait pas au-dessus de la valeur estimative.

» Néanmoins, VOTRE COMMISSION *n'a pas cru* DEVOIR DEMANDER *que cette disposition fût conservée.* Elle a pensé que l'intérêt de l'agriculture et le respect dû à la plus ancienne comme la plus précieuse des propriétés exigeaient que les exploitants fussent contraints, pour leur propre intérêt, d'y causer le moins de dommage possible ; c'est pourquoi l'obligation d'acheter le terrain au double de sa valeur leur a été imposée.

» AU RESTE, *cette disposition,* UN PEU RIGOUREUSE peut-être, EST ADOUCIE PAR L'APPLICATION *des règles établies dans la loi du* 16 *septembre* 1807. »

Du moment que le législateur accordait *une première indemnité* pour le tréfonds et *une seconde indemnité* pour la surface, il était juste de *doubler le prix du terrain entier,* tréfonds et surface ; mais, comme il a été déclaré de la manière la plus expresse que le double prix *est adouci* par l'application des règles établies au titre XI de la loi de 1807, il est juste au moins de faire profiter les propriétaires de mines de *l'adoucissement promis ici.*

La disposition de l'article 44 de la loi de 1810, *valeur avant l'exploitation de la mine,* et celle de l'article 49 de la loi de

1807, *valeur avant l'entreprise des travaux*, sont synonymes, et c'est pourquoi la commission du Corps législatif, dans ses observations, en demandant le double prix valeur avant l'exploitation de la mine, avait demandé en même temps la suppression du renvoi à la loi de 1807 comme inutile.

Mais il faut bien savoir quand commence l'exploitation de la mine, et à ce sujet il faut recourir à ce que nous avons dit sur l'article 46 de la loi de 1810.

On applique bien la disposition quant au double prix, mais sans adoucissement, et cela parce qu'on ne voit pas qu'il y a concession du terrain *sous le nom de mine* et que la propriété est *acquise* au moment de la concession ; c'est-à-dire qu'il y a accord sur la chose et sur le prix, dès qu'il y a transmission *de la propriété* de la mine, par la concession qui équivaut à une vente, et alors le droit commun est appliqué.

« Les mines concédées deviennent, de plein droit et par l'effet immédiat de la publication de la loi, *des propriétés* INCOMMUTABLES. L'esprit de cette disposition est facile à saisir, il a pour but d'imprimer le caractère de propriété *aux mines* OUVERTES et exploitées à titre légitime. »

S'il ne s'agissait que de concéder un droit d'exploitation sur le terrain qui renferme les substances minérales énoncées dans l'article 2 de la loi, on ne pourrait pas donner le caractère de propriété immobilière à la substance minérale à extraire !

« Le but d'une bonne loi sur les mines doit être de multiplier les exploitations. L'ancienne législation en était fort éloignée. Ce but n'a pas été atteint, soit pour *les mines* OUVERTES, soit pour *les mines à* OUVRIR. »

Que ceux qui n'admettent pas la concession du terrain veuillent bien nous dire comment on OUVRE *une mine ;* ce que c'est qu'*une mine* OUVERTE ou *à* OUVRIR, et ce qui composerait cette propriété *paraphernale*, si ce n'était le terrain ?

« Les mines, *entièrement* SÉPARÉES *de la surface*, deviennent des propriétés nouvelles. Les concessionnaires s'attacheront d'autant à *en multiplier* LES PRODUITS qu'ils seront délivrés de l'inquiétude d'être troublés dans leur jouissance. Ils perfectionneront des travaux dont ils sont appelés à recueillir les fruits et à transmettre *les avantages à* LEURS HÉRITIERS...

» La propriété des mines sera régie par le droit commun, comme toutes les autres propriétés. »

Les mines sont des propriétés *incommutables ;* les concessionnaires sont invités à en perfectionner les travaux pour en recueillir les fruits et à en transmettre les avantages *à leurs héritiers*, et ici une distinction est établie entre LES MINES et LEURS PRODUITS, c'est-à-dire entre *le terrain* et *la substance*.

Enfin, la propriété des mines doit être régie par le droit commun, comme toutes les autres propriétés teritoriales, et néanmoins les propriétaires de mines sont privés de la justice paternelle des juges de paix ! dès que le plus léger dommage est causé à la propriété de la surface, il faut des *avoués*, des *experts*, des *rapports*, etc., pour fixer l'indemnité à payer.

Pourtant on devrait savoir que les paroles de M. de Girardin, organe de la commission du Corps législatif, ont été prononcées en présence de M. Regnault de Saint-Jean-d'Angély et des autres commissaires du gouvernement, et qu'elles étaient calquées sur la loi elle-même, dont il interprétait les principales dispositions le *projet à la main ;* n'est-on pas autorisé à croire que les paroles prononcées à la tribune législative par le rapporteur sont le plus fidèle et le plus sûr commentaire de la loi ?

§ 5.

Instruction relative à l'exécution de la loi de 1810.

Par sa circulaire du 3 août 1810, son excellence M. le ministre de l'intérieur, qui avait pris part à la discussion du projet de loi de 1810, régla l'exécution de cette loi ainsi qu'il suit :

« Les MINES ne doivent être exploitées qu'en vertu d'un acte de concession délibéré en Conseil d'État. — Cet acte par lequel LES DROITS

DES PROPRIÉTAIRES SERONT RÉGLÉS à l'égard DES MINES *à concéder*, INVESTIT les concessionnaires DE LA PROPRIÉTÉ *perpétuelle* DE LA MINE.

M. le ministre, en parlant d'*exploitation* de mines et de *propriété* PERPÉTUELLE dont le concessionnaire EST INVESTI *par un acte de concession*, savait parfaitement qu'il s'agissait de concéder perpétuellement *la propriété* DES TERRAINS *reconnus* POUR CONTENIR les substances minérales énumérées dans l'article 2 de la loi.

On a vu en effet, à la séance du 8 avril 1809, que M. le ministre, qui n'admettait pas que le propriétaire *du dessus* l'était *du dessous*, avait proposé de régler LES DROITS de ce propriétaire au moyen d'une redevance d'*un* ou de *deux* SOUS par arpent, et que c'est alors que l'Empereur répondit : « *Que si le propriétaire* DU DESSUS *ne l'est pas* DU DESSOUS, *il ne lui est* ABSOLUMENT RIEN DU ; *que s'il l'est, il faut lui donner* UNE PART PLUS SÉRIEUSE *dans les bénéfices de l'exploitation et la fixer par l'acte de concession.* »

L'Empereur a toujours entendu que le propriétaire du dessus *fût associé* dans l'exploitation des mines concédées en lui accordant UNE PART *dans les produits*, et c'est pour cela qu'en mettant fin à la discussion sur les droits du propriétaire de la terre végétale il dit : « *Que le concessionnaire et le propriétaire du sol soient donc* ENTENDUS CONTRADICTOIREMENT ; *que leurs intérêts soient* BALANCÉS *et* CONCILIÉS , *et que l'acte de concession* LES DÉTERMINE. »

Du reste, c'était déjà là l'opinion qu'il avait manifestée deux ans auparavant, dans la séance du 21 octobre 1808.

« Les minières seront exploitées *à ciel ouvert* PAR LES PROPRIÉTAIRES DES TERRAINS, ou par d'autres personnes au refus des propriétaires, mais en vertu d'une permission de l'administration. — Les minières RENTRENT DANS LA CLASSE DES MINES et sont concédées de la même manière quand l'exploitation à ciel ouvert cesse d'être possible ou peut devenir nuisible. »

Les *mines*, *minières*, *carrières* et *tourbières* sont des propriétés territoriales de même nature, elles ne diffèrent entre elles que par les produits, de même que les *forêts*, les *prairies* et les *vignes* ne diffèrent également que par les produits, et parmi toutes ces propriétés *les mines* seules sont concédées par le gouvernement.

Les minières ne sont concessibles que lorsque des *travaux d'art* sont nécessaires pour *exploiter la substance* qu'elles renferment; dans ce cas, elles changent de nom et *rentrent* DANS LA CLASSE DES MINES; mais les *minières*, en devenant *mines*, ne changent donc pas de nature, et la propriété des mines, comme celle des minières, se compose DU TERRAIN *qui renferme* les matières minérales *énumérées* aux articles 2 et 3 de la loi.

« La recherche des mines peut avoir lieu de deux manières, savoir : 1º par les propriétaires des terrains ou avec leur assentiment ; dans ce cas, il n'y a aucune formalité à remplir ; 2º par d'autres que les propriétaires, et, sur le refus de ceux-ci, les recherches ne doivent être faites qu'après en avoir obtenu la permission, ainsi qu'il suit:

» Les permissions de recherches sont accordées par le ministre de l'intérieur, sur l'avis de l'administration des mines, d'après un arrêté pris par le préfet du département..... Le préfet prend l'avis de l'ingénieur des mines, *qui fait connaître* LA NATURE DU TERRAIN, la probabilité du succès que présentent les circonstances locales, et la meilleure direction à suivre dans les travaux. »

De là encore ressort la preuve que le droit de faire des recherches appartient d'abord *au propriétaire* DU TERRAIN, et qu'ensuite la permission qui peut être accordée à un tiers de fouiller LA PROPRIÉTÉ *d'autrui* est soumise à certaines conditions ayant rapport *à la nature* DU TERRAIN, à la probabilité du succès des recherches, condition appréciée par l'ingénieur des mines.

Mais, ainsi qu'il est dit à l'article 10 de la loi, la permission n'est accordée qu'après que *le propriétaire* DU TERRAIN a été *entendu* ou *appelé*, et les travaux de recherches ne doivent être entrepris qu'après que ce propriétaire a été indemnisé.

« L'arrêté du préfet qui statue sur la demande doit énoncer les noms, qualités et domicile du demandeur, la date de la demande, l'objet de la recherche, *la désignation précise* DU LIEU OU DES LIEUX SUR LESQUELS elle pourra porter, la date de la communication faite AU PROPRIÉTAIRE DU TERRAIN, l'avis de l'autorité locale, celui de l'ingénieur des mines, LA DISCUSSION *de l'opposition* DU PROPRIÉTAIRE ou des propriétaires; s'ils en ont fait, l'avis des experts sur l'indemnité *à payer* AUX PROPRIÉTAIRES..... L'*étendue* DES TERRAINS SUR LESQUELS elle devra porter. »

La permission doit indiquer l'*étendue des terrains* SUR LESQUELS *elle est accordée*, et quand, au lieu de permission, il s'agit de concession, *la propriété* CONCÉDÉE *comprend la même étendue de terrain*, si les limites ne sont pas changées par l'acte de concession.

« Aucune permission de recherches ne peut être accordée pour faire des sondages, ouvrir des puits ou établir des machines dans les enclos murés et dans les terrains attenant aux habitations, dans la distance de 100 mètres desdites clôtures ou habitations, qu'avec le consentement formel *du propriétaire* (DES TERRAINS).

L'instruction ministérielle est ici aussi explicite que le rapport de M. de Girardin; il n'y a que le propriétaire *des terrains* qui puisse *accorder* ou *refuser* la permission de fouiller les terrains qui lui sont réservés par la loi; en voici encore la preuve :

« Tout *propriétaire* DE TERRAIN a le droit de rechercher, sans permission préalable, des *mines*, *minières* ou *carrières* DANS SON TERRAIN ; mais, comme tout autre, il ne peut suivre l'*exploitation* DES SUBSTANCES qu'il aura découvertes qu'en se conformant aux dispositions de la loi pour obtenir une concession ou une permission, suivant les cas. »

Suivant les cas, c'est-à-dire que, si le propriétaire découvre l'une DES SUBSTANCES *énumérées* dans l'article 2 de la loi, il aura besoin d'une concession *de sa propriété;* si, au contraire, la substance par lui découverte est énumérée dans l'article 3, une simple permission suffira, et enfin si la substance est une de celles énumérées dans l'article 4, il n'aura besoin ni de concession, ni de permission.

C'est là ce qu'il faudrait bien remarquer, pour être convaincu que c'est *la nature de la substance* découverte qui donne le NOM *au terrain*, qui est ensuite classé par la loi sous celui de *mine*, *minière* ou *carrière*, à cause des droits accordés au gouvernement sur le terrain qui renferme les substances *dont la nomenclature* est comprise dans l'article 2 de la loi.

Mais toutes ces circonstances n'indiquent-elles pas qu'il faut être *concessionnaire* du terrain pour l'exploiter *en mine*, et qu'il suffit d'en être *propriétaire* pour exploiter les minières et les carrières.

« Des recherches ne peuvent avoir lieu dans *l'étendue* D'UNE CONCESSION *déjà obtenue* que par LE CONCESSIONNAIRE LUI-MÊME, ou d'après SON CONSENTEMENT FORMEL. »

Le propriétaire *exproprié* ne peut plus, après la concession, faire des recherches dans le terrain concédé; il fouillerait la propriété d'autrui, et il ne le peut que d'après le *consentement* FORMEL *du concessionnaire*.

Ainsi, après la concession du terrain, il n'y a que le concessionnaire qui puisse faire *des recherches* DANS LE TERRAIN *déjà concédé*, et la circulaire ministérielle est ici d'accord avec l'article 12 de la loi.

« On ne doit considérer comme découvertes, en fait de mines, que celles qui font connaître non-seulement LE LIEU *où se trouve* UNE SUBSTANCE MINÉRALE, mais aussi la disposition des *amas*, *couches* ou *filons*, de manière à démontrer la possibilité de leur *utile exploitation*. »

Ne sont considérées comme mines découvertes que celles qui font connaître non-seulement LE TERRAIN *où se trouve* UNE SUBSTANCE *minérale*, mais aussi la disposition des *amas*, *couches* ou *filons*, de manière qu'il soit évidemment possible d'extraire *la substance* DE LA PROPRIÉTÉ *où elle est enfouie*.

Mais les *amas*, *couches* ou *filons* DE LA SUBSTANCE *minérale* à extraire ne sont que LES PRODUITS *de la propriété* concédée, et il est inconcevable que les propriétaires de mines, qui ont donné leur approbation à la brochure dont il est parlé au § 5 qui précède, aient ainsi pu confondre *la propriété* IMMOBILIÈRE qui leur a été concédée avec *les produits* de cette propriété.

« Il y a lieu à demande de concession, soit pour DES MINES *nouvellement découvertes*, lorsque le gisement DES COUCHES *minérales* est tellement reconnu qu'il y a certitude d'une exploitation utile, soit pour DES MINES *exploitées* et NON ENCORE CONCÉDÉES. »

Ici encore une distinction est établie entre *les mines* et *les couches* de la substance minérale ; les mines, c'est *la terre* où gît la substance à extraire, et la substance n'est que *le produit* des mines concédées ; tout cela est aussi clair que le jour.

« LES TERRAINS D'UNE MÊME CONCESSION DOIVENT ÊTRE CONTIGUS. — Plusieurs concessions peuvent être réunies entre les mains d'un même concessionnaire. »

Si LES TERRAINS d'une même concession *doivent être contigus*, c'est que la concession comprend les terrains concédés ou à concéder comme mines ; c'est là une conséquence irréfutable.

« S'il y a discussion entre LES PROPRIÉTAIRES DES TERRAINS et LE DEMANDEUR EN CONCESSION, relativement aux indemnités autorisées par les articles 6 et 42 de la loi, ces objets seront soumis à l'avis du conseil de préfecture. »

La concession du terrain est encore évidente ici, puisque, s'il y a discussion *sur le prix* de la concession, ce prix est débattu devant le conseil de préfecture.

« Les principaux motifs qui déterminent à accéder à une demande en concession sont : 1º la présence reconnue d'un minéral utilement exploitable ; 2º la certitude de moyens d'exploitation offerte par les localités ; 3º la faculté D'ASSEOIR *l'exploitation* SUR UNE ÉTENDUE DE TERRAIN SUFFISANTE pour qu'elle soit suivie par les moyens les plus économiques. »

La concession d'un terrain ne doit être accordée que lorsque des recherches ont révélé la présence d'*une matière minérale* UTILEMENT EXPLOITABLE, *et que la surface* DU TERRAIN *à concéder* OFFRE UNE ÉTENDUE SUFFISANTE aux travaux d'exploitation ; mais ces prescriptions indiquent encore que la matière minérale n'est que le produit de la propriété concédée.

« Le décret de concession énonce les noms, prénoms, qualités et domicile du concessionnaire ou des concessionnaires, la nature et la situation de l'objet concédé : IL DÉSIGNE LES LIMITES *de la concession* accordée, EXPRIME SON ÉTENDUE *en kilomètres carrés*, FIXE LES INDEMNITÉS *à payer...* »

La concession est ici parfaite : la propriété du terrain concédé est énoncée par la *nature* et la *situation* ; elle désigne les *limites* de la propriété, exprime son *étendue* et fixe le *prix* à payer.

« UN PLAN *de la concession* reste joint à la minute du décret. S'il y avait des changements à opérer, en vertu du décret ces changements seraient exécutés sous la surveillance de l'administration générale des mines, et les plans seraient, à cet égard, certifiés par le chef de l'administration et visés par le ministre de l'intérieur. »

Du moment que la concession est parfaite par l'acte de concession, le *plan* RÉGULIER *de la surface*, dressé en triple expédition par l'ingénieur des mines et certifié par le préfet, prescrit par l'article 30 de la loi et qui doit être annexé à la demande en concession, n'a point pour objet de fixer les limites de la concession ; il ne sert qu'à indiquer *ce qui existe sur la surface de la mine*, ainsi que nous l'avons déjà fait remarquer sous la rubrique des articles 29 et 30 de la loi.

« Le décret de concession est adressé par le ministre au préfet du département, qui le notifie sans délai au concessionnaire, et qui en ordonne les PUBLICATIONS et AFFICHES *dans les communes* SUR LESQUELLES *s'étend la concession.* »

La prudence exige même que ce décret soit contre-signifié à tous les propriétaires DES TERRAINS *compris dans le périmètre de la mine*, pour qu'ils soient doublement avertis de la modification apportée à leurs droits sur ces terrains.

« Il est indispensable, lorsque, par effet d'hérédité ou autrement, une mine ou une minière concédée se trouverait dans le cas d'être partagée, que la question *du partage* soit soumise au gouvernement.

» Dans ce cas, l'administration a à examiner : 1º si la mine ou la minière concédée *est susceptible* DE DIVISION *sans inconvénient;* 2º si chacun des co-partageants qui deviendrait propriétaire, DE PORTION DE LA MINE OU DE LA MINIÈRE, aurait les facultés nécessaires pour suivre LES TRAVAUX à faire *dans chacune* DES PARTIES, et acquitter les charges qui seraient affectées PROPORTIONNELLEMENT *à chaque* PORTION. »

Or, qu'est-ce qui serait susceptible *de division* et de quoi se composerait *chaque* PORTION d'une mine ou d'une minière, si ce n'était du terrain concédé? On ne peut partager la substance qu'après l'extraction, et la loi ne pourrait interdire *le partage* de la SUBSTANCE *extraite.*

« Les concessionnaires de mines SONT PROPRIÉTAIRES ABSOLUS; LEUR PROPRIÉTÉ *est absolument* DISTINCTE de la propriété *des terrains* SUPERFICIELS. — Les inscriptions prises sur celle-ci ne portent pas sur celle-là, et réciproquement.

» L'indemnité qui aurait été fixée en faveur des propriétaires de la surface, en vertu de l'article 6 de la loi demeure réunie à la valeur de la surface, et passible indivisément des hypothèques qui seraient prises par les créanciers du propriétaire du terrain. »

Si la propriété des concessionnaires est absolument distincte de la propriété des terrains *superficiels;* si des hypothèques peuvent être prises *séparément* sur chacune des deux propriétés, et si *le prix* des terrains *tréfonciers* est réuni à la valeur de la terre végétale et se trouve grevé *indivisément* par les hypothèques prises sur la propriété de la surface, c'est que ce prix forme LA SOULTE *du partage* qui s'opère horizontalement par la concession du terrain QUI EST AU-DESSOUS *de la superficie.*

« Tout concessionnaire ou exploitant de mines, minières (s'il n'est propriétaire de la surface), doit s'abstenir, de la manière la plus absolue, de faire aucun sondage, d'ouvrir des puits, NI DE COMMUNIQUER PAR DES GALERIES, ni d'établir DES MACHINES, MAGASINS *ou* DÉPOTS DE MATIÈRES EXTRAITES, dans les terrains faisant partie d'enclos murés, cours ou jardins, ni dans les terrains attenant aux habitations ou clôtures, dans la distance de 100 mètres desdites clôtures ou habitations. Ils ne peuvent se permettre *aucune* ESPÈCE *de travaux* dans ces lieux (même un chemin) (1) qu'après en avoir obtenu DES PROPRIÉTAIRES *une permission* SPÉCIALE et AUTHENTIQUE. »

Le concessionnaire de mines ne doit point, sans une permission *authentique* des propriétaires, *envahir* les lieux réservés, ni par des travaux *extérieurs*, ni par des galeries *souterraines* percées à moins de 100 mètres, sans une permission *spéciale* et *authentique* du propriétaire.

Nous comprenons parfaitement qu'il soit interdit de pratiquer des excavations à moins de 100 mètres au-dessous des édifices ou des enclos murés *par respect* pour les droits *acquis ;* mais, dans ce cas, il est évident que le propriétaire de la surface ne peut, par de nouvelles constructions établies APRÈS *la concession* de la mine, priver ainsi le concessionnaire d'une partie du périmètre de sa propriété.

D'autre part, au propriétaire de la surface des lieux réservés, *à lui seul* appartient LE DROIT *de donner* ou *de refuser* le consentement authentique exigé ici, parce qu'à *lui seul* appartient LE DROIT *de stipuler* les conditions de la concession de la *propriété* dont le gouvernement ne pouvait pas disposer.

Le *secret* sur l'interprétation de l'article 11 est révélé par le ministre : il faut le consentement du propriétaire *de la surface,* ou le gouvernement *est sans droit !*

Enfin, nous ferons remarquer que toute instruction donnée par le gouvernement au sujet de l'exécution d'une loi doit être considérée comme *un complément* ou *un commentaire* de cette loi ; il faut y avoir recours dans les cas difficiles, et accorder autant de valeur à ses prescriptions qu'à la loi elle-même.

Le ministre d'alors, qui venait d'assister à toutes les discussions qui durèrent *quatre années* sur le projet de la loi, sentit la nécessité de donner des instructions précises pour

____

(1) Voir l'article 80 de la loi.

l'exécution d'une loi aussi importante, qui a pour objet d'autoriser le gouvernement *à disposer* de la propriété d'autrui, *sous les restrictions* édictées dans l'article 11 et *moyennant les indemnités* à régler d'après les prescriptions des articles 6, 42, 43 et 44.

§ 6.

Décret du Conseil d'État sur les limites des terrains concédés comme mines.

Le Conseil d'État, appelé à interpréter les instructions du gouvernement pour l'exécution de la loi de 1810, relativement aux limites à établir entre les terrains concédés comme mines et les terrains non concédés ou à concéder, a, par décret du 21 février 1814, décidé en ces termes :

« Considérant qu'il a été porté atteinte aux droits et *à la propriété* de la société de la Hestre, en changeant *les limites* DE SA CONCESSION, pour faire passer une partie de son territoire dans les limites des concessions de Marimont et de Sarre-Long-Champ ;

» Que si le ministre a recommandé par les instructions de fixer, le plus possible, par des lignes droites les limites des concessions, il n'a pu et n'a entendu y assujettir que les TERRAINS *à* CONCÉDER et nullement les TERRAINS CONCÉDÉS. »

Or, quand le Conseil d'État, par l'organe de ceux-là même qui ont rédigé la loi de 1810, déclare que les instructions du ministre ne s'appliquent qu'AUX TERRAINS *à concéder*, et nullement AUX TERRAINS concédés, et quand la loi elle-même, article 12, porte que, dans aucun cas, des recherches ne pourront être autorisées dans UN TERRAIN *déjà concédé*, comment est-il possible de ne pas voir que mine et terrain *sont synonymes*, et que, concéder *une mine*, c'est concéder *le terrain* RECONNU POUR CONTENIR l'une des substances minérales dont *la nomenclature*, selon l'expression de l'Empereur, est dans l'article 2 de la loi ?

Lorsqu'il s'est agi de rédiger la loi et qu'on a voulu séparer *les deux propriétés* SUPERPOSÉES, séparation dont le principe est établi dans l'article 552 du code Napoléon, il a bien fallu donner LE NOM PROPRE *à chacune* des deux propriétés ; on ne pouvait dire *le dessus* et *le dessous* de la terre, puisque les droits du propriétaire de la mine, *selon les gisements de la substance à extraire,* peuvent, aux termes des articles 1er et 29 de la loi, combinés avec les articles 8 et 43, commencer à la surface jusqu'à une profondeur indéfinie.

Dans cette position, le législateur a distingué *la mine* d'avec *la surface de la mine ;* mais la surface et la mine, tout en composant deux propriétés distinctes, sont formées toutes deux *du même terrain.*

S'agit-il ensuite de limiter le terrain concédé, de le distinguer et par conséquent de le séparer d'avec un autre ; celui qui est concédé ne change pas de nom, il conserve son nom ordinaire *de terrain ;* on dit alors terrain concédé ou terrain demandé en concession.

Mais, pour déterminer les droits des deux propriétaires *sur le terrain concédé,* il est facile de comprendre que ceux du propriétaire *de la surface* sont naturellement à la surface *de la mine*, et que si cette surface lui est laissée en jouissance dans l'intérêt de l'agriculture, il n'a aucun droit sur le tréfonds séparé de sa propriété.

Quant aux droits du propriétaire de la mine, il est également facile de comprendre qu'ils sont subordonnés aux gisements de la matière minérale à extraire, et qu'ils s'étendent sur tout le périmètre du terrain concédé, surface et tréfonds ; cela résulte notamment de l'article 11 de la loi, qui exclut de la concession certaines parties du terrain, et des articles 6, 42, 43 et 44, qui règlent le prix de la concession.

Mais, au lieu d'admettre franchement les conséquences de la concession d'une mine, l'opinion générale résiste, et toutes les dispositions de la loi deviennent, ainsi qu'on nous l'a dit, incompréhensibles pour *les magistrats* qui les appliquent et *pour les avocats* qui les interprètent, et l'on dit même que la législation des mines ne sera *jamais bien connue* (1)!

On ne voit pas que l'article 11 a pour but de protéger le domicile du propriétaire de la surface et l'asile de ses jouissances domestiques, où le concessionnaire ne *peut pénétrer*, même pour y exercer *une servitude de passage*, sans le consentement formel de ce propriétaire.

On ne voit pas davantage que la loi règle le prix de l'expropriation, d'abord à l'article 6 par une *première indemnité* comme prix du tréfonds, laquelle est déterminée par l'acte de concession, en vertu de l'article 42, et ensuite à l'article 43 par une *seconde indemnité* comme prix de la surface, ou à l'article 44 par le paiement au double du terrain entier, surface et tréfonds, au choix du propriétaire exproprié.

Tout cela est écrit dans la loi; néanmoins, on ne croit pas qu'il y ait concession du terrain qui est limité par l'acte qui en confère la propriété à perpétuité aux conditions que nous venons de rappeler.

C'est en vain qu'on résistera à ces conséquences, ou bien les tribunaux ne pourront jamais arriver à une interprétation juste de la loi, parce qu'il faut de toute nécessité partir de ce point que la concession d'une mine est une véritable expropriation pour cause d'utilité publique.

Il est vraiment inconcevable que les esprits se soient arrêtés à cette idée que la propriété de la mine ne se compose que de la substance minérale, et que l'on confonde ainsi *la propriété* avec *les produits* qui ne sont que les fruits de la propriété concédée.

On n'a jamais fait attention à l'énorme différence qui existe entre la loi de 1791 et la loi de 1810; on ne voit pas que l'une n'accordait que le droit d'exploiter la substance minérale dans

(1) Voir les documents qui sont dans notre avertissement.

la propriété d'autrui, tandis que l'autre accorde la propriété elle-même, à la charge d'en payer le prix, moyennant deux sortes de redevances ou le double de la valeur *avant son exploitation comme mine*, afin qu'on ne dise pas que la concession d'une mine est une *spoliation*, un *vol!*

Car tout est là ; il faut que le concessionnaire *paie la propriété* qui lui est concédée ; autrement nos idées seraient qualifiées de *socialisme*, ainsi qu'elles l'ont déjà été par un savant jurisconsulte de Paris, dans une conférence à laquelle nous assistions pour un pourvoi en cassation.

Mais il ne faut plus que les indemnités accordées sur le produit des mines, en vertu de l'article 6 de la loi, soient réglées d'une manière *dérisoire ;* il faut qu'elles le soient *sérieusement*, comme le disait l'Empereur dans la séance du 8 avril 1809 ; alors le propriétaire de la surface n'aura plus aucun motif de se plaindre du *statu-quo* imposé par respect de la chose d'autrui.

On comprendra aussi que la concession du *dessous* emporte la concession *du dessus ;* surtout quand on ne concédera que les terrains *nécessaires* à une exploitation *utile* et *durable*.

§ 7.

Opinion de M. Locré sur les droits des propriétaires de la surface d'une mine concédée.

En 1828, M. le baron Locré, officier de la Légion-d'Honneur, ancien secrétaire général du Conseil d'État, alors avocat à la Cour impériale de Paris, auteur de l'esprit du code Napoléon, de l'esprit du code de commerce, de l'esprit du code de procédure civile, etc., etc., *dans la préface* de son ouvrage de la législation des mines, a exposé ainsi les principes de la loi de 1810 :

« Les *mines*, les *minières*, les *carrières*, les *tourbières*, et les *choses* COMPRISES SOUS CES DÉNOMINATIONS, occupent une grande place parmi nos richesses nationales ; elles sont l'objet d'une infinité d'entre-prises, de spéculations, de travaux.

» A l'égard DE L'EXPROPRIATION POUR CAUSE D'UTILITÉ PUBLIQUE, il n'est pas un seul propriétaire qu'elle ne puisse atteindre ; les chau-mières, le petit morceau de terre qui compose toute la fortune d'un cultivateur, peuvent y être soumis, aussi bien que les palais et les plus vastes domaines.

» Il est donc utile de répandre la connaissance des règles qui dirigent ces matières. IL EST BON QUE LE PROPRIÉTAIRE SOUS LE SOL DUQUEL SE TROUVE UNE MINE, que ceux qui s'appliquent à en faire la recherche, que le maître de forges, que le paysan, comme le citadin *à qui l'on demande* LE SACRIFICE DE SA PROPRIÉTÉ, qu'à plus forte raison LES AGENTS DE L'ADMINISTRATION *aient à la main* UN LIVRE *où ils trouvent* LEURS DEVOIRS *et* LEURS DROITS. »

Le livre dont parle M. LOCRÉ et dont il recommande si vivement l'usage à tous ceux qu'intéresse l'exploitation des mines, aux *agents de l'administration*, aux *industriels*, aux *propriétaires*, aux *paysans* comme aux *citadins*, nous l'avons résumé dans les cinq premiers paragraphes qui précèdent, de la façon qui nous a paru la plus simple et la plus lumineuse, et nous prions les magistrats et les jurisconsultes d'y porter une attention particulière.

Mais qu'on remarque bien ces mots : *à qui l'on demande* LE SACRIFICE *de sa propriété*, on verra que cette expression se rapporte à l'*expropriation* pour cause d'utilité publique à laquelle tout propriétaire est soumis lorsqu'il s'agit de concéder une mine, et que les *mines, minières, carrières* et *tourbières* sont classées comme richesses nationales.

Après la préface, passant au commentaire et complément de la loi de 1810, M. LOCRÉ, page 5 de son ouvrage, nous dit au sujet des articles 5, 6 et 7 :

« Le système nouveau que consacrent les articles 5, 6 et 7, et qui est celui de toute la loi : *la propriété* DU FONDS est distinguée de *celle* DE LA SUPERFICIE.. ; cette propriété, créée au profit du concessionnaire, *est une propriété* PARFAITE ; à ce titre, elle a *les mêmes attributs* que toutes les autres propriétés, et *est pleinement* RÉGIE *comme elles*

PAR LE DROIT COMMUN que le code Napoléon établit. C'est en ce sens qu'il faut entendre désormais les expressions : *Concessions, concessionnaires.*

» Ce système ne blesse point ce principe de l'article 552 du code Napoléon, que *la propriété* DU SOL emporte *celle* DU DESSOUS, attendu que le droit du propriétaire du *dessus* sur le *dessous* qui recèle une mine, est purement éventuel et n'a de consistance que par la concession. L'INTÉRÊT PUBLIC, *qui ne permet pas d'abandonner à discrétion* LES MINES *au propriétaire de la surface*, l'exige ainsi.

» Toutefois, le propriétaire DE LA SURFACE a *le droit* DE L'EXPLOITER *et* DE LA CULTIVER *comme il lui plaît* : une concession ne lui est nécessaire que *pour l'exploiter* EN MINE.

» Néanmoins, pour concilier avec ce principe celui qui fera de la mine concédée une propriété nouvelle, le concessionnaire, S'IL N'EST PAS LE PROPRIÉTAIRE DU DESSUS, paiera à ce dernier UNE REDEVANCE *qui représentera* SES DROITS SUR LE DESSOUS *et lui en tiendra lieu.* »

Ainsi, du jour de la concession du terrain ou de la mine, le propriétaire de la surface expropriée n'a plus aucun droit *sur le dessous* du terrain concédé; la redevance qu'il perçoit sur la mine *représente* SES DROITS *sur le dessous* et lui tient lieu de propriété; mais *la surface* de la mine n'est laissée au propriétaire exproprié, que pour *l'exploiter* et la *cultiver*, attendu que cette propriété *est sans profondeur;* elle est, par sa nature et sa situation, à l'extérieur de la mine.

Au premier abord il semble extraordinaire que M. LOCRÉ ait dit que le propriétaire de la surface a le droit de *cultiver* et *d'exploiter* SA PROPRIÉTÉ *comme il lui plaît,* et qu'il n'a besoin de concession que pour l'exploiter en mine; mais cette observation est naturelle pour ceux qui savent que *mine* et *terrain* sont synonymes.

Une mine, aux termes de l'article 5 de la loi, ne peut être exploitée qu'en vertu d'un acte de concession, et, dans la discussion du projet de la loi, ceux qui savaient que *la mine c'est le terrain,* avaient demandé s'il faudrait au propriétaire exproprié une concession pour exploiter et cultiver *la surface d'une mine.*

La question fut faite par M. le comte Defermon, dans la séance du 10 octobre 1809, en ces termes :

« Ce n'est pas *pour la jouissance*, mais pour L'EXPLOITATION DU TERRAIN qui renferme une mine que le propriétaire doit avoir besoin de concession. »

M. le comte Fourcroy, qui présidait alors la section de l'intérieur, chargé de rédiger le projet de la loi, répondit en disant :

« L'article 5 EST RÉDIGÉ DANS CE SYSTÈME. Il n'exige la concession que *pour l'exploitation* DE LA MINE, et laisse le propriétaire JOUIR DU TERRAIN, LE CULTIVER et en prendre LA RÉCOLTE *suivant les règles du droit commun !* »

M. Locré, résumant ensuite la discussion de cette séance, nous dit, page 179 de son ouvrage, n° 8 :

« L'article 5 a été adopté avec explication qu'il est rédigé dans l'esprit de laisser au propriétaire LA LIBRE DISPOSITION DE SA TERRE, conformément au droit commun, et de ne l'obliger à obtenir une concession que *pour l'exploiter* EN MINE !

Ces documents authentiques confirment donc complètement l'opinion de M. LOCRÉ, lorsqu'il dit que le propriétaire *de la surface de la mine* n'a plus que le droit de cultiver et d'exploiter ce terrain.

Quant à la séparation du tréfonds d'avec la terre végétale ou superficielle, voici ce que M. l'archichancelier a dit dans la séance du 24 juin 1809 :

« Il faut prendre garde qu'un débiteur de mauvaise foi, qui voudra frauder ses créanciers, leur SOUSTRAIRA LE TRÉFONDS *en obtenant une concession*, même sans intention et sans espérance de réussir, et réduira leurs hypothèques à la surface, qui deviendra d'une valeur *à peu près* NULLE *lorsqu'elle sera* SÉPARÉE DU TRÉFONDS ! »

Quoique M. l'archichancelier se soit effrayé à tort sur les conséquences *de la séparation du tréfonds*, il ne résulte pas moins de son observation que celui auquel la surface est laissée pour la cultiver et l'exploiter *comme il lui plait*, n'a plus aucun droit sur le tréfonds.

Mais pour éviter la fraude dont a parlé M. l'archichancelier, l'Empereur a voulu, dans la séance du 13 février 1810, que l'acte de concession, lorsque le propriétaire de la surface obtiendra la concession de la mine, réglât le prix du terrain comme si la concession était accordée à un autre, et que ce prix fût réuni à la valeur de la surface séparée du tréfonds.

Du reste, aux termes de l'article 17 de la loi, les droits des créanciers inscrits ou ayants-droit du propriétaire ne sont *purgés* que lorsqu'ils ont été entendus ou régulièrement appelés pour surveiller leurs intérêts ; sinon ils peuvent, comme les propriétaires, attaquer la concession lorsque les formalités n'ont pas été observées.

D'ailleurs, quand on lit avec attention les articles 43 et 44 de la loi, on est convaincu que le propriétaire de la surface n'a plus que le droit de *cultiver* et d'*exploiter* son terrain, puisqu'il n'a droit à une seconde indemnité ou au double prix de son terrain que lorsqu'il est privé de son revenu ou que lorsque le terrain est *impropre à la culture*.

D'autre part, les droits des propriétaires de mines ont été solennellement définis par la Cour de cassation dans deux arrêts dont un rendu par les Chambres réunies ; et de ces deux arrêts il résulte que le propriétaire de *la surface d'une mine* n'aurait en effet que le droit d'*exploiter* et de *cultiver* SA PROPRIÉTÉ, et que tous autres droits lui sont interdits *s'ils sont nuisibles* à l'exploitation de la mine.

§ 8.

Arrêts remarquables de la Cour de cassation sur les droits des propriétaires de mines.

La Cour de cassation, Chambre des requêtes, Chambre civile et enfin Chambres réunies, a décidé, contrairement aux Cours impériales de Lyon et de Dijon, que le propriétaire d'une mine ne peut être privé *sans indemnité* d'une partie du *périmètre de sa propriété* ou *des produits* de celle-ci par la *création* d'un établissement *nouveau* d'utilité publique.

Elle a décidé notamment que l'article 11 de la loi de 1810, *qui s'inscrit de lui-même dans tout acte de concession de mine et qui* devient *l'une des clauses principales* de cet acte, NE PEUT ÊTRE APPLIQUÉ QU'A CE QUI FAIT L'OBJET DES RÉSERVES *au moment* de la concession, c'est-à-dire qu'il ne s'applique qu'aux habitations ou enclos murés qui existent *au moment de la concession* DES TERRAINS pour être exploités comme mine, parce que la propriété d'une mine est *inviolable* et *sacrée* dans les mains du concessionnaire.

Car toute la question est là : *Y a-t-il concession de la propriété* DES TERRAINS COMPRIS *dans le périmètre d'une mine ?* Le nier, c'est nier tout le système de la loi de 1810 ; c'est revenir au point où en était la discussion du projet dans la séance du 10 octobre 1809, et c'est nier tous les documents législatifs, ainsi que ce qui a été dit par M. Locré lui-même.

Mais la Cour de cassation a reconnu, dans son arrêt du 18 juillet 1837, qu'il y a concession des terrains, en déclarant que *le concessionnaire* N'EST PAS OBLIGÉ DE CÉDER *une partie* DU TERRAIN COMPRIS *dans le périmètre de la mine* pour établir un chemin de fer.

Dans l'espèce, il s'agissait d'un chemin de fer, *autorisé pour cause d'utilité publique,* dont le parcours est venu traverser le périmètre d'une mine ; le préfet a interdit l'exploitation de la mine *au-dessous* et *aux abords* du chemin, et le propriétaire de la mine a réclamé une indemnité.

La Cour impériale de Lyon, par arrêt du 12 août 1835, avait rejeté la demande en indemnité par les motifs :

« 1° Que le préfet a le droit, en vertu de l'article 50 de la loi de 1810, d'interdire l'exploitation d'une mine lorsque la sûreté publique peut être compromise ; 2° que le gouvernement a toujours le droit, dans le périmètre d'une mine, comme partout ailleurs, d'y établir telle voie publique qu'il juge à propos, et que la compagnie du chemin de fer, comme subrogée au droit du gouvernement, n'était passible d'aucune indemnité. »

Après comme avant la concession d'une mine, le gouvernement ne peut *établir sur la propriété d'autrui* des routes ou chemins ou telles autres voies publiques sans une juste indemnité envers les propriétaires *du sol* et *du sous-sol*.

Le mal jugé était donc évident ; il y eut pourvoi en cassation, et, sur le pourvoi, le propriétaire de la mine soutint qu'il avait droit, comme tout autre, à une juste indemnité lorsque, pour cause d'utilité publique, il est privé d'une partie *de sa propriété* ou *des produits* de celle-ci, et que les mesures restrictives de son droit de propriété ne s'appliquent *qu'à ce qui* EXISTAIT *sur la surface* LORS DE LA CONCESSION ; mais qu'il ne peut en être ainsi des édifices ou établissements *créés* DEPUIS *la concession*, parce que la position d'un propriétaire de mine n'aurait jamais rien de certain.

La Compagnie du chemin de fer soutint, au contraire, que son chemin, pouvant être *assimilé à un enclos*, était protégé par l'article 11 de la loi de 1810, en disant que cet article s'applique AUX CONSTRUCTIONS *postérieures* comme à celles *antérieures* à la concession, et que le préfet avait eu le droit, en vertu de l'article 50, d'interdire l'exploitation de la mine par mesure de sûreté publique, sans que le propriétaire des nouvelles constructions pût être passible d'indemnité.

La Cour de cassation, Chambre civile, n'a pas admis le système de la Compagnie du chemin de fer, et, par arrêt du 18 juillet 1837, elle a cassé celui de la Cour impériale de Lyon, en ces termes :

« Vu les articles 7 et 50 de la loi du 21 avril 1810, l'article 545 du code Napoléon et l'article 9 de la Charte ;

» Attendu que la loi du 21 avril 1810 déclare que les concessions de mines EN CONFÈRENT LA PROPRIÉTÉ perpétuelle, disponible et transmissible comme LES AUTRES BIENS IMMEUBLES, dont les conces-

sionnaires ne peuvent être expropriés que dans les cas et selon les formes prescrites relativement AUX AUTRES PROPRIÉTÉS.

» Attendu que TOUT PROPRIÉTAIRE a droit à une juste indemnité, non-seulement lorsqu'il est obligé de subir l'éviction entière et absolue DE SA PROPRIÉTÉ, mais aussi lorsqu'il est privé de la jouissance et DE SES PRODUITS pour cause d'utilité publique. »

Les premières dispositions de cet arrêt, après avoir reconnu que la concession d'une mine confère une propriété immobilière à perpétuité, déclarent que le concessionnaire ne peut en être exproprié que selon les formes prescrites pour les autres propriétés, et qu'il a droit, *comme tout propriétaire*, à une indemnité lorsque, pour cause d'utilité publique, il est privé de sa *propriété* ou des *produits*.

« Attendu que la *concession d'une mine* a pour objet l'exploitation de la *matière minérale* QU'ELLE RENFERME ; que le concessionnaire auquel cette exploitation *est interdite* DANS UNE PARTIE *du périmètre* DE LA MINE, pour un temps indéterminé, est privé des produits de sa propriété et éprouve une véritable éviction dont il doit être indemnisé. »

Il faut remarquer qu'il y a dans une mine deux choses parfaitement distinctes : *la propriété* et *la matière* minérale QU'ELLE RENFERME, et que le concessionnaire d'une mine, d'après la Cour de cassation, doit être indemnisé lorsqu'il lui est interdit d'exploiter *sa propriété* dans une partie du périmètre concédé.

« Attendu que le droit de surveillance, réservé par l'article 50 de la loi de 1810 à l'autorité administrative sur l'exploitation des mines, n'altère en rien le droit de PROPRIÉTÉ du concessionnaire, et ne lui impose pas l'obligation de subir *la perte* D'UNE PARTIE (du périmètre) de sa concession PAR LA CRÉATION *d'un établissement* NOUVEAU, sans une juste indemnité. »

C'est en vain qu'on a invoqué l'autorité du préfet ; cette autorité ne va pas jusqu'à exproprier le propriétaire d'une mine ou lui imposer l'obligation de subir *la perte* D'UNE PARTIE *de sa propriété* PAR LA CRÉATION *d'un établissement* NOUVEAU, sans une juste indemnité, même pour cause d'utilité publique.

De là cette conséquence qu'un établissement, formé après la concession d'une mine et non autorisé pour cause d'utilité, ne doit pas entraver l'exploitation de la mine et doit au contraire être supprimé conformément à l'article 49 de la loi de 1840, s'il arrête les travaux.

« Attendu, en fait, qu'il est reconnu et constaté par l'arrêt attaqué que l'établissement de la mine de Couzon EST ANTÉRIEUR à celui du chemin de fer, et que la concession ne contient aucune clause qui oblige les concessionnaires de la mine *à céder* UNE PARTIE DU TERRAIN COMPRIS *dans le périmètre* DE LA MINE p our établir un chemin de fer *sans indemnité.* »

La Cour de cassation établit une distinction entre les établissements qui EXISTENT *au moment de la concession* et ceux qui ONT ÉTÉ CRÉÉS *depuis*, et reconnaît qu'*il y a concession* DU TERRAIN *compris dans le périmètre* DE LA MINE, en déclarant que le concessionnaire *ne peut être tenu* DE CÉDER *une partie* DE CE TERRAIN *sans indemnité*, même pour cause d'utilité publique.

« Attendu que l'arrêté du 29 novembre 1829, provoqué par les défendeurs, *a été nécessité* PAR LA CRÉATION du chemin de fer ; que ses dispositions n'auraient pas été portées si cette voie nouvelle et souterraine n'avait pas été établie dans la mine ; qu'ainsi il n'est pas un acte de police relatif à l'exploitation de la mine, mais une mesure administrative prise dans l'intérêt du chemin de fer, et uniquement *relative à sa consolidation.*

» Attendu que l'article 11 de la loi du 21 avril 1810 ne peut être appliqué AUX ÉTABLISSEMENTS FORMÉS APRÈS LA CONCESSION, et notamment aux routes souterraines pratiquées *dans le périmètre* DE LA MINE. »

La Cour de cassation confirme ici *la distinction* qui doit être faite entre les *établissements* CRÉÉS AVANT *la concession* de la mine et *ceux* CRÉÉS APRÈS *la concession*, en déclarant que l'article 11 de la loi de 1810 ne peut être appliqué *aux établissements* FORMÉS APRÈS *la concession ;* et, après avoir dit que le concessionnaire de la mine n'est pas tenu de subir la perte d'une partie de sa propriété *par la* CRÉATION *d'un établissement* NOUVEAU, elle ne pouvait pas lui accorder la protection édictée dans l'article 11.

Mais déclarer que l'article 11 ne peut être appliqué aux établissements formés après la concession, c'est dire que le propriétaire de la surface ne peut bâtir sur la mine qu'à ses risques et périls, et par là imposer implicitement le *statu-quo* à la surface.

« Attendu que les concessionnaires du chemin de fer de Saint-Etienne sont substitués tant aux droits qu'aux obligations de l'État, et sont passibles de l'indemnité due à raison d'une éviction dont ils profitent ;

» Attendu que le traité qu'ils ont passé le 1er avril 1828 avec la dame Duroseil, *propriétaire* DE LA SURFACE, *n'a pu leur conférer aucun droit* SUR LA PROPRIÉTÉ DE LA MINE.

La Cour de cassation, en déclarant que le propriétaire de la surface n'*a pu conférer* AUCUN DROIT *sur la* PROPRIÉTÉ *de la mine*, n'a entendu et n'a pu parler que *du terrain* CONCÉDÉ *sous le nom de mine*, seul objet sur lequel la compagnie du chemin de fer devait asseoir son entreprise et ses travaux ; le mot *mine* sous-entend donc *terrain*, et lorsque l'on dit *la mine* c'est comme si l'on disait *le terrain*.

Ainsi, quand *le propriétaire* DE LA SURFACE ne peut conférer aucun droit sur la propriété de la mine ou du terrain pour y établir un chemin de fer ou tel autre établissement, il est manifeste qu'il ne peut faire lui-même ce qui est interdit à un acquéreur de son bien.

« Que l'arrêt attaqué, en refusant aux demandeurs toute indemnité, *a violé* LES LOIS PRÉCITÉES. — CASSE. »

La Chambre civile, en cassant l'arrêt de cette Cour, a renvoyé la cause et les parties devant les Chambres réunies de la Cour impériale de Dijon, qui, par arrêt du 25 mai 1838, ont résisté à la jurisprudence de la Cour suprême par les motifs :

1° Qu'*après* comme *avant* la concession d'une mine, le propriétaire *de la surface* conserve tous les droits qu'il avait sur sa propriété ; qu'il y peut établir TOUTES LES CONSTRUCTIONS qui doivent en augmenter la valeur, creuser le sol pour y pratiquer des puits et des caves, *si les travaux* ONT UN BUT UTILE ; qu'autrement TOUS LES TERRAINS COMPRIS *dans le périmètre* de la concession se trouveraient FRAPPÉS D'INTERDICTION, et que ce serait une VÉRITABLE EXPROPRIATION *sans indemnité,* parce que celle accordée par les articles 6 et 42 n'est *que la représentation* DE LA VALEUR DE LA SUBSTANCE MINÉRALE.

2° Que la compagnie du chemin de fer, ayant fait l'acquisition de tout le terrain occupé par son chemin, elle avait le droit, COMME TOUT PROPRIÉTAIRE DE LA SURFACE D'UNE MINE, DE COUVRIR *ledit terrain* DE CONSTRUCTIONS ; que cette compagnie, n'ayant fait qu'user de son droit de propriétaire *de la surface,* ne peut être tenue à aucune indemnité envers le propriétaire *de la mine;* que, d'ailleurs, l'arrêté préfectoral qui INTERDIT TOUS TRAVAUX AU-DESSOUS du chemin de fer, a été pris en vertu de l'article 50 de la loi, et que cet arrêté ne prononce pas la dépossession du propriétaire de la mine, moyennant indemnité préalable, etc. »

La Cour de Dijon permet les nouvelles constructions si elles ont *un but utile,* parce que, dit-elle, ce serait frapper d'interdiction tous *les terrains* COMPRIS *dans le périmètre concédé,* et la concession consacrerait une véritable *expropriation* sans indemnité.

Puis, partageant l'erreur générale, elle interprète mal la loi de 1810, en déclarant que les indemnités accordées en vertu des articles 6 et 42 représentent seulement *la valeur* DE LA SUBSTANCE *minérale,* et que le concessionnaire d'une mine n'a qu'un simple droit d'exploitation comme au temps de la loi de 1791.

Sur un nouveau pourvoi en cassation dirigé contre l'arrêt solennel de la Cour impériale de Dijon, les Chambres réunies de la Cour suprême ont, par arrêt du 3 mars 1841, confirmé la jurisprudence de la Chambre civile :

« LA COUR ; — Vu l'article 9 de la Charte constitutionnelle et l'article 545 du code Napoléon, relatifs à l'indemnité due *à ceux* qui sont DÉPOSSÉDÉS DE LEUR PROPRIÉTÉ POUR CAUSE D'UTILITÉ PUBLIQUE;

» Vu aussi l'article 1382 du code Napoléon, d'après lequel tout fait quelconque de l'homme qui cause à autrui un dommage, oblige celui par la faute duquel il est arrivé à le réparer ;

» Vu enfin l'article 7 de la loi du 21 avril 1810 sur les mines :

» Attendu que, PAR DÉROGATION à l'article 552 du code Napoléon, cet article 7 déclare que les concessions de mines EN CONFÈRENT LA PROPRIÉTÉ PERPÉTUELLE ; que cette propriété est disponible et transmissible *comme les autres* IMMEUBLES, *dont nul ne peut être exproprié* que dans les cas et selon les formes prescrites pour les autres propriétés, conformément au code Napoléon, c'est-à-dire *sans indemnité·*

» Attendu que TOUT PROPRIÉTAIRE a droit à une indemnité, non-seulement lorsqu'il est obligé *de subir l'éviction* entière DE SA PROPRIÉTÉ, mais aussi lorsqu'il *est privé* DE SA JOUISSANCE et DE SES PRODUITS *pour cause d'utilité publique;* que seulement dans ce cas l'indemnité n'est pas préalable. »

Après avoir reconnu que l'article 7 de la loi de 1810 apporte une *dérogation* AU DROIT *de propriété* conféré par l'article 552 du code Napoléon, la Cour suprême, en audience solennelle, a déclaré que le propriétaire d'une mine ne peut être privé de sa propriété que pour CAUSE D'UTILITÉ PUBLIQUE, et que, dans ce cas, il a droit, *comme tout propriétaire, à une* JUSTE INDEMNITÉ; cette indemnité lui est due non-seulement lorsqu'il est obligé de subir l'éviction *d'une partie* de sa propriété, mais aussi lorsqu'il est contraint d'abandonner la jouissance *de ses produits.*

Toutefois, il faut *une cause d'intérêt général* pour que le propriétaire d'une mine puisse être privé d'une partie de sa propriété; car tout établissement *non autorisé* pour cause d'utilité publique, créé sur la mine après la concession, doit être considéré comme établi *sur la propriété d'autrui* et doit être supprimé s'il est *nuisible à l'exploitation de la mine,* conformément à l'article 48 du titre XI de la loi de 1807; autrement les arrêts de la justice n'auraient point de sanction, et ses décisions seraient sans objet.

« Attendu que la concession d'une mine a pour objet l'exploitation de *la matière minérale* QU'ELLE RENFERME ; que le concessionnaire auquel cette exploitation EST INTERDITE *par un fait à lui étranger,* SUR UNE PARTIE *du périmètre de la mine* pour un temps déterminé, est privé des produits de sa propriété et éprouve une éviction véritable dont il doit être indemnisé. »

Nous l'avons déjà dit, il faut remarquer qu'il y a dans l'exploitation d'une mine deux choses parfaitement distinctes : *la propriété* et *la matière* minérale qu'ELLE RENFERME ; les Chambres réunies de la Cour suprême, par les mêmes motifs que la Chambre civile, ont décidé qu'une indemnité est due au concessionnaire d'une mine qu'on empêche d'extraire *les produits* d'une partie de *sa propriété*.

« Attendu qu'à la vérité l'article 50 de la loi du 21 avril 1810 confère à l'autorité administrative le droit de pourvoir par des mesures de sûreté publique à la conservation des puits, à la solidité des travaux de la concession et à la sûreté des habitations de la surface ; mais que cette disposition n'altère en rien le droit de propriété du concessionnaire et ne lui impose pas l'obligation *de subir* LA PERTE D'UNE PARTIE *de sa concession, à raison* DE LA CRÉATION *d'un établissement* NOUVEAU, sans une juste indemnité. »

Or, dans l'espèce, il s'agissait d'un établissement créé pour cause d'utilité publique ; le propriétaire de la mine avait été exproprié d'une partie de *sa propriété* ainsi que *des produits*, et le débat n'avait pour objet que l'indemnité qui lui était contestée :

Mais, lorsqu'un établissement nouveau n'est pas autorisé, n'étant pas non plus protégé par l'article 11 de la loi de 1810, il ne peut donner lieu à l'interdiction de l'exploitation de la mine, ni imposer au propriétaire de celle-ci l'obligation de subir la perte d'une partie de sa concession.

De là encore cette conséquence logique que si un dommage quelconque est causé au nouvel établissement par les travaux d'exploitation de la mine, *l'exploitant qui n'a point* ABUSÉ DE SES DROITS, *ne peut être responsable des dégâts*.

Il y a plus, aux termes de l'article 49 de la loi de 1810, le propriétaire de la mine *doit demander la suppression* de l'édifice qui arrêterait ou restreindrait son exploitation ; sinon il n'exécute pas la loi qui l'oblige à des travaux perpétuels non interrompus.

« Attendu que si, nonobstant la concession de la mine, LES DROITS INHÉRENTS *à la propriété de la surface* RESTENT ENTIERS, conformément à l'article 544 du code Napoléon, il ne s'ensuit pas que le propriétaire de la surface *ait le droit* DE PRATIQUER *des travaux* NUISIBLES *à l'exploitation de la mine* DANS L'ÉTENDUE DE SON PÉRIMÈTRE. »

La propriété de la surface *est sans profondeur* et forme une propriété distincte, séparée de celle de la mine *qui est au-dessous ;* chacune d'elles a des droits qui doivent être respectés, et comme la propriété des mines est créée *en vue de l'intérêt général*, on lui donne avantage sur la propriété de la surface.

Les droits *inhérents* à la propriété de la surface *ont été définis* dans la discussion de la loi, séance du 10 octobre 1809, et dans les observations de M. Locré ; le propriétaire exproprié reste en possession de la surface pour *l'exploiter* et la *cultiver* comme il lui plaît, à la condition *de ne pas nuire à l'exploitation de la mine*, et, aux termes des articles 43 et 44 de la loi de 1810, il n'a plus qu'*un droit de culture.*

L'un de ces articles n'accorde une indemnité au propriétaire de la surface dépossédé que d'après *les produits de sa propriété*, et l'autre ne permet à ce propriétaire d'exiger le paiement de son terrain, surface et tréfonds, que lorsqu'il est dépossédé *depuis plus d'un an* ou que son terrain n'est plus *propre à la culture.*

Exploiter et *cultiver* sa propriété, c'est là tout ce que la loi réserve au propriétaire de la surface ; car, s'il reste en possession de tous *les droits qu'il s'est appropriés*, il ne peut jamais se plaindre des excavations pratiquées sous sa propriété, si elles ne dessèchent pas la terre végétale ; *son droit de culture lui est seul garanti*, en dehors des lieux distraits de la concession, comme étant au moment de cette concession le droit le plus important.

« Attendu qu'il n'est pas DÉNIÉ EN FAIT par l'arrêt attaqué que la compagnie du chemin de fer, dont l'établissement d'ailleurs EST POSTÉRIEUR *à la concession* DE LA MINE, a poussé ses travaux dans le périmètre de la mine, sans que la concession ait été soumise à aucune réserve en faveur du parcours du chemin de fer; que, dès-lors, cette compagnie AURAIT PORTÉ ATTEINTE DIRECTE A L'EXPLOITATION DE LA MINE; qu'elle se serait donc rendue passible d'une indemnité à évaluer à *raison* D'UNE ÉVICTION *dont elle profiterait.* »

Les Chambres réunies ont, comme la Chambre civile, motivé leur arrêt sur ce que l'établissement du chemin de fer était *postérieur* à la concession de la mine; cette distinction entre les établissements *postérieurs* et ceux *antérieurs* à la concession de la mine prouve encore que l'article 11 de la loi de 1810 ne peut être appliqué qu'*à ce qui* EXISTE *au moment* où *la propriété de la mine* EST CONCÉDÉE.

En effet, celui qui a concédé sa propriété ou qui l'a vendue, *sous réserve de la surface*, n'a évidemment plus qu'*un droit de culture* sur cette surface, et l'article 11 ne peut être appliqué aux bâtiments ou enclos murés établis *postérieurement*, parce que ce serait permettre la révocation de la concession.

Or, quelle que soit la nature de la propriété concédée, il est impossible de ne pas admettre *la distinction* qui a été faite par la Cour suprême entre les établissements *postérieurs* et ceux *antérieurs*, ni de reconnaître avec elle que l'article 11 ne peut être appliqué aux établissements *formés* APRÈS *la concession.*

« Que, néanmoins, l'arrêt attaqué a refusé aux demandeurs toute action en indemnité au sujet des interdictions prononcées par l'arrêté préfectoral, et qu'en le jugeant ainsi cet arrêt a FAUSSEMENT *appliqué* l'article 552 du code Napoléon, MAL *interprété* l'article 50 et *formellement* VIOLÉ l'article 7 de la loi de 1810, ainsi que les articles 545 et 1382 du code Napoléon, et l'article 9 de la Charte constitutionnelle ; CASSE, etc. »

On vient de voir que l'arrêté préfectoral qui interdisait autrefois l'exploitation de la mine au-dessous et aux abords d'un établissement créé pour *cause d'utilité publique*, est du 29 novembre 1829 ; de ce moment et jusqu'au 3 mars 1841, pendant *douze années*, les esprits ont été en travail, et les droits des propriétaires DU DESSUS et DU DESSOUS *ont été examinés et discutés* PAR LES PLUS HABILES JURISCONSULTES.

Cette affaire suscita *des débats célèbres*, à raison des droits de propriété qui étaient en jeu et de l'importance de l'indemnité réclamée par les propriétaires de la mine. Examinée en 1833 par le tribunal de Saint-Etienne, en 1835 par la Cour impériale de Lyon, en 1837 par la Chambre civile de la Cour suprême, en 1838 par la Cour impériale de Dijon, toutes Chambres réunies, et, en 1844, de nouveau par la Cour suprême *réunie en audience solennelle*, il a été irrévocablement décidé que le propriétaire d'une mine, *même pour cause d'utilité publique*, n'est pas tenu de céder *une partie* DU TERRAIN compris dans le périmètre de sa concession *sans une juste indemnité*.

La Cour suprême, dans ses deux arrêts, a constamment établi UNE DIFFÉRENCE entre *la mine* et *la matière* minérale; c'est-à-dire entre *la propriété* d'une mine et *les produits* de cette propriété, et a déclaré qu'*il y a concession du terrain* pour en extraire les richesses qu'il contient.

Mais ce que ces arrêts consacrent de plus remarquable, c'est que le pouvoir de l'autorité administrative sur l'exploitation des mines n'altère en rien *le droit de propriété* du concessionnaire d'une mine, et ne peut lui imposer l'obligation *de subir* LA PERTE D'*une partie* de sa concession, à raison *de la création* d'un établissement *nouveau*, sans une juste indemnité.

D'autre part, en faisant une distinction entre les établissements créés *antérieurement* ou *postérieurement* à la concession de la mine, la Cour suprême a encore décidé clairement que l'article 11 de la loi de 1810 ne peut être appliqué aux établissements *formés après* la concession, et, par là, elle a reconnu que le propriétaire de la mine a des droits acquis SUR LE TERRAIN CONCÉDÉ *à partir de la concession*.

§ 9.

Impossibilité d'exécuter la loi du 21 avril 1810.

Tous les systèmes suivis *depuis un demi-siècle* pour arriver à une sage interprétation de la loi de 1810 n'ayant pu conduire personne au but proposé, et ayant au contraire égaré dans des sentiers inextricables les magistrats et les jurisconsultes, nous oserons dire encore une fois, avec une conviction bien profonde, que toutes les idées reçues jusqu'ici rendent impossible l'exécution de la loi.

En effet, il est de toute impossibilité de bien comprendre la loi de 1810 tant qu'on n'admettra pas généralement les principes qui découlent de cette loi, coordonnée avec tous les documents législatifs et les arrêts de la Cour suprême; tant qu'on ne voudra pas reconnaître que la concession d'une mine *confère*, en dehors des lieux réservés par l'article 11 ou distraits par l'acte de concession, UNE PROPRIÉTÉ *territoriale* dont la surface est *indéfiniment* laissée au propriétaire *exproprié*.

Il y aura encore même impossibilité si l'on n'admet pas que le prix de la propriété concédée doit être réglé au moyen *de deux sortes* DE REDEVANCES FONCIÈRES : l'une pour le tréfonds, qui est liquidée par l'acte de concession en vertu de l'article 42; l'autre pour la surface, qui est à liquider *à la prise de possession*, conformément à l'article 43, ou par *le paiement* DOUBLE DE LA VALEUR dans les deux cas prévus par l'article 44.

Il faut admettre la réalité *de la propriété* d'une mine et reconnaître qu'elle ne peut exister que par l'*expropriation* DES TERRAINS *reconnus pour contenir* l'une des substances énumérées dans l'article 2 de la loi; il faut, en un mot, reconnaître qu'il y a transmission *de ces terrains* par la concession sous certaines restrictions et moyennant de justes indemnités.

Ceux qui n'admettent pas l'*expropriation* du propriétaire de la surface voudraient supprimer de la loi les articles 6, 18 et 42, qui règlent le prix du tréfonds *séparé de la surface*, et par là rendent plus difficile l'interprétation des articles 11, 43 et 44, quand on ne les applique pas *à la dépossession* du propriétaire exproprié.

L'interprétation que nous donnons ici à la loi satisfait à tout, *lève tous les obstacles ;* le propriétaire n'est exproprié que des terrains éloignés de son habitation et de l'asile de ses jouissances domestiques d'au moins 100 mètres de distance, tant au-dessous qu'aux alentours.

Sans éprouver le plus léger préjudice, le propriétaire exproprié reçoit *une rente* FONCIÈRE qui forme le prix de la concession du dessous de son terrain, *dessous qui lui a été inutile et nullement profitable jusqu'au jour de la concession.*

Puis, autre avantage, une population plus nombreuse ou quelquefois nouvelle vient s'établir autour du terrain concédé : des engrais se forment sur place, *la terre végétale produit le double* et ses produits *doublent de valeur ;* si le propriétaire de la surface vient à être dépossédé par le propriétaire de la mine pour les besoins des travaux, il reçoit une seconde *rente* FONCIÈRE *basée sur le double* de ce que la surface produisait net au moment de sa dépossession.

Dans ce cas, le propriétaire de la surface a le choix de percevoir *les deux rentes* FONCIÈRES ou d'exiger le paiement du double de la valeur que le terrain avait avant son exploitation *en mine ;* de même que le propriétaire de la mine a aussi le choix de rembourser le capital des deux rentes ou seulement l'une d'elles *au denier vingt*, ainsi que cela a été dit dans la séance du 13 février 1810, et que cela résulte d'ailleurs des dispositions de l'article 530 du code Napoléon.

Si la dernière disposition de l'article 44 de la loi était bien comprise et judicieusement appliquée, jamais le propriétaire de la surface n'exigerait le paiement de son terrain ; il se contenterait du double de son revenu déjà quadruplé, indépendamment de sa rente sur le tréfonds.

Cette interprétation si simple de la loi, en conciliant tous les intérêts, lève toutes les difficultés d'exécution, et c'est là la meilleure preuve qu'elle est conforme aux intentions du législateur.

Mais, pour bien comprendre la loi de 1810, nous répéterons encore qu'il faut comprendre ceci : Lorsque le législateur a séparé les deux propriétés superposées dont parle l'article 552 du code Napoléon, il lui a fallu donner un *nom propre* à chacune d'elles ; il ne pouvait dire *le dessus* et *le dessous* DU TERRAIN, car la distinction n'eût pas été juste, le propriétaire de la mine ayant des droits sur le dessus comme sur le dessous. Alors il a désigné l'une des propriétés sous le nom *de surface*, l'autre sous le nom *de mine*.

Néanmoins, et c'est là ce qu'il faut bien remarquer, *la surface* et *la mine*, tout en composant deux propriétés distinctes, sont formées l'une et l'autre *du même terrain*, et il est évident que lorsqu'il s'agit de fouiller ce terrain il faut en avoir la libre disposition *dans toute l'étendue du périmètre concédé*, conformément aux articles 1er et 29 de la loi.

Malgré l'évidence de cette proposition, confirmée d'ailleurs par les dispositions de la loi, on ne veut pas admettre la concession du terrain, et pourtant tout le monde semble être d'accord sur les principes suivants :

1° La loi de 1810 est une loi d'expropriation *exceptionnelle* pour cause d'utilité publique ; et cette loi, après les formalités d'affiches et de publications aux portes des mairies et des églises, et dans les journaux pendant quatre mois, autorise le gouvernement, *si les besoins de la société l'exigent*, à exproprier le propriétaire du sol sous certaines restrictions et moyennant des indemnités qui forment le prix de la concession du terrain.

2° En dehors des restrictions ou réserves accordées au propriétaire *exproprié*, la concession donne *le droit perpétuel* d'exploiter *dans tous les sens* le terrain concédé, depuis la surface jusqu'à une profondeur indéfinie.

Mais ce qu'on ne voit pas, c'est que la concession, en donnant au concessionnaire *la pleine propriété de la mine* ou *du terrain*, et en laissant au propriétaire de la surface tous les droits qu'il s'est *appropriés* avant la concession, impose à ce propriétaire, pour l'avenir, le respect de la propriété d'autrui.

On ne remarque pas non plus que la propriété de la surface en dehors des lieux réservés ou distraits de la concession, est une propriété précaire, subordonnée *aux besoins de l'exploitation* de la matière minérale que renferme le terrain concédé, sur lequel tous travaux *utiles* sont permis et tous travaux *nuisibles* sont formellement interdits par la Cour de cassation.

Nous l'avons dit, l'étude de la loi sur les mines est bien négligée en France, et, sur ce point, notre avis est partagé par M. Lamé-Fleury, ingénieur au corps impérial des mines, dans la *Revue historique de droit français et étranger* (2me cahier de 1858), où il s'exprime ainsi :

« Pour bien comprendre la loi de 1810, dit M. Rey, t. II, page 669, il faudrait être tout à la fois jurisconsulte et ingénieur des mines, c'est-à-dire avoir l'habitude d'interpréter les lois et connaître l'art d'exploiter les mines. Nous sommes *tout-à-fait de cet avis ;* mais, malheureusement, cette double condition est à peu près impossible à réaliser, et c'est pour cela que la législation des mines *est en général* SI MAL CONNUE. Nous trouvons la preuve de l'assertion de M. Rey dans l'intéressant ouvrage de M. Dufour ; il a certainement manqué à ce savant jurisconsulte d'être un peu ingénieur, *lorsqu'il s'est occupé* DE LA QUESTION FONDAMENTALE DES DIVERSES SORTES DE PROPRIÉTÉ MINÉRALE... »

M. Lamé-Fleury, par ordre de l'administration à laquelle il appartient, vient de consacrer, dit-il (1), plusieurs années

(1) Voir l'*Audience*, bulletin des tribunaux, du 9 juillet 1858.

de sa vie *à réunir* EN UN CODE COMPLET tous les documents
réglementaires de la législation des mines , depuis 1413
jusqu'en 1857 ; d'autre part , il est auteur d'un *texte annoté*
de la loi de 1810 et de quelques publications sur la propriété
des mines dans la *Revue des Deux-Mondes.*

A tous ces titres l'opinion de M. Lamé-Fleury doit être
prise en grande considération , et quand il dit que la législation
des mines *est en général* SI MAL CONNUE en France, et que la
condition pour l'étudier ou la bien connaître *est à peu près*
IMPOSSIBLE *à réaliser*, il semble en résulter que la loi de 1810
ne sera jamais bien comprise *par personne.*

Cependant nous avons eu la hardiesse de croire que, par
nous , quelque lumière pouvait être jetée sur la question, car
nous nous sommes trouvé longtemps placé dans *la double
condition* que M. Lamé-Fleury juge nécessaire pour former un
jurisconsulte *expert* en matière de mines. Notre position dans
les grandes exploitations du centre de la France, en même
temps qu'elle nous conservait l'habitude d'étudier et d'interpréter la loi , nous initiait à l'art d'exploiter des mines. Nous
avons appris tout à la fois la *théorie* et la *pratique,* et ce n'est
qu'après nous être solidement affermi dans nos idées *par
l'expérience* que nous les avons mises au jour et défendues
contre tous !

Nous venons indiquer un moyen infaillible d'éviter toute
erreur dans l'interprétation de la loi de 1810, c'est de n'appli-·
quer cette loi au propriétaire d'une mine que lorsqu'il *prend
possession de la surface de sa propriété*, et de reconnaître
que le propriétaire de la surface, *qui n'est pas dépossédé*, ne
peut invoquer que le droit commun s'il éprouve un préjudice
quelconque *par les travaux voisins ;* cette règle si simple évite
en effet toute erreur dans l'application des articles 11, 43 et 44.

M. Lamé-Fleury est d'accord avec nous sur ce point ; mais
il n'admet pas la concession d'une *véritable propriété*, et à ce

propos il dit dans la *Gazette des Tribunaux* du 22 mai 1858, que notre travail *pèche par la base*, parce qu'il repose sur ce principe que les dispositions de l'article 552 du code Napoléon divisent la terre horizontale. Voici du reste comment il exprime son opinion sur notre ouvrage :

« En résumé, le *curieux* et *intéressant* ouvrage de M. Rey abonde en renseignements utiles, mais il *pèche par la base*. Si, comme le réclame avec instance M. Rey, la législation des mines était révisée, je crois pouvoir lui prédire qu'elle ne le serait pas dans le sens qu'il indique. En pareille occurrence, je me trouverais d'accord avec lui *pour plusieurs questions de détail* (1); mais ici je n'ai pu que me montrer *conservateur* vis-à-vis d'un tel *révolutionnaire !*

Disons tout d'abord que jamais la révision de la loi de 1810 n'a été demandée par nous ; on peut s'assurer *du contraire* en lisant, à la page 223 du 2me volume de notre ouvrage, le complet éloge que nous faisons de cette loi. Nous ne comprenons pas que M. Lamé-Fleury se soit trompé de la sorte et qu'il nous ait prêté un langage tout opposé à celui que nous avons tenu.

Mais la critique la plus vive que nous avons subie de la part de M. Lamé-Fleury, c'est l'opinion qu'il exprime dans la *Revue historique de droit français et étranger*, que, la plupart du temps, *sous une petite proposition* que nous aurions présentée comme un axiôme, se cache purement et simplement *un sophisme*, et comme selon lui rien n'est si long et si fastidieux que la réfutation de cette sorte d'arguments, il s'est dispensé d'en rapporter la preuve.

Ici nous ferons appel à la loyauté de M. Lamé-Fleury, en le priant de vouloir bien nous signaler *une seule* des petites propositions sous lesquelles se cacherait un sophisme !

Nous ne trouverons ni trop long ni trop fastidieux de résumer dans un nouveau travail les preuves que M. Lamé-Fleury n'a

____

(1) Sur l'interprétation des articles 11, 43 et 44.

point apporté toute l'attention que méritait un ouvrage dont il a fait la critique d'une façon sévère.

Nous le renverrons d'abord à tous les documents législatifs que nous venons de rapporter, et nous lui demanderons, après qu'il les aura lus *avec une sérieuse attention*, notamment les deux arrêts remarquables de la Cour de cassation, si, par la concession d'une mine, il n'y a pas concession d'une véritable propriété territoriale, en fait et en droit?

Nous examinerons ensuite avec lui les droits des propriétaires du sol *avant* et *après* la concession d'une mine, en lui rappelant que ceux avant la concession sont inscrits dans l'article 552 du code Napoléon en ces termes :

« La propriété du sol emporte *la propriété* DU DESSUS et DU DESSOUS.

» Le propriétaire peut faire AU-DESSUS toutes les plantations et constructions qu'il juge à propos, sauf les exceptions établies au titre des *servitudes* ou *services fonciers*.

» IL PEUT FAIRE AU-DESSOUS *toutes les* CONSTRUCTIONS *et* FOUILLES qu'il juge à propos, et TIRER *de ces fouilles* TOUS LES PRODUITS *qu'elles peuvent fournir*, SAUF LES MODIFICATIONS résultant des lois et règlements *relatifs aux mines*, et des lois et règlements *de police*. »

Ainsi, *avant* les modifications apportées à son droit de propriété, le propriétaire de la surface est maître du *dessus* et du *dessous* de son terrain ; *il peut faire* AU-DESSOUS toutes les constructions *et fouilles* qu'il juge à propos, et tirer de ces fouilles *tous les produits* qu'elles peuvent fournir, *sauf les modifications* résultant des lois et règlements *relatifs aux mines*, et des lois et règlements de police.

Chacun est maître chez soi, *sauf les restrictions* apportées à ses droits par les lois et les règlements ; tels sont les principes sur *la propriété territoriale* inscrits dans l'article 552 du code Napoléon.

L'article 1er de la loi du 21 avril 1810 sur les mines *classe les propriétés territoriales* QUI RENFERMENT DES SUBSTANCES

MINÉRALES sous les trois qualifications de *mines, minières* et *carrières.*

Sont considérées *comme mines* par l'article 2 de la loi *les propriétés connues pour contenir* en filons, en couches ou en amas, de l'or, de l'argent, du platine, du mercure, du plomb, du fer, du manganèse, du charbon de pierre, etc.

Les *minières,* d'après l'article 3, *sont celles qui comprennent* les minerais de fer dits d'alluvion, les terres pyriteuses propres à être converties en sulfate de fer, les terres alumineuses et les tourbes.

Et les *carrières,* d'après l'article 4, *renferment* les ardoises, les grès, pierres à bâtir et autres, les marbres, granits, pierres à chaux, pierres à plâtre; les terres pyriteuses, regardées comme engrais, etc., exploitées à ciel ouvert ou avec des galeries.

Les propriétés minérales sont donc classées par les articles 2, 3 et 4 de la loi *selon les richesses qu'elles* CONTIENNENT; la propriété d'*une mine d'or* ou d'*argent* ne diffère de la propriété d'*une carrière d'ardoises* ou *de pierres* que par les produits, et toutes deux sont de la même nature, ainsi que l'Empereur l'a justement fait remarquer dans la séance du 8 avril 1809.

Néanmoins, malgré les dispositions les plus précises de la loi, interprétées par les arrêts remarquables de la Cour suprême, on fait une confusion entre la mine et la substance; on ne distingue pas *la propriété* d'avec *la matière* minérale qu'elle *renferme* (1); le chaos règne dans les esprits, dans la jurisprudence, et aujourd'hui on ne s'entend plus sur cette simple question : *Qu'est-ce que la propriété d'une mine?*

L'article 5 déclare que *les mines* ne peuvent être exploitées qu'en vertu d'un acte de concession du gouvernement délibéré en Conseil d'État; l'article 6 dit que cet acte règle *les droits*

____

(1) Voir, **page 98**, 3e *alinéa*, et page 103, 1er *alinéa*.

des propriétaires de la surface *sur le produit* des mines concédées, et l'article 7 ajoute qu'il donne *la propriété* perpétuelle de la mine, dont le concessionnaire *ne peut être exproprié* que dans les cas et selon les formes prescrites *pour les autres propriétés*, conformément au code Napoléon et au code de procédure civile.

Les principes nouveaux, disait **M. Regnault de Saint-Jean-d'Angély** dans l'exposé des motifs de la loi, ne s'appliquent qu'*aux mines ;* l'acte de concession en confère *la propriété* perpétuelle, et la loi, à l'article 7, n'apporte au droit de propriété qu'une seule restriction : elle interdit de *partager les terrains concédés* ou de les vendre *par lots* sans une autorisation du gouvernement.

D'ailleurs, si le terrain compris dans le périmètre de la mine n'appartenait pas au concessionnaire, d'où viendrait donc son droit d'y établir *les bâtiments,* machines, puits, galeries et *tous autres travaux* que l'article 8 déclare immeubles, lorsqu'ils ont été faits à perpétuelle demeure, conformément à l'article 524 du code Napoléon ?

La concession du terrain est confirmée par l'article 9, lequel fait une distinction entre *la propriété* de la mine et *la matière* minérale, qui appartient à l'usufruitier, conformément à l'article 598 du code Napoléon ; mais, s'il n'y avait pas concession du terrain, en quoi consisterait la propriété d'une mine, dont la matière minérale n'est que *le produit ?*

Quoique tous les articles de la loi dont nous venons de faire connaître les dispositions établissent que la propriété d'une mine *c'est le terrain compris dans le périmètre concédé,* il est néanmoins indispensable, avant de les étudier, de lire avec la plus grande attention tous les documents législatifs qui précèdent, notamment *ce qui a été dit au moment de la clôture* de la discussion sur le projet de loi, séances des 9 et 18 janvier, 3 et 13 février 1810, et surtout les arrêts remarquables de la Cour de cassation.

Nier la concession du terrain *comme mine* en présence de tous les documents législatifs, notamment des observations qui ont été faites dans la séance du 20 juin 1809 et de ce qui a été dit dans celles du 10 octobre suivant et des 9 et 18 janvier, 3 et 13 février 1810, c'est vouloir fermer les yeux devant l'évidence et nier les arrêts de la Cour suprême du 18 juillet 1837 et 3 mars 1841.

Que le lecteur rapproche donc tous ces documents des articles 1er, 2, 3 et 4 de la loi, il verra que ces articles classent *les terrains* sous les trois qualifications *de mines*, *minières* et *carrières*, selon la matière que chacun d'eux renferme, et que les articles 5, 6 et 7 ont pour objet de concéder, sous le nom *de mines*, la propriété *des terrains* qui renferment les *matières précieuses* énumérées dans l'article 2.

Qu'il les rapproche ensuite de l'article 8, il verra également que le concessionnaire dispose *en maître absolu des terrains compris dans sa concession pour tous les besoins de ses travaux*, conformément à l'article 524 du code Napoléon, qui déclare immeuble tout ce que *le propriétaire* a placé *sur son fonds* à perpétuelle demeure.

Qu'il les rapproche enfin de l'article 9 et de l'article 598 du code Napoléon, il aura la certitude que *la matière* renfermée dans les terrains qui composent la propriété d'une mine n'est que *le produit* de *la propriété* dont jouit l'usufruitier.

Mais, *avant* comme *après* la concession du terrain, nul ne peut, d'après l'article 10 de la loi, faire des recherches, enfoncer des sondes *sur un terrain qui ne lui appartient pas*, s'il n'a le consentement du propriétaire de la surface ou une permission que délivre le gouvernement, après avoir entendu ou appelé le propriétaire et l'avoir indemnisé.

Ainsi, le gouvernement a d'abord *le droit* de permissionner la propriété d'autrui, et il a ensuite *le droit* de la concéder ; mais à ce droit exorbitant la loi apporte des limites ; elle ne permet pas d'expulser le propriétaire de son habitation, de ses enclos murés, cours ou jardins, *ni des terrains* ATTENANTS, *sans le consentement formel du propriétaire* DE LA SURFACE.

En effet, l'article 11 de la loi désigne les lieux *sur lesquels* LA PERMISSION NI LA CONCESSION *du gouvernement* NE DONNE *aucun droit* sans le consentement formel du propriétaire de la surface *de ces lieux ;* mais partout ailleurs l'exploitation de la mine, aux termes des articles 1er et 29, *commence à la surface jusqu'à une profondeur indéfinie*, et la loi, aux articles 6, 42, 43 et 44, détermine d'avance LE MODE *de paiement* DES TERRAINS *concédés*.

On croit que l'article 11 a pour objet d'éloigner à 100 mètres d'une clôture murée ou d'une habitation un chemin, un magasin, un sondage ou l'ouverture d'un puits, sans remarquer que tout propriétaire, dont les droits ne sont pas modifiés *en faveur d'un concessionnaire de mines*, peut, aux termes de l'article 552 du code Napoléon, pratiquer des fouilles *dans toutes ses propriétés* SANS EXCEPTION, et qu'à plus forte raison il peut y établir des chemins, magasins, sans que le voisin, propriétaire d'un enclos, puisse y faire opposition.

D'autre part, le propriétaire de la surface, qui est en même temps concessionnaire de la mine, a des droits *beaucoup plus étendus* que le simple propriétaire de la surface ; *il peut prendre* la propriété de ses voisins dans tout le périmètre de sa concession, et c'est seulement *dans ce cas* que l'article 11 peut être invoqué par celui que le concessionnaire *veut déposséder*.

Le droit du simple propriétaire est d'ailleurs confirmé par l'article 12 de la loi de 1810, en ces termes :

Le propriétaire pourra faire des recherches, sans formalité préalable, DANS LES LIEUX RÉSERVÉS PAR L'ARTICLE 11, *comme dans les autres parties de sa propriété;* mais il sera obligé d'obtenir une concession *avant d'y établir* UNE EXPLOITATION. Dans aucun cas, les recherches ne pourront être autorisées *dans un terrain* DÉJA CONCÉDÉ.

On n'a jamais remarqué que cet article 12 est le plus important de toute la loi : il est d'abord un rappel au droit commun, à savoir, que tout propriétaire *peut fouiller toutes ses propriétés,* même les lieux réservés par l'article 11 ; il interdit ensuite au propriétaire d'exploiter son terrain *comme mine* avant d'avoir obtenu une concession, et il déclare enfin que le propriétaire ne peut, *dans aucun cas,* faire des recherches *lorsque* SON TERRAIN *est concédé.*

La première disposition de l'article 12 prouve encore que l'article 11 ne peut être invoqué que contre la permission ou la concession du gouvernement, et qu'il ne peut être opposé qu'à celui qui tient *son droit* du gouvernement et qui prend possession du terrain permissionné ou concédé; mais à celui qui est chez lui, sur sa propriété, que peut-on opposer?

Une autre preuve que l'article 11 ne peut être invoqué que par le propriétaire du terrain permissionné ou concédé, c'est que l'article 80 porte :

« Les impétrants *sont aussi* AUTORISÉS à établir des *patouillets, lavoirs* et CHEMINS *de charroi* SUR LES TERRAINS QUI NE LEUR APPARTIENNENT PAS, MAIS SOUS LES RESTRICTIONS *portées en l'article* 11 ; le tout à charge d'indemnité envers le propriétaire du sol et en le prévenant un mois d'avance. »

Si l'article 11 avait pour objet de faire éloigner des travaux à 100 mètres d'une clôture, il interdirait non-seulement la construction d'un *magasin,* mais l'établissement d'un *chemin* ou d'un *lavoir,* quand l'impétrant permissionnaire ou concessionnaire *n'est pas propriétaire des terrains.*

Mais, disons-le bien, ce n'est ni *un chemin* ni un *lavoir,* ni un *magasin,* pas même un *sondage,* ni l'*ouverture* d'une galerie ou d'un puits, que l'article 11 interdit dans les lieux *exclus* de la permission ou de la concession du gouvernement, c'est l'entrée sur la propriété, où le gouvernement ne peut conférer aucun droit sans le consentement du propriétaire *de la surface* nécessaire aux travaux.

C'est là ce qu'on ne sait pas, et la question examinée jusqu'ici sur l'article 11 par les auteurs et soumise aux tribunaux par les jurisconsultes, a été de savoir *quel est celui* du propriétaire du terrain ou du propriétaire de l'enclos voisin *qui a le droit de faire éloigner les travaux de mines.*

La question ainsi posée, la Cour de cassation décide que le propriétaire du terrain n'a aucun intérêt *à faire éloigner les travaux de mines,* et que l'article 11 a pour objet de protéger la propriété bâtie.

L'interprétation donnée à l'article 11 par la Cour de cassation serait sage et devrait être admise par tout le monde s'il s'agissait en effet d'*éloigner des travaux incommodes,* et si l'article 15 n'autorisait pas implicitement les travaux de mines jusque *sous les maisons* ou lieux d'habitation, ainsi que dans leur *voisinage immédiat.*

Mais, comme un *magasin,* un *chemin,* un *lavoir,* un *sondage,* même l'*ouverture* d'une galerie ou d'un puits, sont permis à tout propriétaire *sur son propre sol* avant la concession de son terrain, et que la loi de 1810 a pour objet d'autoriser de PLUS GRANDS TRAVAUX *sur la propriété d'autrui,* on est bien forcé de reconnaître que l'article 11 ne peut avoir pour but de prohiber ou d'interdire un *magasin* ou un *chemin,* un *lavoir par respect pour une* CLÔTURE !

Il y a là une erreur facile à reconnaître et que la Cour de cassation reconnaîtra elle-même le jour où l'on viendra lui dire toutes les bonnes raisons qui prouvent que l'article 11 *ne restreint que* LE DROIT *qui appartient au gouvernement* de permissionner ou de concéder la propriété d'autrui *à un tiers,* moyennant les indemnités prévues aux articles 6, 43 et 44 de la loi.

D'ailleurs les articles 6, 43 et 44 ne sont pas mieux compris que l'article 11 ; dès qu'on n'admet pas *la concession du terrain* QUI RENFERME *la matière minérale*, on ne voit pas la nécessité d'en régler *le prix;* aussi ne s'entend-on pas sur les articles qui ne s'appliquent qu'au règlement *de ce prix*, pas plus que sur celui qui ne désigne que *les lieux exclus* de la concession.

L'article 6 indique *le mode* de paiement du tréfonds du terrain ou de la mine ; l'article 43 fixe *le mode* de paiement de *la surface de la mine*, et l'article 44 désigne les deux circonstances où le propriétaire exproprié est autorisé à exiger le paiement *du terrain entier*, tréfonds et surface.

C'est au gouvernement qu'il appartient, en vertu de l'article 42, de régler *le prix du tréfonds* séparément de la surface, et c'est aux tribunaux à statuer sur les difficultés qui s'élèvent à l'occasion du règlement *du prix de la surface* ou *du terrain entier*, surface et tréfonds.

Mais les propriétaires des terrains demandés en concession, ne croyant pas à la réalité de cette concession, ne se préoccupent nullement des conséquences qui en résultent pour eux, et ne réclament jamais contre *la demande* ni contre *le prix offert pour le tréfonds.*

Ils ne savent pas que des réserves, autres que celles énoncées dans l'article 11, peuvent leur être accordées, et qu'ils ont le droit de discuter le prix offert et d'exiger une indemnité selon le préjudice qui pourra résulter pour eux de la *séparation du tréfonds ;* voilà ce qu'on ne sait pas, et l'on crie à la spoliation !

Le droit d'opposition, autorisé par les articles 26 et 28 de la loi, est tellement incompris, que le gouvernement n'a jamais été appelé à statuer sur *des demandes en distraction*, et l'on peut dire qu'il en est de même sur *le prix de la concession du tréfonds des terrains.*

On ne veut pas non plus reconnaître que l'article 43 a été édicté pour régler le prix de la surface, et que l'article 44 ne règle que le prix du terrain entier des terrains concédés, et l'on veut au contraire qu'ils ne s'appliquent qu'aux dommages causés à la surface.

D'un côté, les propriétaires de mines soutiennent qu'il faut distinguer DEUX SORTES *de dommages* et DEUX SORTES *d'indemnités :* dommages résultant des travaux établis sur la surface, réglés *au double* en vertu des articles 43 et 44, et dommages causés par les travaux souterrains, réglés *au simple* par application des articles 1383 et 1149 du code Napoléon.

De l'autre, les propriétaires de la surface soutiennent que les articles 43 et 44 ne distinguent pas, et que toute espèce de dommage causé à leur propriété doit être réparé *au double du préjudice réel.*

Ces systèmes inconcevables sont soutenus de part et d'autre par les plus habiles jurisconsultes ; aussi à chaque instant les tribunaux jugent *pour* et *contre* sur la même question. Pendant que la Cour impériale de Nancy appliquait, par arrêt du 17 juin 1858, les articles 43 et 44 de la loi de 1810 aux dommages causés par les travaux souterrains, la Cour impériale de Lyon, par arrêt du 5 août suivant, appliquait aux mêmes dommages les articles 1332 et 1149 du code Napoléon.

La Cour de cassation a jusqu'ici écarté le système de DEUX SORTES *de dommages* et de DEUX SORTES *d'indemnités ;* mais, trompée par la fausse théorie des propriétaires de mines, elle accorde le double du préjudice causé, disant que la loi sur la matière ne distinguant pas, l'indemnité doit *être la même* quand le dommage *est le même.*

Enfin, si depuis un *demi-siècle* on n'a pu s'entendre sur une loi aussi simple qu'est celle de 1810, *la faute* doit en être attribuée *aux propriétaires de mines*, qui, tout récemment encore, 5 août 1858, ont fait publier une dissertation ayant pour titre : *Limites de la propriété du sol et de celle de la mine*, où l'auteur, examinant cette question : QU'EST-CE QUE LA PROPRIÉTÉ D'UNE MINE? est venu compliquer les difficultés déjà si grandes, en disant :

« *C'est le filon, la couche ou l'amas de l'une des substances qualifiées mines par l'article 2 de la loi de 1810. C'est donc là ce qui constitue la propriété d'une mine!!... »*

Si l'auteur de cette dissertation avait bien étudié les documents législatifs et les premiers articles de la loi de 1810, il aurait vu que l'article 2, comme l'Empereur l'a dit lui-même dans la séance du 13 février 1810, ne contient que la NOMENCLATURE *des substances comprises sous le nom de substances minérales ou fossiles.*

La véritable question à examiner sur les articles 43 et 44 n'a donc jamais été soumise à la Cour de cassation ; elle a été trompée non-seulement par de fausses théories soutenues devant elle, mais encore par les auteurs et enfin par l'opinion générale.

Il faut donc se présenter de nouveau devant la Cour suprême, aborder franchement et sans hésitation la grande question : *Qu'est-ce que la propriété d'une mine?* qu'elle a déjà résolue par ses arrêts du 18 juillet 1837 et du 3 mars 1841, et lui soumettre ensuite ces deux questions accessoires :

1° L'article 11 restreint-il seulement *le droit* conféré au gouvernement par les articles 5 et 10, ou a-t-il pour objet d'interdire un *magasin*, un *chemin*, etc. ?

2° Les articles 43 et 44 règlent-ils seulement LE PRIX DU TERRAIN *concédé* ou *permissionné* par le gouvernement, ou ont-ils pour objet de régler les *dommages* causés par les travaux de mines ?

Posées ainsi, ces deux questions deviennent d'une solution facile, et du jour où la Cour de cassation *aura décidé* que le propriétaire de la surface ne peut réclamer l'application des articles 11, 43 et 44 *que lorsque* SA DÉPOSSESSION *est demandée* ou *consommée de fait,* il n'y aura plus de difficultés.

L'administration des mines est d'accord avec nous *sur ce point;* car un ingénieur au corps impérial des mines, M. Estaunier, chargé dans les départements du centre de la France d'un service considérable par le nombre et l'importance des exploitations, ayant pu par conséquent apprécier les difficultés que soulève l'exécution de la loi de 1810, approuve, comme M. Lamé-Fleury, notre manière d'interpréter les articles 11, 43 et 44; voici ce qu'il nous a écrit à ce sujet le 26 novembre 1858 :

« J'ai reçu le *tome second* de votre ouvrage *de la Propriété des Mines et de ses conséquences,* et je vous demande pardon d'avoir été aussi long à vous remercier de cet envoi. Je désirais le lire avec le soin que méritent l'importance du sujet et la nouveauté du point de vue sous lequel vous avez envisagé la loi sur les mines.

» Je n'en partage pas toutes les idées ; le *statu-quo* dont vous voulez frapper la surface me semble bien dur pour les propriétaires du sol et bien onéreux pour les exploitants, qui seraient exposés, en admettant votre système, à des redevances exagérées. Je ne crois pas, d'ailleurs, qu'il découle de la loi du 21 avril 1810, qui n'a jamais pu exproprier le propriétaire de la surface. *Je sais bien que les rapports des deux propriétés* SONT DÉLICATS *et* COMPLEXES ; *peut-être la vraie solution ne consiste-t-elle pas à trancher* LE NŒUD GORDIEN *en annihilant l'une d'elles.*

» Votre manière d'interpréter l'article 11 (sauf l'idée de compter les 100 mètres verticalement) et les articles 43 et 44 ME PARAIT SEULE CONFORME à la loi et SEULE CAPABLE DE CONCILIER *dans une juste mesure* TOUS LES INTÉRÊTS. C'est là la partie la plus importante de votre œuvre, et peut-être est-il regrettable que vous n'ayez pas *borné là votre livre,* en en retranchant quelques théories contestables, sans application immédiate, et qui EFFRAIENT CEUX *que la lecture* DE VOS REMARQUES *sur les articles* 11, 43 et 44 AURAIT CONVAINCUS. D'ailleurs ceux que le sujet intéresse ont rarement le temps de lire d'aussi gros livres.

» Vous avez, Monsieur, rendu UN SERVICE *éminent* à tous ceux qui cultivent la science du droit, en réunissant les décisions éparses de la jurisprudence et montrant *combien elles sont divergentes*, PARCE QUE L'ON N'ÉTUDIE PAS ASSEZ la loi de 1810. Quelle que soit d'ailleurs l'opinion de vos lecteurs, *ils devront reconnaître que vous avez eu le mérite* DE SONDER *des difficultés devant lesquelles* TOUT LE MONDE AVAIT RECULÉ JUSQU'ICI. »

Ainsi, c'est après avoir lu le *tome II* de notre ouvrage que M. Estaunier, contrairement aux arrêts de la justice qui ont interprété jusqu'ici les articles 11, 43 et 44 de la loi de 1810, admet de préférence notre manière de les entendre, comme étant la SEULE *conforme* à la loi et comme étant la SEULE *capable* de concilier tous les intérêts, et nous dit que notre système *effraie ceux* que nos remarques sur les articles 11, 43 et 44 auraient convaincus s'ils avaient le temps de lire notre ouvrage dont le sujet intéresse peu de monde.

L'auteur d'une thèse pour le doctorat, sur la législation des mines, M. Fourcade-Prunet, avocat à la Cour impériale de Paris, adopte aussi nos idées sur les articles 11, 43 et 44, et combat la doctrine contraire en ces termes :

Sur l'article 11 :

« La loi doit des ménagements aux propriétaires du fonds envahi ; elle n'en doit pas, en bonne justice, à celui dont on ne touche pas le domaine. Ne voit-on pas, d'ailleurs, que l'on restreint d'une manière arbitraire ce droit de propriété, le plus complet, le plus absolu de tous les droits ?

» Entendre la loi comme la Cour de cassation l'entend, c'est soumettre implicitement le propriétaire du terrain à l'inquisition journalière de son voisin. Il viendra voir, par exemple, si le forage d'un puits, soi-disant destiné à procurer de l'eau, ne constitue pas une recherche de mines ; c'est un acte attentatoire à son droit de souveraineté ! On ne se borne même pas à défendre d'ouvrir un puits ; on va jusqu'à défendre de faire des sondes, d'établir une machine, un magasin ! Mais, alors, on n'est donc plus maître chez soi quand on a le malheur de se trouver

à moins de 100 mètres d'un enclos ! Bien plus, cesse-t-on de l'être
quand il plaît au voisin d'enclore sa propriété !!.....

» Il nous reste une dernière question sur l'article 11 ; protège-t-il les
constructions *postérieures* au permis de recherches ? — Beaucoup de
personnes tiennent *pour l'affirmative* par ce motif que l'article ne distingue pas. Quant à nous, *la négative* NOUS PARAÎT CERTAINE. Autrement,
en effet, les propriétaires DES TERRAINS SOUMIS AU DROIT DE RECHERCHES
n'auraient qu'à construire çà et là des enclos murés de quelques mètres
carrés, en les combinant de telle sorte qu'aucun point du périmètre
d'exploration ne se trouvât à moins de 100 mètres de l'un d'eux, et
alors *la recherche* SERAIT IMPOSSIBLE. »

Sur les articles 43 et 44 :

« Comment doit être fixée l'indemnité dans le cas où ce sont les
travaux intérieurs, *et non plus l'occupation*, qui occasionnent des
dégâts à la surface, tels que fissures, éboulements, épuisement de
sources, etc.? — La Cour de cassation, d'accord en cela avec les
auteurs, SAUF UN SEUL, M. REY, *de la Propriété des Mines*, applique
les articles 43 et 44, et, dans son arrêt du 22 décembre 1852, elle a
présenté les motifs suivants :.....

» Aucun de ces motifs ne nous paraît juste. L'*occupation* prive le propriétaire de son terrain ; le *dégât* ne l'en prive pas, *il en diminue
seulement* LA VALEUR. Il n'est donc pas vrai de dire que le résultat est le
même dans les deux cas. En outre, le texte repousse complètement cette
assimilation.......

» Comment peut-on dire que *la loi* NE DISTINGUE PAS ? elle parle constamment d'*occupation*, de travaux *à la surface* ; il n'y a pas un seul mot
qui puisse s'appliquer aux dégâts occasionnés par les travaux intérieurs.
il faut en conclure avec certitude que les dégâts tombent sous l'application de l'article 1382 du Code Napoléon, comme des quasi-délits qu'ils
sont, et qu'en conséquence l'indemnité doit représenter, dans chaque
espèce, tout le dommage et rien que le dommage.

» Cette doctrine, d'ailleurs, s'explique parfaitement. L'*occupation*
d'une partie de la surface est indispensable à l'exploitation, le législateur devait la prévoir, et c'est ce qu'il a fait dans les articles 43 et 44
où il a déterminé *à priori*, d'une manière fixe et pour tous les cas
possibles, le montant de l'indemnité.... »

Le tome II de notre ouvrage a manqué à M. Fourcade-
Prunet ; il aurait pu déterminer d'une manière plus juste
l'application des articles 11, 43 et 44. Néanmoins, il a

admis notre interprétation des articles 43 et 44 contre la Cour de cassation et contre les auteurs qui se sont occupés des mêmes questions.

Mais, qu'on le remarque, l'interprétation que nous donnons à la loi résulte tout autant de l'*impossibilité* où l'on est de l'*exécuter autrement* que de son texte et des documents législatifs.

Bien des gens reculent devant les conséquences de notre système, parce qu'ils s'imaginent qu'il n'est rien dû au propriétaire exproprié; ils ne savent pas que ce propriétaire a droit *à de justes indemnités*, et que la loi n'autorise pas son expropriation *sans* CE SAGE *tempérament*.

Toute la question est dans le paiement de la propriété concédée; si l'on consulte les discussions devant le Conseil d'État, on verra que les conditions de ce paiement ont été longtemps discutées par les rédacteurs de la loi, et que ceux qui veulent supprimer l'indemnité du tréfonds suppriment de la loi les articles 6, 18 et 42, en rendant par là l'exécution impossible.

Ils s'effraient ensuite à juste titre *des concessions immenses* qui sont accordées; ils ne connaissent pas ce qui a été dit par l'Empereur dans la séance du 18 janvier 1810, ni par M. Regnault de Saint-Jean-d'Angély dans l'exposé des motifs de la loi, et ils ne savent pas que les prescriptions de l'instruction du 3 août 1810 exigent qu'une concession ne comprenne *que les terrains reconnus pour contenir la substance minérale découverte*.

On devrait examiner sérieusement l'opportunité des concessions et n'exproprier les propriétaires du sol que dans le cas d'une absolue nécessité, en ne concédant que les terrains *indispensables* pour une exploitation *régulière* et *durable;* mais une fois la concession accordée, elle doit être inviolable et sacrée comme toutes les autres propriétés immobilières; c'est un principe équitable sanctionné par la Cour suprême.

Qu'on examine donc sérieusement le système *si simple* et *si juste* que nous présentons pour faire disparaître *toute cause d'embarras;* nous déclarons que nous y renonçons d'avance, s'il en est un seul parmi ceux qui ont été adoptés, qui ne rende l'exploitation des mines impossible et n'anéantisse cette propriété.

Qu'on réfléchisse bien ensuite que le produit des mines est le *pain quotidien* de l'industrie; qu'il est aujourd'hui indispensable comme objet de *première nécessité,* et qu'il touche par là au bien-être de la société tout entière !

—

Après avoir rapporté les preuves que la loi de 1810 classe les propriétés *territoriales* qui renferment des *substances minérales ou fossiles* SOUS LES TROIS QUALIFICATIONS de mines, minières et carrières, et qu'elle autorise la concession de celles *reconnues pour contenir* LES MATIÈRES PRÉCIEUSES *dont la nomenclature* est dans l'article 2, nous avons à signaler les erreurs que l'on commet journellement dans l'application des articles 11, 6, 43 et 44, et qui rendent impossible l'exécution de cette loi.

On ne remarque pas que l'article 11 ne restreint que *le droit accordé à un tiers* PAR LE GOUVERNEMENT *sur la propriété d'autrui*, et que les articles 6, 43 et 44 ne s'appliquent qu'au règlement *du prix des terrains concédés.*

I

Erreurs dans l'application de l'article 11 de la loi de 1810.

On ne sait pas assez en France que le gouvernement a, en vertu de la loi de 1810 et dans l'intérêt de la société, *le droit* de permissionner et de concéder *à un tiers* la propriété d'autrui lorsqu'elle renferme *les richesses nationales* énumérées dans l'article 2 de cette loi.

L'erreur générale sur tous les articles de la loi vient de ce qu'on dénie, pour ainsi dire, *le droit* du gouvernement et de ce qu'on a toujours voulu maintenir le système de la loi de 1791, qui n'accordait qu'un droit d'exploitation ; on croit que *la propriété* permissionnée ou concédée *ne consiste* que dans la substance recherchée ou exploitée, en confondant ainsi *la propriété* et *les produits ;* de telle sorte que la loi de 1810 *est implicitement abrogée !*

En effet, dénier le droit du gouvernement ou dénier le droit de propriété au propriétaire de la mine, sur les terrains compris dans la concession du gouvernement, c'est *abroger* la loi de 1810, *rentrer* dans le système de la loi de 1791 et *réformer* les arrêts de la Cour suprême ; mais, comme on n'étudie ni l'une ni l'autre de ces lois, on ne s'est jamais rendu compte de la différence qui existe entre elles (1).

On croit alors que l'article 11 a pour objet d'éloigner les travaux du permissionnaire ou du concessionnaire à 100 mètres des clôtures murées ou des habitations, et la question examinée jusqu'ici a été de savoir quel est celui, *du voisin propriétaire d'un enclos* ou *du propriétaire des terrains concédés*, qui a le droit de permettre ou d'empêcher les travaux sur les terrains exclus de la permission ou de la concession.

L'article 11 ne comporte pas cet examen ; il faut, au contraire, soutenir qu'il ne restreint que *la dépossession* du propriétaire dont le terrain est concédé. La loi, dit M. Fourcade-Prunet, doit des ménagements aux propriétaires dont *les fonds sont envahis ;* mais, en bonne justice, elle n'en doit pas à celui dont on ne touche pas le domaine ; autrement, c'est soumettre le terrain joignant un enclos à l'inquisition journalière du voisin.

On ne voit pas non plus que l'article 11 ne peut être appliqué

(1) Voir, page 74, 3e alinéa et suivants, et page 99, 2e alinéa.

aux établissements, constructions ou clôtures murées, *formés* DEPUIS *la concession,* quoique la Cour de cassation l'ait décidé deux fois, dont une en audience solennelle, et que jamais cet article ne puisse être opposé au propriétaire qui est chez lui, sur sa propriété, et auquel le gouvernement n'a rien concédé ni permis.

I. La Cour de cassation, lorsqu'elle a été appelée à interpréter l'article 11, *a été trompée* par l'opinion générale, par les auteurs et par les jurisconsultes; ceux qui réclamaient justice ne connaissaient même pas leurs droits, et la véritable question à décider n'a pas été, selon nous, soumise à la justice.

En effet, on n'a jamais dit aux tribunaux que l'article 11 n'a été édicté que pour désigner les lieux *sur lesquels* LE GOUVERNEMENT *ne peut donner aucun droit,* et, au lieu de discuter si c'est le voisin ou le propriétaire qui PEUT FAIRE ÉLOIGNER un *chemin,* un *magasin,* un *sondage,* ou l'*ouverture* d'un puits, on aurait dû soutenir que cet article ne restreint que l'*expropriation* prononcée par le gouvernement, et qu'il ne peut être invoqué que par le propriétaire *exproprié* et ne peut être opposé qu'à celui qui vient le DÉPOSSÉDER *en vertu d'un acte du gouvernement.*

L'article 11 ne crée aucun droit; il désigne seulement les lieux dont le propriétaire ne peut être dépossédé *sans son consentement formel,* et la prohibition de cet article ne peut être opposée au propriétaire qui est sur son terrain, ni à celui qui a le *consentement* du propriétaire.

Jamais le voisin n'a osé demander la suppression d'un bâtiment ou d'un chemin et ne s'est plaint d'un sondage, quand l'un de ces travaux n'était pas pratiqué sur sa propriété; mais on fait une grave affaire de l'ouverture d'un puits ou d'une galerie, comme si tout propriétaire n'avait pas le droit d'ouvrir un puits chez lui !

Il a même le droit de construire un magasin sur le mur de

clôture du voisin, et d'y élever telle construction qu'il lui plaira, en se conformant au droit commun, et sans que l'article 11 puisse lui être opposé.

Pour interpréter cet article 11 avec sagesse, il ne faut pas le séparer des articles 5 et 10, qui donnent au gouvernement *le droit* de concéder ou de permissionner *à un tiers* la propriété d'autrui, pour rechercher ou extraire du sein de la terre *les matières précieuses* qui y sont disséminées.

Mais, en dérogeant au droit de propriété que donne l'article 552 du code Napoléon, le législateur de 1810 n'a jamais eu l'intention d'étendre les droits des propriétaires de la surface ; au contraire, un acte du gouvernement les exproprie, et l'article 11 se borne à désigner les lieux qui leur sont réservés.

De telle sorte qu'en dehors des lieux réservés par cet article ou distraits de la concession, ils n'ont plus eux-mêmes le droit de fouiller les terrains concédés, ni d'y établir des constructions ou tous autres travaux nuisibles à l'exploitation de la mine.

II. La Cour de cassation a en effet décidé, par les arrêts remarquables du 18 juillet 1837 et du 3 mars 1841, que l'article 11 ne peut être appliqué aux établissements *formés* APRÈS *la concession ;* le propriétaire de la mine, dit elle, ne peut être privé d'une partie de sa concession par la *création* d'un établissement *nouveau,* et le propriétaire de la surface ne peut, en aucun cas, créer des travaux nuisibles à l'exploitation de la mine *dans l'étendue de son périmètre* (1).

Mais la Cour impériale de Dijon, par arrêt du 20 août 1858, vient de se mettre en contradiction non-seulement avec les arrêts de la Cour suprême, mais aussi avec sa propre jurisprudence, dans les circonstances qui suivent :

La compagnie Chamussy, comme *propriétaire de la surface* et comme *concessionnaire de la mine,* a fait une ouverture

____

(1) Voir, page 95, tout le § 8.

sur son terrain ; cette ouverture ayant la forme d'un puits, le voisin, propriétaire d'un enclos, a formé opposition aux travaux sous prétexte que cette entreprise est prohibée par l'article 11 de la loi de 1810.

Cette compagnie a opposé deux moyens résultant de ce que :

1° Elle est propriétaire du terrain *sur lequel* elle a pratiqué une ouverture.

2° L'article 11, en supposant que les travaux fussent établis sur le terrain du propriétaire de la clôture, ne pourrait être invoqué, parce que cette clôture a été *formée* DEPUIS *la concession de la mine.*

La demande en suppression de l'ouverture ou du *trou* pratiqué par le propriétaire lui-même, *sur son terrain*, a été portée devant le tribunal de Mâcon, qui, par jugement du 13 juillet 1858, a statué en ces termes :

« Considérant *en fait* que les bâtiments et enclos murés de Guillard, sis à Romanèche, sont de construction récente et très-postérieure à la concession de mine de manganèse accordée dès 1823 à la société représentée aujourd'hui par Chamussy, son directeur-gérant ;

» Que cette société vient de faire ouvrir pour l'exploitation de sa mine, sur un terrain à elle appartenant, un puits qui n'est pas à la distance de 100 mètres de l'enclos muré de Guillard.

» Considérant, *en droit*, que la prohibition d'ouvrir des puits dans la distance de 100 mètres des habitations ou clôtures murées faite aux concessionnaires de mines par l'article 11 de la loi du 21 avril 1810, n'a été édictée qu'*en faveur* DES HABITATIONS OU CLOTURES EXISTANTES AU MOMENT DE LA CONCESSION, mais non en faveur des construction, éventuelles *postérieures.*

» Qu'en effet c'est à ce moment que le demandeur en concessions connaissant l'état de la surface, CALCULE LES CHARGES QU'IL AURA à *supporter*, LES REDEVANCES à *payer*, les indemnités qu'entraîneront LES DOMMAGES *causés aux parcelles occupées;* qu'enfin c'est par suite de ces prévisions reposant SUR UNE BASE *donnée* qu'il sollicite et obtient du gouvernement la concession de la mine ; d'où la conséquence qu'une fois cette concession obtenue, il ne peut voir sa condition changer et empirer par suite de CONSTRUCTIONS *qu'il plaira*, comme dans l'espèce, à l'acquéreur d'une parcelle quelconque de la surface d'y établir, DANS DES

VUES INTÉRESSÉES *peut-être*, car ce serait jeter la perturbation la plus profonde dans les calculs du concessionnaire, dans les moyens et les résultats de son exploitation, qui, *en présence de constructions nouvelles pouvant se multiplier sur tous les points*, FINIRAIT PAR DEVENIR IMPOSSIBLE, ce qui arriverait infailliblement à Romanèche, *en raison du peu d'étendue* DES SURFACES DES MINES.

» Considérant que ces principes, développés dans le traité *de la Propriété des Mines*, de M. REY, t. 2, *chapitre deux*, ont été sanctionnés plus d'une fois par la Cour suprême, notamment dans un arrêt de la Chambre civile, du 18 juillet 1837, qui porte textuellement : « *Attendu* » *que l'article 11 de la loi du 21 avril 1810 ne peut être appliqué* » AUX ÉTABLISSEMENTS FORMÉS APRÈS LA CONCESSION, » et dans un arrêt solennellement rendu par les Chambres réunies, le 3 mars 1841.

» Considérant que la partie qui succombe, etc... »

La Cour impériale de Dijon, par arrêt du 20 août 1858, a réformé ce jugement par les motifs qui suivent :

« Considérant qu'il est constant *en fait* que Chamussy, gérant de la compagnie des mines de Romanèche, a fait ouvrir un puits d'extraction (de pierres) dans un champ lui appartenant, situé à moins de 100 mètres des maisons et enclos construits par Guillard en 1852.

» Que celui-ci a formé une demande ayant pour but la fermeture de ce puits, en vertu de l'article 11 de la loi du 21 avril 1810, et que la compagnie a résisté à cette demande, en opposant deux moyens ; elle a soutenu que l'article 11 n'était pas applicable :

1° Parce que le puits dont la suppression est demandée a été ouvert *dans un terrain dont* LA SUPERFICIE *lui appartient;*

2° Parce que la maison et l'enclos de Guillard ont été construits *à une époque* POSTÉRIEURE *à la concession.*

» SUR LE PREMIER MOYEN :

» Considérant que le motif qui a présidé à la rédaction de l'article 11 de la loi du 21 avril 1810 a été de donner *paix* et *sécurité* aux habitations et aux enclos murés qui pourraient se trouver dans le périmètre des concessions de mines ;

» Que le législateur a pensé avec raison que la propriété bâtie serait dépréciée si les compagnies exploitantes pouvaient établir, à moins de 100 mètres de distance, des puits et des machines sans le consentement DES PROPRIÉTAIRES DE MAISONS et ENCLOS MURÉS !

» Que le motif est le même, quelle que soit la personne à laquelle appartienne le terrain sur lequel le puits est ouvert, et que peu importe donc que la compagnie soit propriétaire de la surface sur laquelle est pratiqué son puits, puisqu'elle ne s'est pas conformée aux prescriptions de la disposition de l'article 11 invoqué contre elle.

« SUR LE DEUXIÈME MOYEN :

» Considérant que l'interdiction d'ouvrir des puits à une distance moindre de 100 mètres des propriétés bâties ou enclos murés est générale et absolue ; que la loi ne distingue pas en ce qui concerne l'époque où ces constructions ont eu lieu ; que les motifs qui ont présidé à la rédaction de l'article 11 sont les mêmes, quelle que soit l'époque à laquelle les maisons ont été construites, et qu'il n'y a donc pas lieu d'établir une distinction qu'aucun texte de loi ne laisse présumer ;

» Que la compagnie prétend vainement, pour soutenir que l'on doit distinguer entre les maisons construites *avant* et *après* la concession, qu'au moment où elle est obtenue les concessionnaires ne doivent être grevés que des charges et servitudes existant auparavant, et que ce serait créer une servitude nouvelle en faisant jouir les maisons et enclos de construction recente du bénéfice de l'article 11 ;

» Que le droit de bâtir n'est qu'un des attributs essentiels, inhérents à la propriété de la surface, et ce serait lui porter la plus grave atteinte que d'admettre la restriction proposée et la frapper d'une sorte d'expropriation sans indemnité ;

» Que reconnaître aux propriétaires de la superficie le droit de construire des maisons ou enclos, en leur déniant l'exercice du droit concédé par l'article 11, ce serait, par le fait, accorder un avantage qu'on leur retirerait en même temps, et la restriction équivaudrait évidemment à la prohibition de bâtir ;

» Qu'au surplus il n'est pas vrai qu'au moment de la concession toutes les charges des concessionnaires soient fixées ; qu'à chaque phase de l'exploitation il peut se présenter des accidents qui créent des obligations nouvelles aux concessionnaires, prévues par la loi ;

» Que la compagnie objecte encore qu'elle ne pourra, si l'article 11 est applicable (aux nouvelles constructions), recueillir tous les produits de la mine concédée ; que cette objection est sans portée, puisque la loi lui donne la faculté de pénétrer, à l'aide de galeries souterraines, sous la zône prohibée et même sous les maisons, pourvu qu'elle prenne la précaution de soutenir la mine ;

» Que c'est en vertu des principes qui viennent d'être déduits que les compagnies concessionnaires ont été condamnées à indemniser les propriétaires de maisons construites depuis la concession, en raison des fissures ou éboulements survenus par suite de la négligence de ces compagnies, QUI N'AVAIENT PAS ÉTAYÉ LE PLAFOND des mines APRÈS L'EXPLOITATION ! »

» Considérant que l'appelant a éprouvé un préjudice évident de l'entreprise de la compagnie

» La Cour fait défense à Chamussy et Cⁱᵉ *de continuer* LE CREUSEMENT et l'exploitation du puits qu'ils ont établi à moins de 100 mètres de distance des maisons et enclos de Guillard ;

» Condamne Chamussy et Cⁱᵉ à combler ledit puits dans la quinzaine, à partir de la signification du présent arrêt ; passé ce délai, sans exécution de la part des intimés, AUTORISE Guillard *à faire exécuter le* COMBLEMENT à leurs frais ,

» Condamne Chamussy, gérant de la compagnie des mines, qualité qu'il agit, à 200 francs de dommages-intérêts et aux dépens des causes principale et d'appel. »

Rien n'indique, quant à présent, la *destination* ou *l'utilité* du puits ; mais si les magistrats et les jurisconsultes étudiaient avec soin la législation de 1810, notamment les articles 1ᵉʳ et 29 de la loi, ils verraient que les droits des concessionnaires de mines, en dehors des lieux réservés, *commencent à la surface jusqu'à une profondeur indéfinie,* et qu'ils n'ont ni TOIT, ni PLAFOND de mine à soutenir ou à étayer.

Mais s'ils savaient aussi que l'exploitation d'une mine a lieu de deux manières : 1° PAR TRANCHÉES *à ciel ouvert ;* 2° par puits et galeries souterraines, dont l'ouverture est à la surface, ils verraient aussi que, *dans ces deux cas,* la surface doit être libre de toutes habitations ou enclos murés, et que permettre aux propriétaires de la surface de créer de nouvelles habitations ou clôtures *sur une mine* et obliger le propriétaire de la mine à éloigner ses travaux à 100 mètres de ces habitations ou clôtures nouvelles, c'est permettre d'interdire toute exploitation et rendre sa propriété inabordable.

D'ailleurs, celui qui concède ou qui vend sa propriété sous réserve de la surface, n'a plus droit qu'à cette surface, objet de sa réserve, et dès-lors il n'a plus qu'*un droit de culture,* ainsi que cela résulte des articles 43 et 44, confirmés par l'opinion de M. Locré (1).

____

(1) Voir, page 91, tout le § 7.

La prohibition de bâtir ou de créer tout obstacle à l'exploitation de la mine résulte encore des décisions de la Cour suprême, déclarant que l'article 11 *ne peut êtreappliqué aux établissements nouveaux*, et de l'article 49 de la loi, qui oblige le propriétaire de la mine à exploiter sans interrompre ni restreindre ses travaux.

D'où il suit que la Cour impériale de Dijon, dans son arrêt du 20 août 1858, en statuant *sur le deuxième moyen*, s'est placée en contradiction avec la Cour suprême, avec la loi et avec tous les documents législatifs.

III. Mais la Cour impériale de Dijon, par le même arrêt et *sur le premier moyen*, nous semble avoir violé tous les principes sur le droit de propriété, en interdisant, en vertu de l'article 11, au propriétaire *qui est chez lui*, sur sa propriété, d'établir sur son terrain tel ouvrage qu'il lui plaira.

Avant la concession de son terrain, tout propriétaire, dans les limites du droit commun, a le droit, en vertu de l'article 552 du code Napoléon, confirmé par l'article 12 de la loi de 1810, de fouiller dans toutes les parties de sa propriété ; il est seulement tenu d'obtenir une concession s'il découvre l'une des substances minérales énumérées dans l'article 2 de cette loi.

Aussi, après avoir obtenu une concession pour exploiter l'objet de sa découverte, le propriétaire de la surface peut exploiter la matière minérale dans toute l'étendue du périmètre de sa concession ; mais, tant qu'il est sur la propriété qui lui appartenait avant la concession, le voisin, dont la propriété n'est pas envahie, est dans la même position qu'avant la concession.

Il serait inouï que le simple propriétaire qui peut, *avant la la concession du gouvernement*, faire des recherches dans son terrain, n'eût plus le même droit en sa double qualité de propriétaire de la surface et de la mine, et qu'il pût être privé, *par le fait de son voisin*, de disposer de sa propriété ainsi que des avantages de sa découverte.

Il y a là une de ces erreurs bien faciles à reconnaître, parce qu'elle mène immédiatement *à des conséquences absurdes ;* peut-on admettre en effet que le simple propriétaire de la surface ait plus de droit que celui *qui est tout à la fois propriétaire* DU DESSUS et DU DESSOUS de son terrain et que celui-ci ait moins de droit après la concession ?

Un tel propriétaire ne pourra donc pas, chez lui, établir un magasin, un chemin ou un lavoir, ni pratiquer une ouverture dans son terrain, sans la permission ou le consentement *de son voisin,* parce qu'il a plu à celui-ci de bâtir ou de clore son champ ?

Il y a là, répétons-le, une erreur inconcevable; mais, si la compagnie Chamussy, à laquelle la Cour de Dijon a interdit de creuser un puits sur sa propriété, avait besoin d'eau ou d'extraire de la pierre, elle ne pourrait donc faire des recherches qu'à la condition de s'éloigner à 100 mètres de toutes les habitations ou clôtures voisines ?

Ainsi, comme 100 mètres carrés forment une surface d'un hectare, le propriétaire de quatre hectares carrés, entourés de tous les côtés de murs de clôtures ou d'habitation, aurait une propriété *frappée d'interdit* par le fait de ses voisins !

La Cour impériale de Dijon a interverti les droits : c'est la concession de la propriété de la mine qui oblige la surface *au statu-quo*, et c'est là ce que la Cour de cassation a décidé dans ses arrêts du 18 juillet 1837 et du 3 mars 1841.

Il suffit de lire les dispositions de l'article 552 du code Napoléon, ainsi que celles de l'article 12 de la loi de 1810 (1), pour être convaincu que la Cour impériale de Dijon a fait une fausse application de l'article 11, et qu'elle a violé le droit sacré de la propriété en voulant trop le protéger.

(1) Voir pages 113 et 117.

La Cour de cassation, dans un arrêt rendu par la Chambre civile le 1er août 1843, a, en effet, décidé que l'article 12 *est une exception portée en l'article* 11 , en ce qu'il ne peut être opposé au propriétaire qui creuse un puits *chez lui !*

IV. La Cour impériale a non-seulement violé le droit de propriété en ordonnant le comblement d'une ouverture pratiquée *par le propriétaire* DANS SON TERRAIN , mais elle a encore violé les dispositions de l'article 1382 du code Napoléon en accordant des dommages-intérêts *sur le seul fait* d'une prétendue contravention.

Guillard, demandeur en suppression de l'ouverture pratiquée par la compagnie Chamussy , a motivé sa demande en 2,000 francs de dommages-intérêts, non pas qu'il eût éprouvé un dommage quelconque, mais simplement parce que l'ouverture à moins de 100 mètres de sa clôture était une contravention à l'article 11 de la loi de 1810.

Or, qu'a fait la Cour de Dijon ? elle a décidé qu'un trou fait par le propriétaire dans son terrain causait un préjudice au propriétaire de la clôture voisine , quoique pratiqué à une distance de 99 mètres et quoique le trou n'eût que quelques mètres de profondeur !

Ainsi , sans vérification de distance ni de profondeur du trou , et sans constatation d'aucun préjudice, la Cour a accordé des dommages-intérêts pour réparation de la perte éprouvée par le voisin , et cela par ce seul motif que l'article 11 *interdit les fouilles* à moins de 100 mètres de sa clôture !

Tout cela justifie une fois de plus ce que l'un des conseillers de la Cour de Dijon nous a écrit le 20 décembre 1857 :

« J'ai l'honneur de vous remercier de l'envoi que vous avez bien voulu me faire du deuxième volume de votre traité de la propriété des mines. Je le lirai avec d'autant plus d'attention que , dans mon opinion, la loi du 21 avril 1810 n'est suffisamment connue NI DES MAGISTRATS QUI L'APPLIQUENT , NI DES AVOCATS QUI L'INTERPRÈTENT.

» Le moment est venu, je pense, de profiter d'un demi-siècle d'expérience pour réviser une législation que tout le monde déclare incomplète, POUR DÉFINIR *clairement* LA PROPRIÉTÉ DES MINES et *pour proclamer* hautement, *quels qu'ils soient,* les principes qui la régissent. »

On a vu dans l'avertissement de ce petit supplément à notre ouvrage que des hommes éminents partagent cette opinion, et l'on pourrait dire qu'en France elle est générale ; néanmoins on continue à plaider et à juger *pour* et *contre* sur la même question sans prendre garde qu'un semblable état de choses est funeste à de graves intérêts.

En résumé, d'après l'arrêt de la Cour impériale de Dijon du 20 août 1858, ce ne serait pas la propriété de la surface qui serait grevée de servitudes par la concession de la mine, en vertu des articles 5 et 7 de la loi de 1810, mais la propriété de la mine elle-même, et celle-ci pourrait être frappée d'interdit en vertu de l'article 11 de la même loi, s'il plaisait au propriétaire de la surface de bâtir sur la mine et de réclamer ensuite l'application de cet article, comme le fait observer M. Fourcade-Prunet.

C'est, on le voit, le renversement des droits, et il est bien évident qu'il y a :

1° Violation de l'article 5 de la loi de 1810 ; violation aussi et fausse application de l'article 11 de la même loi, en ce que la Cour de Dijon a méconnu *le droit conféré au gouvernement* en matière de mines et la portée de l'article 11 qui désigne seulement les lieux sur lesquels le gouvernement ne peut conférer aucun droit.

2° Violation de l'article 7 et fausse application, à un nouveau point de vue, de l'article 11 de la loi de 1810, en ce que la Cour de Dijon a étendu la protection écrite dans ce dernier article à des établissements *créés* AVANT *la concession.*

3° Violation de l'article 352 du code Napoléon et des droits de propriété conférés à tout propriétaire par cet article, fausse application encore de l'article 11 et violation de l'article 12 de la loi de 1810, en ce que la Cour de Dijon a interdit au propriétaire du sol, en vertu dudit article 11, le droit de creuser un puits chez lui, sur sa propriété.

4.º Enfin, violation de l'article 1382 du code Napoléon, en ce que la Cour de Dijon a condamné un propriétaire à des dommages envers son voisin, sans justifier d'un préjudice causé à la propriété de celui-ci, et à raison d'une prétendue contravention à l'article 11 précité.

Le premier moyen est présenté d'une façon nouvelle.

Le second est appuyé par deux arrêts de la Cour de cassation, l'une de la Chambre civile et l'autre des Chambres réunies (1).

- Le troisième et le quatrième sont sans précédents.

II.

Erreurs dans l'application de l'article 6 de la loi de 1810.

Les lois ne créent ni les biens ni les propriétés; elles déterminent les droits et en règlent l'exercice, et celle du 21 avril 1810 sur les mines, *après avoir classé* les propriétés *territoriales* qui contiennent ou qui renferment des substances minérales ou fossiles, SOUS LES TROIS QUALIFICATIONS de *mines, minières* et *carrières*, DÉCLARE que les mines ne peuvent être exploitées qu'en vertu d'un acte du gouvernement qui en confère *la propriété* à perpétuité.

En effet, les articles 5, 6 et 7 portent textuellement que les mines ne peuvent être exploitées qu'en vertu d'un acte de concession délibéré en Conseil d'État; cet acte règle LES DROITS *des propriétaires* de la surface sur *le produit* des mines concédées, et il donne *la propriété* perpétuelle de la mine, qui ne peut être *partagée* ou vendue *par lots* sans une autorisation du gouvernement.

Vient ensuite l'article 8 qui déclare *immeubles* par destination les bâtiments, machines, puits, galeries et tous autres

(1) Voir, pages 99, 5e alinéa, et 103, 2e alinéa.

travaux établis *à demeure* par le concessionnaire sur *la propriété* concédée, conformément à l'article 524 du code Napoléon.

En présence de toutes ces dispositions de la loi de 1810, lors même que la concession *du terrain* ne serait pas écrite en toutes lettres dans l'article 12, pourrait-on soutenir que *la propriété* concédée n'est pas de la même nature que toutes les autres propriétés *territoriales* qu'on peut *partager* ou vendre *par lots ?*

Mais si un doute pouvait rester dans les esprits, nous rappellerions ce que l'Empereur a dit dans la séance du 8 avril 1809, à savoir : « Qu'*une mine* est de la même nature qu'*une carrière* de pierres, laquelle appartient à celui dans le sol duquel elle se trouve. »

D'autre part, il ne faut pas oublier que le législateur de 1810 a voulu changer la législation de 1791, qui n'accordait QU'UN DROIT D'EXPLOITATION *sur la propriété* d'une mine, et que le système nouveau est dans les articles 5, 6 et 7 de la loi de 1810.

A cet égard, rappelons encore que, dans l'ouvrage de M. LOCRÉ, ancien secrétaire-général du Conseil d'État, il est écrit qu'il y a *expropriation* du propriétaire (1).

Il y a concession de la propriété du terrain, parce que *mine* et *terrain* sont synonymes ; mais il ne peut y avoir concession de la propriété d'autrui *sans une juste indemnité,* et c'est pour cela que l'Empereur a dit, dans la séance du 8 avril 1809, qu'il faut que le demandeur en concession et le propriétaire *soient entendus* CONTRADICTOIREMENT pour que leurs intérêts soient *balancés* et *conciliés.*

L'Empereur disait encore dans la même séance que *la quotité* de l'indemnité doit être fixée d'*après les circonstances,*

(1) Voir, page 92, 1er alinéa.

c'est-à-dire selon le préjudice causé à la propriété de la surface par la *séparation du tréfonds*.

Puis l'article 17 de la loi déclare que l'acte de concession PURGE *la propriété concédée* après que les propriétaires de la surface ou leurs ayants-droit ont été *entendus* ou *appelés* LÉGALEMENT.

L'article 18 sauvegarde les intérêts des créanciers du propriétaire exproprié en ces termes : « LA VALEUR *des droits* résultant en faveur du propriétaire de la surface, *en vertu de l'article 6 de la présente loi*, DEMEURERA RÉUNIE à la valeur de ladite surface, et sera affectée avec elle *aux hypothèques* prises par les créanciers du propriétaire. »

L'article 19 prononce la séparation *horizontale* du terrain concédé, en disant : « Du moment où une mine sera concédée, même au propriétaire de la surface, *cette propriété* SERA DISTINGUÉE *de celle de la surface...* »

Ces principes sur le partage horizontal de la terre ont été consacrés par la Cour impériale de Dijon, le 29 mars 1854, et par le tribunal d'Alais, le 1er avril 1857, ainsi qu'il suit :

La Cour de Dijon :

« Considérant qu'il suffit de lire avec attention la loi de 1810 pour demeurer convaincu que le législateur a entendu, *en ce qui concerne* LES TERRAINS RENFERMANT des gisements métalliques, constituer DEUX *propriétés* distinctes et séparées : l'une COMPOSÉE *de la surface*, continuant à reposer sur la tête des propriétaires du sol ; l'autre *comprenant* le TRÉFONDS, passant entre les mains du concessionnaire de la mine, moyennant indemnités réglées conformément aux prescriptions des articles 6 et 42 de la loi précitée. »

Le tribunal d'Alais :

« Attendu que tout acte de concession de mine a pour effet de DIVISER LES TERRAINS compris dans le périmètre concédé *en zônes* HORIZONTALES et de constituer DEUX *propriétés* distinctes : l'une COMPOSÉE *de la surface*, continuant de résider sur la tête du propriétaire du sol, l'autre COMPRENANT LE TRÉFONDS, passant entre les mains du concessionnaire, moyennant certaines indemnités réglées conformément aux prescriptions des articles 6 et 42 de la loi de 1810. »

Une mine n'est donc ni une propriété *publique*, ni une propriété *nouvelle* : elle résulte d'un PARTAGE *horizontal* de la terre, dont le principe est posé dans l'article 552 du code Napoléon, et la mine *comprend* LE TRÉFONDS *du terrain* concédé.

Le système de la loi de 1810 est simple quand il est bien compris : le propriétaire de la surface conserve la jouissance de son terrain et tous *les droits qu'il s'est appropriés* avant la concession de la mine, et, comme *prix* de cette concession, il *reçoit* SA PART *sur le produit* de la mine.

C'est là l'esprit et le texte de l'article 6 de la loi, dont l'article 42 est venu seulement simplifier le règlement de l'indemnité à payer, en disant que : « les droits attribués par l'article 6 aux propriétaires de la surface seront réglés *à une somme* DÉTERMINÉE par l'acte de concession. »

Mais, chose inconcevable, personne jusqu'ici ne s'est préoccupé du règlement *du prix* de la propriété d'une mine, pas même les propriétaires expropriés, et jusqu'ici les affiches et les publications d'une demande en concession n'ont été qu'une vaine formalité.

Il est vrai, et c'est là ce qu'on semble ne pas savoir, que les concessions de mines enrichissent les propriétaires de la surface ; leurs terres, quoique séparées du tréfonds, doublent et triplent de valeur, et souvent l'indemnité ne doit être accordée qu'en respect de ce principe que nul n'est tenu de céder sa propriété que moyennant *une juste indemnité*.

Dans ce cas, le chiffre accordé ne doit être que la juste réparation du préjudice causé ; mais, *quel que soit ce chiffre*, il n'y a pas moins concession d'une véritable propriété en fait et en droit, *dont le prix* EST COMPLÉTÉ à la prise de possession de la surface.

M. Lamé-Fleury nous a cru l'inventeur d'un système qui est écrit dans le code Napoléon et dans la loi de 1810, lorsqu'il dit dans la *Gazette des Tribunaux* du 22 mai 1858 :

« L'auteur du livre *de la Propriété des Mines et de ses Conséquences* propose un système nouveau, où, pour employer l'expression de l'inventeur, la terre *est horizontalement partagée* en deux parties, *dont* L'UNE *comprenant l'écorce végétale*, demeure au propriétaire superficiaire, et *dont* L'AUTRE, *formée du reste du globe*, serait la propriété exclusive du mineur. . . .

» Selon M. Rey, depuis 1810 le Conseil d'État, la Cour de cassation, le Conseil général des mines, les auteurs qui se sont occupés de la législation des mines, n'ont jamais compris la loi organique *sur la propriété* SOUTERRAINE ; il faut savoir gré à M. Rey de sa franchise et n'y voir que le résultat d'une conviction profonde, toujours respectable chez celui-là même qui se trompe ; et, je suis obligé de le dire, M. Rey me semble faire tout-à-fait fausse route dans les conséquences qu'il veut tirer de ses lectures des documents qui ont précédé la promulgation de la loi de 1810. . . .

M. Lamé-Fleury, examinant ensuite ces quatres questions que nous avons posées dans notre ouvrage :

Qu'est ce que la propriété d'une mine ?

Qu'est-ce que la propriété de la surface ?

Quels sont les droits inhérents à ces deux propriétés ?

Et quelle est celle qui a des droits perpétuels sur l'autre ?

Répond : » Moi, qui n'ai ni l'honneur d'être magistrat, ni la prétention d'être jurisconsulte, qui ne me présente dans la lice que comme *homme du métier*, je ne trouve pas le moins du monde embarrassantes les quatre propositions contenues dans le tome deux de l'ouvrage de l'audacieux réformateur.

» Relativement à la première : le législateur, préoccupé outre mesure du texte de l'article 552 du Code Napoléon, et ne voulant pas avoir l'air d'y déroger, s'est refusé à donner une définition de principe de la propriété des mines ; mais, en fait, il l'a traitée comme *une propriété publique*, sur laquelle le propriétaire du sol n'a aucun droit. — Seulement, comme il ne fallait pas qu'il pût être dit que le propriétaire *du dessus* ne l'était pas aussi *du dessous*, il a alloué en principe une redevance tréfoncière au propriétaire du sol ; puis, dans la pratique, cette redevance a reçu une *valeur dérisoire*. — Je sais qu'il n'en a pas été et qu'il n'en est pas toujours ainsi, mais je crois voir la pensée du législateur dans l'application de cette loi par le Conseil d'État qui venait de la préparer. . . .

» *La propriété* DE LA SURFACE ne me semble pas plus difficile à définir, relativement à la propriété souterraine. Elle est simplement *caractérisée* PAR DES SERVITUDES *établies dans l'intérêt*, BIEN COMPRIS, DE LA RICHESSE MINÉRALE et par une protection spéciale contre les tentatives du mineur. — LE PROPRIÉTAIRE DU SOL NE PEUT REFUSER SON CONSENTEMENT à un explorateur dont les travaux sont jugés *par le gouvernement* avoir une utilité; SON DOMICILE et SES DÉPENDANCES *sont garantis* des inconvénients que comportent les travaux de recherche et d'exploitation des mines; en cas d'accident occasionné par les excavations souterraines, il doit être indemnisé, mais à mon avis, suivant les règles du droit commun, *contrairement à un arrêt de la Cour de cassation* (2 décembre 1837); *il est obligé* DE LAISSER OCCUPER OU PRENDRE LES TERRAINS nécessaires à l'exploitation de la concession dans le périmètre de laquelle se trouve son terrain; mais, par une disposition fort remarquable et toute spéciale, LES BASES *de l'indemnité* SONT DOUBLÉES *dans les deux cas*.

» Il me semble que de ces indications succinctes SUR LES DEUX CATÉGORIES de propriété, résulte tout naturellement l'appréciation des droits inhérents à chacune d'elles et de leurs conditions respectives·

» Enfin, aucune d'elles n'a de droits perpétuels sur l'autre; toutes deux ont des droits égaux et retirent seulement de leur voisinage *vertical* des relations un peu compliquées, comme le fait pressentir la nature même des choses.

» Selon M. Rey, l'institution d'une concession a pour conséquence la réduction du droit de propriété superficiaire à un simple droit de jouissance, *définitif* pour les terrains compris dans les lieux réservés par l'article 11 de la loi de 1810, *conditionnel*, c'est-à-dire subsistant jusqu'à ce que les besoins des travaux de la mine nécessitent une complète dépossession pour les terrains concédés. Dominé visiblement par cette idée d'expropriation dont il veut faire à tort la pierre angulaire de la loi des mines, M. Rey arrive, pour le sens à donner à des dispositions qui avaient toujours paru très-nettes, à des conclusions vraiment inattendues. ...

» En résumé, le curieux et intéressant ouvrage de M. Rey abonde en renseignements utiles, *mais il pèche* PAR LA BASE.

M. Benoist, avocat à Chalon-sur-Saône, homme de talent et, depuis de longues années, appelé à étudier la législation des mines, a, dans l'*Audience, bulletin des tribunaux*, du 23 juin 1858, démontré que M. Lamé-Fleury s'est trompé d'époque et de législation dans sa critique de notre ouvrage.

Après avoir passé en revue l'ancienne législation, M. Benoist ajoute :

« L'économie tout entière de la loi de 1810 consiste *à associer* le propriétaire de la surface *au produit* DE LA MINE au moyen d'une indemnité; mais cette indemnité une fois accordée, « *il n'a plus aucun droit* SUR LE TRÉFONDS, *et il s'en trouve ainsi* EXPROPRIÉ *pour cause d'utilité publique.* »

» Tout cela est écrit en termes non équivoques dans les dispositions de la loi. L'article 6 veut que l'acte de concession règle « *les droits* » des propriétaires de la surface sur le « *produit* » des mines concédées ; l'article 18 est non moins explicite: *il veut que* LA VALEUR des droits résultant en faveur des propriétaires de la surface de l'article 6 précité, « *demeure réunie* » à la valeur de ladite surface, et reste affectée avec elle aux hypothèques prises par les créanciers du propriétaire ; enfin, l'article 17 déclare en termes énergiques que l'acte de concession fait après l'accomplissement des formalités prescrites « *purge* » en faveur du concessionnaire « *tous les droits des propriétaires de la surface.* »

» Ces données, puisées aux sources de la loi elle-même, nous ont paru former la base de la publication de M. Rey, et nous sommes surpris d'entendre dire *que cette base est erronée*, nous sommes surpris d'entendre dire *que le droit réservé au propriétaire de la surface est un droit dérisoire*, et que M. Rey a été « VISIBLEMENT *dominé par cette idée* D'EXPROPRIATION *dont il veut faire à tort* LA PIERRE ANGULAIRE DE LA LOI SUR LES MINES. »

» Du reste, M. Lamé-Fleury ne trouve pas le moins du monde embarrassantes les questions auxquelles il croit pouvoir répondre. Nous venons de voir que, suivant lui, les mines appartiennent à l'État : on sait ce qu'il faut penser de cette thèse d'après la loi de 1810 ; mais, hâtons-nous de le dire, telle n'était pas la difficulté à résoudre. ELLE CONSISTE A SAVOIR CE QU'EST CETTE PROPRIÉTÉ, une fois la concession faite, et quelle est son étendue?

» Or, d'après la réponse de M. Lamé-Fleury, nous le croyons en toute humilité, LE PROBLÈME RESTE ENCORE A RÉSOUDRE ; il n'est pas davantage résolu par cette définition de la propriété de la surface, qui, suivant lui, « EST CARACTÉRISÉE PAR DES SERVITUDES ÉTABLIES DANS L'INTÉRÊT BIEN COMPRIS DE LA RICHESSE MINÉRALE ET PAR UNE PROTECTION SPÉCIALE CONTRE LES TENTATIVES DU MINEUR. » Nous n'apprenons par là rien de nouveau, et il reste toujours à étudier ce point intéressant: *Quels sont* LES DROITS *dont le concessionnaire a été investi*, et qui, d'après l'article 17 de la loi, *ont été purgés* sur le propriétaire de la surface?

» A cette question M. Lamé-Fleury ne fait pas de réponse ; à l'aide de quelques généralités qui *ne définissent rien*, qui *n'expliquent rien*, il passe tout simplement *à côté de la question*.

» Il est cependant un point sur lequel M. Lamé-Fleury semble assez net: en parlant des deux propriétés, celle de la mine et celle de la surface, il dit: « *Aucune d'elles n'a de droits perpétuels sur l'autre :* TOUTES DEUX ONT DES DROITS ÉGAUX , *et retirent seulement de leur voisinage vertical des relations un peu compliquées , comme le fait pressentir la nature même des choses.* »

» C'EST LA UNE ASSERTION BIEN HARDIE , *en présence du texte de la loi* de laquelle il résulte, sans que nous ayons besoin d'en reproduire les termes parfaitement connus, que, la limite des deux propriétés n'étant pas parfaitement fixée, le concessionnaire peut s'emparer de la richesse minérale PARTOUT OU ELLE SE TROUVE, *aussi bien à la surface du sol que dans les profondeurs de la terre*, et qu'ainsi L'UNE DES DEUX PROPRIÉTÉS, plus précieuse que l'autre dans l'intérêt de l'industrie générale et de l'État, *peut*, *dans des circonstances données*, ABSORBER L'AUTRE TOUTE ENTIÈRE.

» Il y a bien ici, si nous ne nous trompons, UN DROIT PERPÉTUEL *de préférence* de l'une des deux propriétés sur l'autre, *et ce droit n'est pas réciproque*, car nulle part il n'a été admis que le propriétaire de la surface pût, dans quelques circonstances que ce soit, *obtenir un droit* SUR LA MINE *ou entraver son exploitation*.

» Il y a eu une raison que, dans sa préoccupation, M. Lamé-Fleury refuse de voir, et qui doit servir de règle, c'est que la propriété de la mine a été créée dans un intérêt public, et que l'acte de concession *n'est autre chose* « QU'UNE EXPROPRIATION QUI PURGE TOUS LES DROITS DU PROPRIÉTAIRE DE LA SURFACE. » La force des choses fait que M. Lamé-Fleury, tout en repoussant le principe, l'amène à en admettre les conséquences. Il reconnaît, en effet, *que la propriété de la surface* EST GREVÉE DE SERVITUDES *dans l'intérêt de la richesse minière*. Comment cela peut-il se faire sans la reconnaissance du principe D'UNE EXPROPRIATION *pour cause d'utilité publique ?*

» Ici se reproduit le nœud de la difficulté. M. Lamé-Fleury veut que l'indemnité représentant la valeur de la propriété souterraine de la mine soit purement nominale, dérisoire en un mot. La loi de 1810, au contraire, à la place du système arbitraire, prescrit, dans ses articles 6 et 18, UN RÈGLEMENT SÉRIEUX et constitue des droits qui, en raison de leur importance, sont susceptibles d'hypothèques; « *ces droits, débattus au moment de la concession,* » sont ou doivent être pour le propriétaire de la surface la représentation exacte de la valeur de la mine, et, en outre, le prix de l'existence *des servitudes* nécessaires qu'il doit subir par le résultat de l'exploitation à laquelle il ne peut nuire de quelque manière que ce soit.

» Que M. Lamé-Fleury *veuille bien y réfléchir* : une intelligence aussi élevée, un homme aussi versé dans la science des mines, *ne peut pas* PERSÉVÉRER *à marcher dans une voie* AUSSI DANGEREUSE et qui n'est évidemment pas celle de la loi. . . .

» L'exploitation des mines vient de prendre en France une importance capitale ; la science suit parallèlement le développement de cette précieuse industrie ; les esprits les plus éclairés sont en travail ; cependant on est encore, il faut bien le reconnaître, à la recherche d'un fil conducteur au milieu du dédale de questions qui surgissent de toutes parts ; à chaque instant les magistrats croient l'avoir trouvé, et une nouvelle espèce vient leur faire apercevoir qu'il s'est brisé entre ses mains ; telle est l'explication des oscillations de la jurisprudence. . . .

» Le livre de M. Rey, critiqué par M. Lamé-Fleury, a eu le rare avantage de réunir un grand nombre de documents épars ; il a eu cet autre mérite DE RECHERCHER *les principes* DANS LES DISPOSITIONS COMBINÉES *de la loi* même et de leur donner un corps ; *certes ce n'est pas l'œuvre* D'UN NOVATEUR ; mais les hommes sont ainsi faits, il ne faut pas tout-à-coup *faire luire* UNE LUMIÈRE TROP VIVE *à leurs yeux.* »

M. Lamé-Fleury, dans le même journal, du 9 juillet suivant, maintient son opinion sur notre ouvrage, et dit à M. Benoist :

» Vous m'avez pris à partie à propos d'une appréciation *critique* que j'avais faite dans la Gazette des Tribunaux du 22 mai, de l'ouvrage de M. Rey.

» Je ne viens point ici reprendre un à un les arguments que vous avez mis en œuvre pour ruiner ce que vous appelez ma *théorie*. Je veux seulement établir que j'ai eu raison de dire que, dans le système de la loi organique du 21 avril 1810, les mines *étaient considérées* COMME DES PROPRIÉTÉS PUBLIQUES, et que la pensée du législateur a été que la redevance tréfoncière, représentative des droits du propriétaire du sol, devait être infime.

» Vous vous étonnez « *que j'aie pu produire cette opinion,* » et vous ajoutez que « *je me suis trompé d'époque et de législation.* » Une pareille erreur serait à coup sûr impardonnable de la part d'un homme qui vient de consacrer quelques années de sa vie à réunir, par ordre de l'administration à laquelle il appartient, en un code complet, tous les documents réglementaires concernant la législation des mines depuis 1413 jusqu'en 1857, et je tiens beaucoup à vous détromper.

» Je n'aurai, du reste, qu'à puiser dans une étude *de la propriété* SOUTERRAINE en France, que je publie en ce moment dans la *Revue des deux Mondes*, ainsi que dans mon *texte annoté de la loi du 21 avril* 1810, et à renvoyer à ces divers travaux les lecteurs que CE SUJET *un peu spécial* et FORT MAL CONNU peut intéresser. Vous m'accorderez, du moins, que je n'ai pu me tromper qu'en toute connaissance de cause...

» Sur le premier point, je serai bref...

» Sur *une définition* que le législateur *ne voulait pas donner*, pour des motifs que je n'apprécie pas, mais dont l'existence est hors de doute. Si le lecteur de la loi de 1810 tient absolument à sortir de cette incertitude calculée, il doit de toute nécessité y lire partout que les mines *sont des propriétés* PUBLIQUES.

» Si vous l'aimez mieux, le problème intéressant *de la propriété* SOUTERRAINE a été résolu en 1810, dans le sens d'une propriété *distincte* de la surface, dont la libre disposition est laissée au Souverain comme objet d'utilité générale, et on retrouve alors l'expression la plus haute et la plus réelle de la doctrine du droit régalien, tel que le définissent les deux inspecteurs généraux des mines que j'appelle à mon aide...

» Quant au second point, il est plus aisé à traiter par un procédé irréfutable.....

« Si la redevance, *la redevance* TRÉFONCIÈRE avait dû être une indemnité destinée *à compenser* L'EXPROPRIATION que vient à subir le propriétaire du sol par le seul fait de l'institution d'une concession de mines, le législateur n'aurait pas manqué d'en édicter *le règlement* AVEC NETTETÉ. Or, c'est ce qu'il n'a pas fait ; au contraire, il a consacré à cette question, pour lui très-secondaire sans doute, DEUX ARTICLES PARFAITEMENT CONTRADICTOIRES. En effet, l'article 6 de la loi dit que l'acte de concession règle les droits des propriétaires de la surface SUR LE PRODUIT *des mines* concédées, et l'article 42 veut que ces droits soient réglés à UNE SOMME *déterminée* par l'acte de concession.

» En fait, il n'y a point de règle absolue en ce qui concerne la fixation *de la redevance* TRÉFONCIÈRE ; elle dépend *de la nature* DES MINES à exploiter, de leur plus ou moins d'importance, des difficultés de l'exploitation et surtout *des usages locaux...* »

» Vous et moi, Monsieur, sommes au fond *très-favorables* AUX EXPLOITANTS ; mais nous différons complètement sur la situation à faire *au propriétaire* SUPERFICIAIRE. Vous voulez lui donner quelque chose pour ne lui conserver qu'*un droit de jouissance* CONDITIONNELLE ; moi, JE NE VOUDRAIS RIEN LUI DONNER DU TOUT, attendu que je ne lui reconnais *absolument* AUCUN DROIT à *la propriété* SOUTERRAINE, mais je lui laisse la propriété du sol. »

On le voit, M. Lamé-Fleury soutient que la propriété des mines est une *propriété* PUBLIQUE qui *appartient* AU SOUVERAIN ; il dit qu'il n'est rien dû aux propriétaires de la surface, et revient au temps de la loi de 1791, en confondant *la propriété* avec *les produits* ou *la mine* avec *la matière* qu'elle renferme.

Puis, au lieu de reconnaître la concession du terrain, il dit que la surface de la mine *est grevée* DE SERVITUDES *imposées par la force des choses* dans toute l'étendue du périmètre concédé, et, d'un seul trait, il raie de la loi les articles 6 et 42 sous le prétexte d'une prétendue contradiction.

Si M. Lamé-Fleury était un peu jurisconsulte, il verrait qu'il n'y a *aucune contradiction* entre l'article 6 et l'article 42 : l'un accorde l'indemnité, l'autre veut qu'elle soit réglée par l'acte de concession.

M. de Cheppe, ancien maître des requêtes, ancien chef de division des mines au ministère des travaux publics et *membre du comité houiller de France*, dont le nom fait autorité dans les annales des mines, semble d'un avis contraire à M. Lamé-Fleury dans une dissertation insérée au *Moniteur universel*, du 7 novembre 1858, où il déclare que les mines n'appartiennent ni à l'État ni au propriétaire de la surface ; mais que l'acte de concession en fait *une propriété* DISTINCTE, et que l'article 552 du code Napoléon aurait permis, d'après lui, une *solution* PLUS ABSOLUE.

Voici comment il s'exprime :

« La *législation* DES MINES, par les nombreux intérêts qui s'y rattachent, mérite de fixer d'une manière TOUTE SPÉCIALE L'ATTENTION PUBLIQUE. Un grand nombre d'ouvrages ont été publiés sur cette importante matière. Ceux de M. Lamé se distinguent au plus haut degré. C'était une tâche assurément difficile et laborieuse que celle de réunir dans un ordre méthodique les vieux monuments qui se rapportent à la législation des mines....

» DANS PLUSIEURS OCCASIONS déjà nous avons eu à rechercher quel a été, sous l'ancienne monarchie et depuis, LE VÉRITABLE CARACTÈRE DE LA PROPRIÉTÉ DES MINES. Nous avons traité cette matière dans les Annales des Mines et ailleurs. La loi de 1791, en laissant aux propriétaires de la surface le droit d'exploiter jusqu'à 100 pieds de profondeur, fit succéder de nouveaux désordres à ceux qu'on avait voulu éviter.

» En l'an IX, une simple instruction ministérielle corrige la loi. Puis on arrive, après des études diverses, aux discussions restées célèbres qui eurent lieu de 1806 à 1810 ; discussions *où l'on voit* TANT D'HOMMES ÉMINENTS, ET, AU-DESSUS D'EUX TOUS, L'EMPEREUR qui, dans le Conseil d'État, *éclaira* DE SON GÉNIE *des questions* SUR LESQUELLES *les meilleurs esprits* ÉTAIENT PARTAGÉS.

La loi de 1810 fut le résultat de ces longues discussions. L'exposé des motifs présenté par M. le comte Regnault de Saint-Jean-d'Angély et le rapport non moins remarquable de M. le comte Stanislas de Girardin au Corps législatif, ONT PARFAITEMENT EXPLIQUÉ LA PENSÉE DE LA LOI *et le* BUT DE CETTE LOI.

» Sous cette législation nouvelle, LES MINES *n'appartiennent* ni à l'État, ni au propriétaire de la surface. ELLES DEVIENNENT UNE PROPRIÉTÉ DISTINCTE en vertu d'une concession qui en est faite par le gouvernement, et dans laquelle certains avantages sont accordés au propriétaire du sol et à l'État. L'ARTICLE 552 DU CODE NAPOLÉON AURAIT PERMIS, CE ME SEMBLE, UNE SOLUTION PLUS ABSOLUE.

» On voit, en se reportant aux débats (1) de ce grave sujet, que bien des hésitations s'y sont produites, et que l'Empereur, lui-même, *modifia plus d'une fois* SES PREMIÈRES IDÉES. En définitive, le système auquel on s'est arrêté peut être considéré comme une transaction entre des intérêts divers, et *c'est dans ce but que* DES CHARGES SPÉCIALES SONT IMPOSÉES *à la propriété nouvelle* créée par l'acte de concession du gouvernement.

» On pourrait bien se demander si tous ces intérêts ont été également satisfaits ; si, par exemple, ceux qu'on attribue au propriétaire de la surface sont réellement consacrés par l'indemnité *de quelques* CENTIMES par hectare qui lui a été allouée, *au lieu d'une certaine portion* DU PRODUIT *des mines concédées ?*

» Il est quelques régions de la France où cette participation existe et même d'une manière exagérée : mais en général il n'en est point ainsi, et l'indemnité des propriétaires de la surface s'est trouvée représentée par ces *quelques* CENTIMES dont nous venons de parler. Quoi qu'il en soit, le régime nouveau établi par la loi de 1810 a ramené le bon

____

(1) Voir, page 7 à 33, tout le § 1ᵉʳ.

ordre dans les exploitations ; elle les a soumises *à la surveillance* DE L'ADMINISTRATION PUBLIQUE.... »

M. de Cheppe passe sous silence nos idées, dit que *les mines* forment une propriété *distincte*, et, pour ne pas reconnaître avec l'Empereur qu'elles sont de la même nature que *les carrières* de pierres, lesquelles appartiennent aux propriétaires du sol, il est obligé de soutenir que, dans la discussion de la loi, l'Empereur *modifia* plus d'une fois *ses premières idées;* c'est là une grave erreur, parce qu'il suffit de recourir aux séances du Conseil d'État pour voir qu'elles furent *au contraire* INVARIABLES.

En effet, dès la première séance du 22 mars 1806, l'Empereur dit que la propriété d'une mine, à la découverte, sortait du droit commun, voulant dire qu'à ce moment elle était à la disposition du gouvernement, mais que par l'acte de concession elle y rentrait complètement. Avant la concession, le règlement des indemnités pour dégâts est fait par le gouvernement.

A la seconde séance, le 21 octobre 1808, il posa les bases de la concession en disant : « On donnera au propriétaire du sol *une part dans le produit de la mine;* on lui donnera en outre *une indemnité* pour la surface *que l'exploitation lui enlève.* »

A la troisième, le 8 avril 1809, il leva l'obstacle qui s'opposait à l'*association* du propriétaire de la surface, et, au lieu d'une part en nature dans *le produit* de la mine, il dit qu'une indemnité en argent lui serait accordée.

Les bases de la loi étant posées, la présidence de la discussion fut confiée à l'archichancelier de l'Empire ; mais, au 18 novembre suivant, l'Empereur présida de nouveau, et, dans cette séance, comme dans celles qui suivirent, il soutint *ses premières idées* qu'il résuma le 13 février 1810.

La question fut encore bien éclaircie lorsque l'Empereur,

sur la nouvelle rédaction de l'article 2, dit : « Qu'il fallait retrancher *les sels* DE LA NOMENCLATURE *des substances* COMPRISES *sous le nom* de substances minérales ou fossiles. » Ce qui prouve que l'article 2 ne contient que l'*énumération* des substances qui donnent *le nom de mine* au terrain qui les renferme.

Ici finit cette longue et laborieuse discussion, dont la conclusion, d'après les observations de M. le comte Jaubert, fut que la concession de la mine comprend la concession du terrain, *même pour celui qui en a déjà la propriété !*

M. de Cheppe, pas plus que M. Lamé-Fleury, ne voit pas que les articles 2, 3 et 4 classent les diverses sortes de *propriétés* où sont renfermées les substances minérales ou fossiles, et que CELLES *reconnues pour contenir* les matières précieuses énumérées dans l'article 2 de la loi SONT CONCÉDÉES, moyennant indemnités, *depuis la surface jusqu'au centre de la terre.*

Mais de nos jours personne n'avait songé à poser nettement la question et n'avait cherché *la vraie nature* de la propriété d'une mine ; M. Lamé-Fleury, en prétendant qu'elle est avant la concession une propriété publique qui appartient au Souverain, M. de Cheppe, en émettant de son côté une opinion contraire, se sont bornés à énoncer des idées générales qui ne définissent rien et laissent subsister toutes les difficultés.

Après ce qui a été dit par l'Empereur dans la séance du 8 avril 1809, M. Lamé-Fleury peut-il persister à soutenir que la propriété d'une mine est une propriété publique et qu'il n'est rien dû au propriétaire exproprié, et M. de Cheppe a-t-il raison de croire que l'article 552 du code Napoléon n'est pas profondément modifié par la concession de la propriété d'une mine et que l'indemnité à payer au propriétaire de la surface doit être de quelques *centimes ?*

Dans cette même séance, lorsqu'on proposa *un* ou *deux* sous par arpent, on a vu que l'Empereur s'éleva contre une telle proposition et qu'il la combattit en disant :

« Si le propriétaire *du dessus* ne l'est pas *du dessous*, il ne lui est absolument rien dû ; que s'il l'est, il faut *lui donner* UNE PART PLUS SÉRIEUSE DANS LES BÉNÉFICES et la fixer par l'acte de concession. »

La loi elle-même est non moins explicite dans les articles 6, 18 et 42, reproduisant les paroles de l'Empereur.

L'article 6 est très-précis sur les droits qui sont attribués aux propriétaires de la surface :

« L'acte de concession *règle* LES DROITS des propriétaires de la surface SUR LE PRODUIT DES MINES CONCÉDÉES. »

L'article 18, prenant en sérieuse considération les droits des propriétaires de la surface sur le produit des mines, *substitue* LA REDEVANCE *au tréfonds* CONCÉDÉ et la soumet à l'hypothèque des créanciers inscrits, ainsi qu'il suit :

« La *valeur* DES DROITS résultant en faveur du propriétaire de la surface, en vertu de l'article 6 de la présente loi, *demeurera* RÉUNIE à la valeur de ladite surface (séparée du tréfonds) et SERA AFFECTÉE *avec elle* AUX HYPOTHÈQUES *prises par les créanciers* DU PROPRIÉTAIRE. »

L'article 42 convertit *la part* du propriétaire de la surface sur les mines concédées en une somme déterminée par l'acte de concession :

« Les DROITS *attribués* par l'article 6 de la présente loi aux propriétaires de la surface, *seront* RÉGLÉS *à une* SOMME DÉTERMINÉE par l'acte de concession. »

L'Empereur a encore voulu que le demandeur en concession et le propriétaire des terrains *fussent entendus* contradictoirement au sujet de l'indemnité à payer à ce dernier ; sa volonté est écrite dans l'article 17 de la loi, où il est dit que le propriétaire doit être *entendu* ou *appelé* légalement, et l'instruction du 3 août 1810 exige que la discussion sur le chiffre de l'indemnité soit soumise au Conseil de préfecture.

Que l'indemnité soit légère, rien de mieux ; qu'elle ne soit seulement accordée que pour le principe, ce sera justice, parce que la propriété de la surface par la *découverte* et par l'*exploitation* de la mine double et triple de valeur.

Enfin, après avoir démontré que les idées de l'Empereur furent invariables, nous démontrons ici que la loi est d'accord avec ses paroles ; mais vouloir nier *les droits* des propriétaires de la surface sur le produit des mines concédées, c'est rayer de la loi ses principales dispositions et rendre les autres inintelligibles.

Quoiqu'il soit bien établi que la propriété d'une mine est une *véritable* propriété dont la concession consacre *une expropriation* pour cause d'utilité publique, il est encore utile de faire connaître une dissertation publiée par le Comité houiller de France, le 5 août 1858 (1), où nous lisons :

» La loi du 21 avril 1810 porte :

» ART. 1. Les masses de substances minérales ou fossiles RENFERMÉES *dans le sein de la terre ou* EXISTANTES *à la surface* SONT CLASSÉES, relativement aux règles de l'exploitation de chacune d'elles, *sous les trois* qualifications de *mines, minières et carrières.*

» ART. 2. Sont considérées comme mines celles *(les propriétés)* RECONNUES POUR CONTENIR, en filons, en couches ou en amas, de l'or, de l'argent, etc.

» ART. 3. Les minières COMPRENNENT les minerais de fer, dits d'alluvion, les terres pyriteuses, les terres alumineuses, etc.

» ART. 4. Les carrières RENFERMENT les ardoises, les grès, les pierres à bâtir et autres, les marbres, etc.

» ART. 5. Les mines ne peuvent être exploitées qu'en vertu d'un acte de concession délibéré en Conseil d'État.

» Ces textes nous semblent contenir une définition complète, d'après laquelle il ne peut y avoir aucun doute sur la division et les limites des deux propriétés, celle *de la mine*, celle *de la surface*. — En effet, qu'est-ce que la propriété d'une mine ? — C'est le *filon*, la *couche* ou l'*amas* des substances énumérées dans l'article 2 de la loi de 1810. *C'est donc là ce qui constitue* LA PROPRIÉTÉ MINIÈRE (2).

» Quel est le droit conféré au concessionnaire d'une mine ? — C'est le droit de l'exploiter (depuis la surface jusqu'au centre de la terre) et

---

(1) Imprimerie de A. Guyot et Scribe, à Paris.

(2) Le Comité houiller se contredit plus loin ; il établit une distinction entre *la matière* minérale et *le terrain.*

de faire, pour parvenir à son extraction du sein de la terre, toutes les fouilles et tous les travaux nécessaires, et d'établir, même sur la surface, en dépossédant le propriétaire de celle-ci, tout ce dont il a besoin pour la facilité de son extraction et LA SORTIE DES MATIÈRES EXTRAITES.

» La *propriété* d'une mine consiste donc uniquement DANS LE DROIT D'EXTRAIRE LA MATIÈRE PARTOUT OU ELLE SE RENCONTRE, DEPUIS LA SURFACE JUSQU'AU TRÉFONDS LE PLUS ÉLOIGNÉ, *sous les conditions imposées par la loi.*

» On a *imprimé* QUELQUE PART que la concession *de la propriété* d'une mine comprend LE TERRAIN *reconnu pour* CONTENIR la matière minérale à la surface comme au tréfonds. OU A-T-ON VU CELA? Y a-t-il un seul mot de cela dans la loi? Y a-t-il un seul acte de concession qui le dise? (1)

» On a étayé cet étrange système des dispositions de l'article 29 de la loi, relatives à l'étendue de la concession, mais il ne s'agit dans cet article que de l'étendue périmétrique. Il fallait bien que l'on déterminât la limite superficielle des concessions pour ne pas les confondre entre elles, *et pour que l'on sût bien* DISTINGUER LES TERRAINS CONCÉDÉS DE CEUX QUI NE LE SONT PAS.

» La loi de 1810 a fait *du tréfonds* UNE PROPRIÉTÉ *particulière* DÉTACHÉE DE CELLE DE LA SURFACE, mais elle n'a pu vouloir que l'une des DEUX *propriétés* DÉTRUISIT L'AUTRE, que l'usage de l'une INTERDIT LA JOUISSANCE DE L'AUTRE; il serait superflu d'insister sur ce point. Il faut donc concilier les deux droits et maintenir l'une à côté de l'autre les deux propriétés (2).

» Il en résultera de l'*abnégation*, des *sacrifices* de part et d'autre, mais c'est la condition de toute propriété; il n'en existe aucune qui n'ait *ses servitudes* et *ses devoirs.* — Le *voisinage*, la SUPERPOSITION et pour ainsi dire l'AMALGAME DES DEUX PROPRIÉTÉS, LA SURFACE ET LE TRÉFONDS, imposent à chacune d'elles une servitude, *c'est la conséquence forcée* DE LEUR SÉPARATION.

» Il nous paraît donc tout-à-fait rationnel de regarder comme constituant à chacune des deux propriétés, savoir:

» Pour la *surface*, le droit d'en user et d'y établir tous édifices, puits, plantations, usines, exploitation de minières et carrières, cours d'eau, étangs, etc., etc., de la même manière que s'il n'y avait pas concession de la mine.

---

(1) Que le Comité houiller étudie bien les articles 1ᵉʳ, 2, 3, 4 et 29 de la loi, il trouvera dans l'article 7 la preuve de la concession d'une *véritable* propriété.

(2) La conciliation est dans les indemnités accordées au propriétaire de la surface *dont la propriété* EST DÉTRUITE *dans l'intérêt général.*

» Pour *le tréfonds*, LE DROIT D'EXPLOITER LA MINE et d'extraire *la matière* MINÉRALE QU'ELLE CONTIENT, d'établir *toutes communications*, tous cours d'eau, aérages, TOUTES CONSTRUCTIONS, TOUS MAGASINS, quais, rivages, *sur tous les points* DU SOL *et* DU SOUS-SOL.

» A chacun de ces droits (*dont l'amalgame est complet*), il y a naturellement et légalement *la condition* DE N'EN POUVOIR USER *sans réparer le dommage* que leur exercice peut causer à autrui, aussi bien celui que le propriétaire de la surface causerait au propriétaire de la mine, que celui que causerait le propriétaire de la mine au propriétaire de la surface.

» L'*égalité* et la *réciprocité* ainsi établies entre les deux propriétés, il ne faut pas attribuer à chacune d'elles un droit préventif en vertu duquel l'une puisse interdire à l'autre certains travaux, sous prétexte qu'ils pourront un jour nuire à la propriété voisine. — Cette *interdiction* est impossible *pour la mine* dont la condition particulière comporte et exige des travaux de nature à compromettre la surface. — Il doit en être de même pour la *surface*, et ce serait excéder son droit que de prétendre *interdire* au propriétaire de la surface de faire les constructions qu'il lui convient d'établir, sous prétexte qu'elles pourraient nuire à l'exploitation de la mine.

» Que du principe d'*égalité* et de *réciprocité* que nous posons il résulte des difficultés d'application, cela est certain ; mais ce n'est pas une raison pour nier ce principe, sans lequel on tombe dans un excès ou dans un autre. Si l'on veut la propriété absolue de la mine, il faut vouloir la propriété absolue de la surface, sauf à trouver le point d'équité là où la rencontre de l'un des deux droits exclut l'autre ; nous croyons que cette conciliation n'est pas impossible.

» Le législateur de 1810 n'a rien dit du dommage qu'auraient à souffrir les deux propriétés ; dès-lors c'est le droit commun qui leur est applicable ; mais il a dérogé au droit commun en donnant au propriétaire de la mine LE DROIT *d'occuper* LES TERRAINS *de la surface* pour y établir ses travaux, à la condition d'en servir *le revenu* AU DOUBLE ou même de les acquérir AU DOUBLE *de leur valeur* ; le droit commun règle donc le surplus (1).

» Il y a encore, de part et d'autre, des entreprises qui peuvent détruire la propriété voisine. L'exploitation de la mine, ses fouilles surtout, peuvent anéantir la surface ou rendre la jouissance impossible. Pareillement, les établissements de la surface *peuvent s'opposer* RADI-

---

(1) Le Comité houiller ne dit pas où est *le droit* du propriétaire de la mine DE PRENDRE *la propriété d'autrui*, s'il n'est dans la concession de cette propriété.

CALEMENT à *l'exploitation de la mine.* — En thèse générale, tout ce préjudice se convertit en indemnité.

» On peut objecter que le propriétaire de la surface n'a pas le droit d'exproprier la mine ; qu'ainsi le propriétaire de la surface ne peut faire aucun travail qui ait pour résultat de dépouiller le propriétaire de la mine, nous croyons qu'*il est plus juste* DE RÉDUIRE LE DROIT DE CE DERNIER à *une simple indemnité* (1), *car le fait de la concession ne doit pas,* selon nous, AVOIR POUR CONSÉQUENCE DE DÉPOUILLER LE PROPRIÉTAIRE DE LA SURFACE D'AUCUN DE SES DROITS.

» Quand le propriétaire de la surface est empêché d'user de ce droit dans toute son étendue, et que c'est l'existence de la mine et la revendication du concessionnaire qui sont la raison de cet empêchement, il est juste que le propriétaire de la surface en soit indemnisé. Pour éviter cette indemnité, *le propriétaire de la mine fera donc bien* DE SOUFFRIR LES TRAVAUX DU PROPRIÉTAIRE DE LA SURFACE, *sauf à se faire payer* LA PERTE DE SA MINE *qui en est la conséquence*, PLUTÔT *que de revendiquer* SON DROIT DE PROPRIÉTÉ QUI L'OBLIGE à *indemniser* LE DÉTENTEUR *de la surface* (2).

» Si, au contraire, c'est le propriétaire de la mine qui porte préjudice à la surface, *il faut distinguer* L'OCCUPATION *de la surface* qui donne au propriétaire de la surface le droit de réclamer le DOUBLE *du produit* ou même l'acquisition du terrain AU DOUBLE *de sa valeur* de l'exploitation souterraine qui ne doit que la simple réparation du dommage causé.

» Mais il y a des cas où, sans faire de dommage actuel, on paralyse cependant le droit du propriétaire voisin.

» D'un côté, l'article 11 défend au mineur d'établir des sondes, d'ouvrir des puits, etc., dans la distance de 100 mètres des clôtures et des habitations. Chaque propriétaire de la surface, se mettant à bâtir en laissant moins de 100 mètres entre les constructions, *peut priver* le propriétaire de la mine de ses moyens d'exploitation *sur une très-grande étendue.*

» D'autre part, le mineur peut, par ses fouilles et ses excavations, rendre le terrain tellement inconsistant que le propriétaire de la surface ne puisse plus y rien construire sans courir le risque de voir ses constructions détruites par l'affaissement du terrain.

» C'est *paralysie* de l'exploitation d'un côté, c'est *paralysie* de la

(1) Alors que devient l'*intérêt général* et que deviennent aussi *les prescriptions* de l'article 49 de la loi ?

(2) Voilà ce que voudraient les propriétaires de mines pour ne pas indemniser les propriétaires de la surface lors de la *concession du tréfonds.*

propriété de la surface de l'autre. — La difficulté est réelle sans doute, mais elle tient à la nature des choses.

» Ce qui serait équitable, ce serait de régler *la valeur de la surface avant l'exploitation de la mine*, et d'obliger le mineur à payer cette valeur *au simple* si le propriétaire la conserve, *au double* si le mineur veut en rester propriétaire ; AUCUNE JURISPRUDENCE N'ÉTANT FORMÉE A CET ÉGARD, *il faut laisser aux tribunaux et Cours* LE SOIN D'APPRÉCIER LES DIFFÉRENTS CAS QUI PEUVENT SE PRÉSENTER. »

Dans cette dissertation, *le Comité houiller de France* commence par dénaturer le sens des articles 1ᵉʳ et 2 de la loi de 1810, soutient ensuite que la propriété d'une mine se compose des substances minérales qu'elle renferme et que la concession, comme au temps de la loi de 1791, ne donne que le droit d'extraire les matières précieuses disséminées dans le sein de la terre.

Puis, dédaignant de nommer l'auteur, il ajoute : « *On a imprimé* QUELQUE PART *que la concession d'une mine comprend le terrain*, » et, discutant notre théorie et nos preuves, il est amené par la force des choses à reconnaître, d'une part, que les limites d'une concession servent à distinguer *les terrains* CONCÉDÉS *d'avec ceux qui ne le sont pas*, et d'autre part que, dans le périmètre concédé, il y a deux propriétés superposées : celle *de la surface* et celle *du tréfonds.*

Quant aux droits inhérents à chacune de ces propriétés, il déclare que les deux propriétaires *ont séparément* DES DROITS ABSOLUS *sur le terrain compris dans la concession*, et que c'est aux tribunaux à en régler l'exercice, sans voir que les articles 8, 43 et 44 de la loi déterminent d'une manière précise les droits de chacun des deux propriétaires.

L'article 8, partant de ce point que l'article 7 confère la propriété perpétuelle du terrain *qualifié mine*, reconnaît au concessionnaire le droit d'établir *à demeure* sur ce terrain des bâtiments, machines, puits, galeries et tous autres travaux qui sont déclarés immeubles, conformément à l'article 524 du code Napoléon.

Les articles 43 et 44, n'accordant au propriétaire de la surface une indemnité ou le prix double du terrain que lorsqu'il est privé de la jouissance *de son revenu* ou que lorsque son terrain EST IMPROPRE *à la culture*, prouvent bien certainement qu'il n'a plus que le droit *de l'exploiter* et *de le cultiver*, comme l'a dit M. Locré.

En effet, si d'un côté le propriétaire de la mine a le droit de disposer du terrain *en maître absolu* pour tous ses travaux, c'est qu'il en est propriétaire, et si de l'autre le propriétaire de la surface n'a droit à une indemnité que pour privation de jouissance *de son revenu*, ou au double prix que lorsque le terrain *est impropre à la culture*, c'est qu'il n'a plus qu'une *possession* PRÉCAIRE *subordonnée à l'exploitation de la mine.*

De là il résulte que les droits des deux propriétaires ne sont jamais en opposition et que la propriété *du dessus*, après la concession du terrain, n'est plus que l'accessoire de la propriété *du dessous*, conformément à ce qui a été dit par l'Empereur dans la séance du 8 avril 1809 et par M. le comte Réal dans celle du 18 janvier 1810 (1).

Ainsi, au moyen de l'indemnité accordée par l'article 6 *pour le tréfonds* DÉTACHÉ *de la surface*, les deux propriétés existent côte à côte, et, moyennant l'indemnité accordée par l'article 43 *pour la surface* SÉPARÉE *du tréfonds,* ou le double prix accordé par l'article 44 *pour le terrain* ENTIER, *tréfonds et surface*, le concessionnaire de la mine a LE DROIT *de déposséder* complètement le propriétaire de la surface *pour tous les besoins de son exploitation.*

Enfin, en respectant les lieux réservés par l'article 11 et ceux qui peuvent être distraits par l'acte de concession, *sur la demande des propriétaires*, le concessionnaire de la mine a également LE DROIT *de disposer* de tous les terrains compris

(1) Voir, page 11, 2e alinéa, et 25, 1er alinéa de la séance.

dans sa concession, *de les bouleverser* sur tous les points du périmètre concédé, et en un mot *de détruire* la propriété de la surface *dans toute l'étendue donnée à la propriété de la mine*, lorsque la nécessité l'exige, *sans que cette* RÉCIPROCITÉ *puisse exister en faveur de la propriété de la surface;* on peut dans certains cas interdire les travaux de la mine sans en anéantir la propriété.

Une voix plus puissante que la nôtre est encore venue seconder nos efforts. M. Bernard, avocat à la Cour impériale de Nancy, a adopté nos idées sur la nature de la propriété d'une mine, dans une consultation du 1er juin 1858, où il s'exprime ainsi :

» Aux termes de l'article 552 du code Napoléon, la propriété *du dessus* emporte la propriété *du dessous.* Mais l'existence à l'intérieur de la terre de *substances minérales* dont l'exploitation est pour un pays une source de richesse et de prospérité, devait, au point de vue de l'intérêt général, apporter à ce droit certaines modifications ; on songea à constituer la propriété minière. Pour l'établir, il fallait porter atteinte aux droits du propriétaire du fonds sous lequel les richesses minérales sont enfouies.

» L'intention du législateur fut de créer une propriété *sérieuse, absolue, très-distincte.* Il faut, disait M. Regnault de Saint-Jean-d'Angély au Corps législatif, dans l'exposé des motifs de la loi, *en faire des propriétés auxquelles toutes les définitions du code Napoléon puissent s'appliquer.*

» La pensée de créer une propriété ayant les mêmes droits et soumises aux mêmes obligations que toute autre propriété se rencontre à chaque pas dans la discussion du projet de loi au Conseil d'État *présidé par l'Empereur.* Pour s'en convaincre, il suffût de parcourir les procès-verbaux des séances.

» *Mais de quoi va se composer la propriété minière?* Elle paraît, au premier abord, devoir se former non-seulement de la partie substantielle constituant le terrain minéral proprement dit, mais encore de toutes les parties qui l'enveloppent à tous les aspects, en raison des travaux de *toute nature* et dans *tous les sens* que nécessite l'extraction de la matière.

» Le terrain minier devrait donc embrasser *la propriété tout entière,* surface et tréfonds; il semblerait dès-lors que la première obligation du concessionnaire de la mine dût être *de se rendre acquéreur* de tous les terrains compris dans le périmètre de la mine ; mais tout le monde comprit qu'il y avait là pour le concessionnaire un obstacle grave, que sa condition allait se trouver tellement grevée, que toute exploitation de mine allait devenir impossible.

» On dut aviser à un moyen moins onéreux de constituer la propriété minière : on imagina de diviser la propriété ordinaire déterminée par l'article 552 *en deux propriétés* bien distinctes, celle du dessus et celle du dessous — *la surface* et *le tréfonds* ; mais on était toujours en face de l'article 552, aux principes duquel personne, au sein du Conseil d'État, ne voulait porter atteinte ; il fut décidé alors qu'en échange du tréfonds, qui, par suite de la concession, allait être l'objet d'une *véritable expropriation*, le propriétaire de la surface recevrait une indemnité, *une sorte de prix* de la partie de son immeuble *exproprié*. Cette indemnité devant se régler conformément aux prescriptions des articles 6 et 42 de la loi de 1810, *sans parler* DES AVANTAGES CONSIDÉRABLES *dont jouissent toutes propriétés situées dans des contrées* SOUMISES à *l'exploitation des mines.*

« Mais comment s'opère cette division des deux propriétés ? quelles sont leurs limites ? *La propriété minière ne comprendra-t-elle que la couche minérale et devra-t-elle être considérée comme suivant dans ses dimensions les allures mêmes de la mine ?*

» Raisonner ainsi, ce serait ravaler la propriété minière à un simple droit d'exploitation et d'extraction devant disparaître et s'éteindre au fur et à mesure de cette exploitation ; telle n'a pas été la pensée du législateur ; il a voulu constituer une propriété *sérieuse* et *perpétuelle*, produisant, au profit de celui qui y a droit par la concession, tous les effets d'une *propriété ordinaire.*

» La seule idée sérieuse à laquelle on puisse s'arrêter en étudiant la loi et les travaux qui l'ont précédée, c'est qu'après la concession l'ancien propriétaire ne conserve plus qu'*une propriété essentiellement* SUPERFICIELLE ; *c'est qu'à partir de la surface commence immédiatement* LE TERRAIN MINIER.

» Dans les travaux préparatoires du Conseil d'État, dans l'exposé des motifs, on rencontre à chaque pas ces expressions : *le propriétaire de la surface,* en opposition avec ces autres mots : *le propriétaire de la mine,* le concessionnaire... Quand il s'agit de déterminer l'étendue de la concession, de délimiter la nouvelle propriété, on fixe l'étendue superficielle au moyen de signes *tracés à la surface,* qui constituent le périmètre de la mine ; mais quand on arrive à déterminer la hauteur, la profondeur de la concession, le législateur ne limite plus, son étendue est indéfinie.

» *On fixe*, dit l'article 29 de la loi de 1810, *l'étendue de la concession par des points fixes pris à la surface du sol, et passant par des plans verticaux menés de cette surface dans l'intérieur de la terre à une profondeur indéfinie.*

» Cette définition est des plus énergiques et des plus concluantes, et doit, en ce qui touche l'étendue et le caractère de la propriété minière, faire cesser toute incertitude.

» Tout ce qui est compris entre les points fixes pris *à la surface du sol* et les plans verticaux menés de cette surface à une profondeur *indéfinie* forme l'étendue de la *concession*.

» Or, la concession confère aux concessionnaires une propriété perpétuelle, disponible et transmissible comme tous les autres biens (art. 7, loi de 1810). Donc le concessionnaire est réellement propriétaire de tout le terrain, depuis la surface jusqu'à des profondeurs indéfinies ; donc il ne reste à *l'ancien propriétaire* qu'une propriété ESSENTIELLEMENT SUPERFICIELLE ; il n'a plus, à proprement parler, qu'*un droit de culture*, et quand, dans les articles 43 et 44, on s'occupera des indemnités *de dépossession*, on ne se préoccupera que de la possibilité ou de l'impossibilité de *cultiver* pour régler les indemnités. »

En effet, il résulte des articles 43 et 44 que le propriétaire de la *surface d'une mine* n'a droit à une indemnité ou au double prix du terrain que lorsqu'il est privé de son droit de culture, soit par l'occupation des travaux, soit par le bouleversement complet de la surface.

Quant aux avantages dont jouissent les propriétés soumises à l'exploitation des mines et dont parle M. Bernard, de Nancy, ils sont réels. Dans un ouvrage publié en 1858 sur la situation des houillères en France, nous lisons, page 44 :

« Le contact des exploitations est un stimulant remarquable pour créer les applications manufacturières. Croit-on, par exemple, que le département du Nord aurait la force industrielle qu'il a aujourd'hui sans l'existence des *houillères*? il faudrait pour cela fermer les yeux à l'évidence: quatre mille usines, le dixième de celles qui existent en France, se sont groupées autour de ces *houillères*, sans lesquelles le plus grand nombre eût été se placer autour de Mons et de Charleroy.

» La culture des plantes oléagineuses et de la betterave n'ont atteint un si grand développement que parce que le bas prix des charbons a permis d'établir dans des conditions favorables la fabrication des huiles, du sucre et de l'alcool.

» Souvent, en effet, les *industries* manufacturières se confondent avec *l'agriculture*, en utilisant ses produits et leur donnant une PLUS-VALUE CONSIDÉRABLE. C'est grâce *aux houillères* de Valenciennes que l'industrie a pu seconder d'une manière si puissante *l'agriculture* dans nos départements du nord.

» Nous trouverons un autre exemple de cette influence des exploitations *houillères* sur *l'agriculture* dans la fabrication en grand de la chaux. Ce sont les *houillères* de la Sarthe et de la Mayenne qui ont en quelque sorte créé cette fabrication ; elle s'est ensuite propagée par la mise en exploitation des *houillères* de la Vendée, et se développe dans nos contrées du Centre grâce au bas prix auquel les exploitations peuvent livrer *les charbons* menus.

» En 1808, le département de la Mayenne ne produisait pas les 12 à 1,300,000 hectolitres de grains nécessaires à sa consommation, et ces grains consistaient principalement en seigles et sarrazins; quelques années après, *les houillères* étaient mises en exploitation, la fabrication de la chaux s'organisait, et *les cultures* s'amélioraient à tel point que, dès 1841, le département produisait, en sus de sa consommation, environ 1,200,000 hectolitres de froment, qui étaient exportés.

» Les exploitations de la Mayenne et de la Sarthe livrent annuellement de 8 à 900,000 hectolitres d'anthracite au commerce, et le passage suivant d'un rapport de la compagnie principale fera apprécier les résultats obtenus par leur application :

» Les 800,000 hectolitres d'anthracite livrés au commerce sont exclu-
» sivement consacrés à la calcination du calcaire et produisent 2,800,000
» hectolitres de chaux.

» Ces 2,800,000 hectolitres de chaux, appliqués à l'amendément des
» terres, s'étendent, dans la Mayenne seulement, sur plus de 200,000
» hectares de terre, dont chacun rapporte aujourd'hui 30 francs environ
» de plus qu'il y a trente ans.

» Ainsi l'exploitation des mines d'anthracite a augmenté le revenu
» net de la propriété foncière *de six millions* de francs, et sa valeur en
» capital de *deux cents millions.*

» Voilà la part directe des mines du pays sur la prospérité de *l'agri-*
» *culture*; elle est bien plus considérable si l'on tient compte des
» progrès auxquels l'emploi de la chaux a donné l'essor.

» En effet, grâce à la chaux, il est constant que le seul département
» de la Mayenne produit annuellement 1,200,000 hectolitres de grains

» de plus qu'il y a trente ans, soit une augmentation de revenu brut de
» plus de *quinze millions*. »

« Indépendamment de ces influences directes , *les mines* réagissent sur
l'agriculture PAR LA POPULATION de *mineurs* et d'*ouvriers* industriels
qu'elles ont développée et fixée autour d'elles , population qui assure
l'écoulement de ses produits.

» Les contrées *houillères* , le Nord excepté , *sont généralement* PEU
FERTILES ; il ne peut donc exister d'avantages à développer *la culture*
des terres de ces contrées qu'à la condition d'y trouver des débouchés
sur place et à des prix élevés.

» La population laborieuse est largement rétribuée *des mines* et *des
usines* qui ont créé ces consommations locales , et la circulation *des
sommes* CONSIDÉRABLES réparties en salaires manufacturiers a fourni
les moyens de perfectionner *la culture*.

» Ainsi , dans un compte-rendu des mines de Blanzy, où l'on cherche
à apprécier cette influence de l'exploitation , nous trouvons :

» Avant le développement des mines , l'agriculture manquait à la
» fois d'argent pour améliorer un sol généralement médiocre , et de
» débouchés pour ses produits ; la culture du seigle et des pommes
» de terre était presque la seule ; *aujourd'hui*, LES SOMMES VERSÉES
» DANS LE PAYS ont fourni les moyens d'*amélioration* , et l'augmentation
» progressive de la population a ouvert les débouchés, LES TERRES,
» *sous l'influence du travail ainsi secondé* , ONT PLUS QUE TRIPLÉ DE
» VALEUR ; le chauffage , facilité par le bas prix des *charbons* menus ,
» a transformé le sol du pays à un tel point , que la culture du fro-
» ment est devenue presque générale. »

« Cet historique est celui de toutes les contrées où l'industrie des
houillères s'est développée depuis trente ans : l'Allier , Saône-et-Loire ,
la Loire , Maine-et-Loire , le Gard , l'Auvergne.

» On a souvent cherché à exciter *l'agriculture* contre les industries
houillères et métallurgiques , et l'on a quelquefois réussi , mais c'est en
la trompant sur ses véritables intérêts. »

Une chose à remarquer dans cet exposé, c'est qu'il établit
une distinction entre *les houillères* et *les charbons* ou la
houille, comme on distingue *les carrières* d'avec *les pierres* ,
et que concéder *la propriété* de l'une , c'est comme si l'on
concédait *la propriété* de l'autre.

La force des choses établit également ici que *houillères* ou
terrains houillers sont synonymes , et que le charbon ou la

houille n'est que le produit de la houillère ; en effet, page 97 , il est dit à ce sujet :

» Les TERRAINS HOUILLERS *de la France*, considérés dans leur ensemble, ne sont pas moins riches que ceux des autres contrées ; si nos *houillères* du nord et de l'ouest se trouvent dans des conditions inférieures, celles du centre, et notamment les bassins de la Loire, du Gard, de l'Aveyron, de l'Auvergne, de l'Allier, SONT SUPÉRIEURS, SOUS LE RAPPORT DE LA PUISSANCE DES COUCHES DE HOUILLE. »

Plus loin, page 135 :

« Les TERRAINS HOUILLERS *du Creusot*, de Montchanin et de Blanzy indiquent, d'après leur structure et leur disposition relatives, qu'ils appartiennent à un même dépôt, dont toute la partie centrale a été recouverte par des dépôts postérieurs formés principalement de *schistes pénéens* et de *grès bigarrés*.

» Les *mines* DU CREUSOT, fatiguées par une exploitation des plus actives, avaient besoin d'être étendues au-delà *de la vallée* HOUILLÈRE *de ce nom*, et la compagnie a entrepris sur les grès bigarrés des travaux considérables pour reconnaître les TERRAINS *houillers* SOUS-JACENTS ; deux sondages à grand diamètre, placés entre les houillères du Creusot et de Montchanin, ont atteint, le premier, 870 mètres de profondeur, et le second 575 ; ils ont pénétré dans le TERRAIN *houiller*, et s'ils n'ont pas rencontré de COUCHES DE HOUILLE, ils ont du moins démontré la possibilité d'en trouver ultérieurement..... On a dépensé un million de francs. »

Enfin, tout démontre que la propriété d'une houillère se compose du terrain qui contient *des couches de houille*, comme la propriété d'une carrière comprend le terrain qui renferme *des bancs de pierre*, et que la concession de la carrière ou de la houillère comprend tout-à-la-fois la propriété et le produit.

Mais, tant qu'on n'accordera pas au propriétaire de la surface *la juste indemnité* à laquelle il a droit, comme tout propriétaire *exproprié* pour cause d'utilité publique, on ne comprendra jamais qu'il puisse y avoir concession d'une propriété *sans indemnité*.

D'autre part, si le législateur de 1810 a maintenu entre les deux propriétés superposées la séparation dont le principe est posé dans l'article 552 du code Napoléon, il a voulu par là épargner au concessionnaire de la mine le paiement *immédiat* des deux propriétés, en ne l'obligeant à payer chacune d'elles qu'au fur et à mesure de la prise de possession.

En résumé, l'article 6 a pour objet de régler le prix du tréfonds concédé *comme mine*, détaché de la surface, et s'il n'y avait pas concession de la propriété *du terrain tout entier*, la seconde disposition de l'article 7 n'en eût pas interdit le partage ni la vente par lots sans une autorisation du gouvernement.

III

Erreurs dans l'application de l'article 43 de la loi de 1810.

Règle générale : d'après l'article 545 du code Napoléon, nul ne peut être contraint de céder sa propriété, si ce n'est pour cause d'utilité publique, et moyennant *une juste* et *préalable* indemnité ; c'est là un principe de *garantie* de la propriété, qui ne comporte qu'une légère exception et dans un seul cas.

La Cour de cassation, dans son arrêt solennel, rendu toutes Chambres réunies, le 3 mars 1841, a décidé que l'indemnité due à un propriétaire de mine *ne devait pas être préalable* (1) lorsque, pour cause d'utilité publique, il est obligé de subir l'expropriation d'une partie de sa propriété ou d'une partie des produits.

Mais, dans tout autre cas, l'indemnité doit être préalable, notamment lorsqu'il s'agit de déposséder le propriétaire de la surface d'un terrain permissionné ou concédé par le gouvernement, en vertu de la loi du 21 avril 1810.

En effet, l'article 10 de cette loi déclare aussi que nul ne peut faire des recherches pour découvrir une mine SUR UN

(1) Voir, page 102, la fin du 2ᵉ attendu.

TERRAIN *qui ne lui appartient pas*, que du consentement du propriétaire de la surface ou avec une permission du gouver-nement, donnée à la charge d'une *préalable* indemnité envers le propriétaire et après qu'il aura été entendu.

Le silence de la loi, en ce qui concerne le concessionnaire de la mine, indique qu'il n'a pas besoin d'autorisation; il doit seulement une indemnité de dépossession due au propriétaire exproprié, lorsqu'il établit ses travaux sur la surface de la mine; l'article 43 l'oblige, ainsi qu'il suit:

« Les propriétaires de mines sont tenus de payer les indemnités dues au propriétaire de la surface SUR LAQUELLE ils établiront leurs travaux. »

Quant au règlement de l'indemnité à payer, tant par les explorateurs que par les propriétaires de mines, le même article ajoute:

« Si les travaux entrepris par les explorateurs ou par les propriétaires de mines ne sont que passagers, et si le sol où ils ont été faits PEUT ÊTRE MIS EN CULTURE AU BOUT D'UN AN comme il l'était *auparavant*, l'indemnité sera *réglée* AU DOUBLE *de ce qu'aurait* PRODUIT NET le terrain endommagé. »

Le droit de s'emparer de la propriété d'autrui résulte, savoir: pour *l'explorateur*, de la permission qu'il a de fouiller le terrain; pour le *propriétaire* de la mine, de la concession du terrain, et ce droit ne souffre que la seule exception portée à l'article 11.

Personne ne conteste au propriétaire d'une mine le droit d'établir *à demeure*, sur la surface *de sa propriété*, des bâti-ments, machines, puits, galeries et autres travaux, déclarés immeubles par l'article 8, conformément à l'article 524 du code Napoléon.

Son droit de propriété sur le terrain concédé *comme mine* est dans l'acte de concession; et, pour lever toute incertitude sur ce point, il ne faut jamais oublier que, dans la loi de 1810, *terrain* et *mine* sont synonymes, ainsi que cela résulte, d'ailleurs, des observations qui ont été faites par M. le comte Berlier, dans la séance du 10 octobre 1809.

Quant à la juste indemnité qui doit être payée au propriétaire de la surface, et qui doit être *préalable à sa dépossession*, on vient de voir que, si les travaux ne sont que passagers, et si le sol peut être *mis en culture* AU BOUT D'UN AN, *comme il l'était* AUPARAVANT, l'indemnité à payer doit être réglée au double de ce qu'aurait produit net le terrain occupé.

Mais lorsque, *à la cessation de travaux* PASSAGERS, le terrain n'est pas rendu en état de culture, *comme ii l'était* AUPARAVANT, des dommages-intérêts sont dûs par les propriétaires de mines comme par les explorateurs, en réparation du préjudice causé au terrain, indépendamment de l'indemnité pour privation de jouissance *pendant l'occupation*.

La disposition de l'article 43 ne règle que la privation de jouissance, que le prix de la dépossession du propriétaire de la surface ; elle laisse subsister le droit commun pour le cas où le terrain occupé n'est pas mis en *culture* comme il l'était *auparavant*.

Si le législateur n'avait pas posé *une* BASE *à forfait* dans l'article 43, le propriétaire de la surface, au moment de sa dépossession, eût pu exiger des dommages-intérêts basés sur le préjudice causé à son domaine entier par le voisinage des travaux, placés quelquefois au centre, et les indemnités eussent été fixées sur le rapport d'experts.

Sans cette sage précaution, les propriétaires de mines eussent été exposés à payer des indemnités arbitraires, qui parfois auraient rendu impossible l'exploitation des mines ; tandis que *le double de la récolte accordé à forfait* semble concilier tous les intérêts, parce que ce double n'est pas une double indemnité ; souvent *il n'est même pas* la juste réparation du préjudice causé au surplus de la propriété.

Seulement, les propriétaires de mines, *eux seuls*, peuvent

être contraints à payer le terrain, tréfonds et surface, dans *deux circonstances* qui ne peuvent être invoquées contre les explorateurs, ainsi qu'on le verra au N° IV ci-après, et c'est là une remarque importante à faire.

Mais, à partir du jour de la prise de possession de la surface, le propriétaire de la mine doit le prix d'une sorte *de location* ANNUELLE *basée sur le double* de ce qu'aurait *produit net* le terrain occupé, tout le temps que dure l'*occupation* et dont le règlement est à faire d'après *la nature* du terrain et *le taux* des mercuriales, conformément au N° 3 de l'article 3 de la loi du 25 mai 1838, sur la compétence des juges de paix (1).

Le principe *de la location* a été spécialement consacré par l'arrêt de la Cour impériale de Dijon, du 29 mars 1854, en ces termes :

« Qu'il importe de remarquer que, si l'indemnité due au propriétaire de la surface, *dans le cas d'occupation*, a pu être basée sur le *produit net* des terrains, c'est parce qu'il s'établit PAR LA FORCE *même de la loi et par le fait* DE PRISE DE POSSESSION *une sorte* DE LOCATION au profit du concessionnaire dont il n'y a plus qu'à déterminer le prix. »

Le droit du concessionnaire ou du propriétaire de la mine est dans son titre de concession ; il n'a plus qu'à régler le prix de l'occupation d'après les bases fixées dans l'article 43 ; mais, en ce moment, on commet les plus graves erreurs dans l'application de cet article ; on ne voit pas que *le double du produit net* est une disposition *exceptionnelle* qui ne s'applique qu'*à la prise de possession* DES TERRAINS *sur lesquels* les propriétaires de mines établissent leurs travaux, et que ce double forme le *prix à forfait* de la location du terrain occupé.

On ne voit pas que l'indemnité accordée s'étend à toute la durée de l'occupation, et que le propriétaire de la mine, si les travaux ont été établis *à demeure*, conformément à l'article 524

(1) Voir T. II, de la *Propriété des Mines*, page 242.

du code Napoléon , est tenu de payer *une indemnité annuelle* , qu'il doit desservir jusqu'au remboursement du capital *au denier vingt* , selon les prescriptions de l'article 530 du même code.

On ne voit pas non plus que l'*occupation* donne lieu à un *quasi-contrat,* et que les *dommages causés* à la surface par les travaux sont un *quasi-délit* qui tombe sous l'application de l'article 1382 du code Napoléon ; mais comme on croit généralement *à une double indemnité*, on double toute espèce de préjudice causé par les travaux , en vertu de l'article 43 , sans remarquer que cet article ne règle que le prix d'une *location à forfait.*

Les propriétaires de mines eux-mêmes contribuent à entretenir ces erreurs dans les esprits ; ignorant la concession du terrain , ils offrent de régler au double *tous les dommages* causés par l'établissement de leurs travaux à la propriété de la surface , établissant seulement une distinction *pour les mêmes dommages* quand ils proviennent des travaux souterrains.

Dans le premier cas , ils se soumettent à l'application de l'article 43 ; dans le second , ils soutiennent que l'article 1149 du code Napoléon est seul applicable.

Cette distinction entre DEUX SORTES *de dommages* ET DEUX SORTES *d'indemnités* , à l'occasion du même terrain, quand le préjudice est à peu près le même , est difficile à comprendre et donne lieu aux plus grandes controverses : les mêmes tribunaux et les mêmes Cours impériales décident *pour* et *contre* (1) ; mais la Cour de cassation a été invariable sur ce point , elle a repoussé ce système , parce que l'article 43 ne distingue pas.

Le système des propriétaires de mines a eu pour résultat d'*égarer l'opinion des tribunaux,* qui accordent le double de

(1) Voir, T. II , de la *Propriété des Mines* , page 587.

toute espèce de dommages, et cet état de choses subsistera tant qu'ils ne reconnaîtront pas les vrais principes de la loi de 1810.

Ils n'éprouveraient ni embarras ni incertitudes s'ils reconnaissaient que tout le système de la loi de 1810 est de permettre au gouvernement de concéder à un tiers la propriété d'autrui moyennant une redevance *tréfoncière* payable *à partir de la concession* et une autre redevance *foncière* payable *à la prise de possession* de la surface, et tout le monde reconnaîtrait que l'article 43 ne s'applique qu'*à la prise de possession* réelle et effective de la surface par le propriétaire de la mine ou qu'*à la dépossession* réelle du propriétaire de la surface.

Il faut en un mot que le permissionnaire ou le concessionnaire soit en possession du terrain comme le serait tout fermier ou locataire, parce que l'article 43 ne règle que le prix d'une espèce de *location annuelle*.

IV

Erreurs dans l'application de l'article 44 de la loi de 1810.

La concession, comme mine, des terrains *reconnus pour contenir* les matières précieuses *énumérées* dans l'article 2 de la loi de 1810, est désormais démontrée d'une manière irréfutable.

Le propriétaire qui est complètement dépossédé de son terrain ou dont le terrain est rendu impropre à la culture, peut en exiger le paiement, en vertu de l'article 44; mais il ne peut contraindre que le concessionnaire propriétaire de la mine et non le permissionnaire simple explorateur.

Quelle que soit la durée de l'occupation du terrain ou quels que soient les dommages causés, l'achat du terrain *ne peut être exigé* de l'explorateur; celui-ci ne doit que l'indemnité d'occupation ou de location et la réparation du

préjudice causé pendant l'occupation : *n'étant pas concessionnaire du terrain*, il n'en doit jamais le prix.

En effet, l'article 44 ne peut être invoqué que contre les
propriétaires de mines et qu'à l'occasion de terrains occupés
pour l'exploitation ; voici ce que porte cet article :

« Lorsque l'OCCUPATION des terrains pour la recherche ou les
travaux de mines *prive* les propriétaires du sol *de la jouissance* DU
REVENU au-delà du temps d'une année, ou lorsque après les travaux
les terrains NE SONT PLUS PROPRES *à la* CULTURE, on peut exiger des
PROPRIÉTAIRES DE MINES l'acquisition des terrains *à l'usage* DE
L'EXPLOITATION....

» L'évaluation du prix sera faite, *quant au mode*, suivant les règles
établies par la loi du 16 septembre 1807, sur le dessèchement des
marais, titre XI ; mais le terrain à acquérir sera toujours estimé AU
DOUBLE *de la valeur* qu'il avait *avant* l'exploitation de la mine. »

L'article 44, et c'est là un point important, indique deux
circonstances où le propriétaire de la surface est en droit
d'exiger du propriétaire de la mine le paiement des terrains
à l'usage de l'exploitation, savoir :

1° Lorsque l'occupation ou la location *des terrains* se pro-
longe au-delà d'une année ;

2° Lorsqu'à la cessation des travaux entrepris *les terrains*
ne sont plus propres à la culture.

Dans ces deux cas, le prix des terrains doit être porté au
double de la valeur qu'ils avaient avant l'exploitation comme
mine ; ce double prix, on l'a déjà dit, *libère* le propriétaire
de la mine *des deux* redevances *tréfoncières* et *foncières*,
en ce qui concerne l'étendue de terrain payée.

Ainsi donc, au moyen de ce double prix, les propriétaires
de mines sont affranchis des redevances imposées par les
articles 6 et 43 ; telle est la cause du double prix.

L'article 44 est le complément de l'article 43 ; il en continue
les prescriptions en disant que « *lorsque l'occupation* prive le
propriétaire de la surface de son revenu *pendant plus d'une*

année, ou lorsque, à la cessation des travaux, les terrains *ne sont plus propres à la culture*, on peut exiger *des propriétaires de mines* l'acquisition des terrains *à l'usage* de l'exploitation. »

Ainsi, et c'est là ce qu'il faut bien remarquer, l'article 44 ne peut jamais être invoqué *contre les explorateurs* simples permissionnaires, quelle que soit la durée de l'occupation ou quels que soient les dégâts causés par eux ; le terrain fût-il complètement impropre à la culture *à la cessation des travaux*, le propriétaire de la surface n'a droit qu'à la réparation du dommage *d'après la règle commune*.

Les propriétaires de mines eux-mêmes ne sont tenus au paiement du terrain qu'*après une occupation* de plus d'une année ou que lorsque le terrain est rendu *impropre à la culture* ; hors de ces deux cas, ils ne doivent que la réparation du dommage *d'après le droit commun*.

De là il résulte, *en premier lieu*, que les explorateurs ne sont jamais tenus d'acquérir les terrains qu'ils occupent ou qu'ils endommagent ; *en second lieu*, qu'il en est de même des propriétaires de mines quand ils ne sont pas en possession depuis une année du terrain occupé ou quand le terrain n'est pas rendu impropre à la culture, et, *en troisième lieu*, que le propriétaire de la surface *ne peut invoquer que l'article* 1382 *du code Napoléon*.

Le règlement de tous les dommages causés *avant la concession* est déféré, en cas de contestations, au Conseil de préfecture, et lorsqu'il y a lieu à réparation de dommages faits aux champs, fruits ou récoltes, *après la concession*, la demande en indemnité doit être portée devant le juge de paix.

Les juges de paix sont exclusivement chargés de régler les dommages faits aux champs, fruits ou récoltes par l'homme, non-seulement parce que l'article 27 de la loi de 1791 n'a point été abrogée, mais aussi parce que l'article 10 de la loi de 1810 et 5 de la loi de 1838 leur attribuent ces sortes de dommages, à quelque valeur que la demande puisse s'élever (1).

L'article 44 contient des dispositions *exceptionnelles* qui ne peuvent être appliquées qu'aux deux cas spécialement prévus par cet article ; de telle sorte que les propriétaires de la surface seraient sans droit comme sans action, en vertu de l'article 44, si le droit commun ne s'appliquait aux dommages causés par les propriétaires de mines.

D'autre part, l'acquisition ne pouvant s'étendre qu'aux terrains *dont la concession a été prononcée* par le gouvernement et que des terrains *employés à l'usage de l'exploitation*, il est manifeste qu'en aucuns cas l'article 44 ne peut être appliqué qu'à des terrains et jamais à des bâtiments.

D'ailleurs comment serait-il possible d'appliquer les dispositions de la loi du 16 septembre 1807 sur le dessèchement des marais, titre XI, à un bâtiment et d'en doubler le prix, valeur que *le terrain* avait avant l'exploitation de la mine ? Tout concourt donc à démontrer que l'article 44 ne s'applique qu'aux terrains *occupés* ou qu'aux terrains rendus *impropres à la culture* (2).

Néanmoins, la Cour impériale de Dijon, imbue de cette idée de double indemnité pour toute espèce de dommage causé à la propriété de la surface, a, par arrêt du 24 mars 1858, *doublé le prix* D'UN BATIMENT, en application de l'article 44, dans l'espèce suivante :

Pendant l'exploitation, après les excavations pratiquées dans l'*intérieur de la mine*, un sieur Tremeau a établi sur la surface de la mine un bâtiment qui a été ruiné par un mouvement du sol ; le propriétaire de la mine a soutenu qu'il n'était pas responsable de l'accident, et, à la suite d'un

(1) Voir, T. II, de la Propriété des Mines, pages 242 et 639.
(2) Voir, page 52, nos observations sur les articles 43 et 44.

débat judiciaire, la justice l'a condamné à payer le bâtiment endommagé.

Les experts ont estimé le bâtiment à 6000 francs ; joignant à cela 800 francs pour frais de déplacement, le sieur Tremeau a doublé ces deux sommes et a demandé, en vertu de l'article 44, une indemnité de 13,600 francs.

Le propriétaire de la mine avait consenti à payer : 1° les 6000 francs, valeur du bâtiment endommagé, 2° les 800 francs de dommages-intérêts, 3° enfin tous les dépens, et il soutint que l'article 44 était sans application à l'espèce. Mais la Cour impériale de Dijon repoussa ces offres, en déclarant que les dispositions de cet article *sont générales* ; son arrêt porte :

« Considérant qu'il est reconnu par toutes les parties que les bâtiments appartenant à Tremeau ont subi de graves avaries par suite des travaux d'exploitation exécutés DANS L'INTÉRIEUR DE LA MINE par la Compagnie des houillères de Blanzy ; qu'ainsi Tremeau était bien fondé à réclamer *la réparation du préjudice causé.*

» Considérant que les experts nommés par les premiers juges ayant reconnu que le terrain ne pouvant être consolidé par des travaux dont l'exécution serait impossible, et que les deux corps d'habitation qu'il faudrait reconstruire en entier ne pouvaient l'être sur place, Tremeau a demandé que Jules Chagot et Cie fussent condamnés à lui payer *pour prix de ses bâtiments* et de leurs dépendances la somme de 12.000 francs, PAR APPLICATION *de l'article* 44 de la loi du 21 avril 1810, c'est-à-dire LE DOUBLE DE L'ESTIMATION *faite par les experts.*

» Considérant que, loin de soutenir qu'ils ne pouvaient être tenus d'acquérir les bâtiments endommagés, Jules Chagot et Cie ONT CONSENTI A FAIRE CETTE ACQUISITION, MAIS SEULEMENT AU PRIX D'ESTIMATION, c'est-à-dire moyennant 6,000 francs, se bornant à prétendre que l'article 44 de la loi du 21 avril 1810 *était sans application à la cause.*

» Considérant qu'en l'état où l'affaire se présente, il ne s'agit pas de savoir si l'article 44 précité doit recevoir son application lorsqu'il y a lieu à réparation d'un préjudice résultant pour le superficiaire de travaux entrepris par le tréfoncier ; mais qu'il s'agit simplement de décider si le propriétaire de la mine qui veut acquérir ou QUI CONSENT à *acquérir* une partie quelconque de la superficie, même pour échapper à une action en dommages-intérêts, peut se soustraire à l'application de l'article 44 ; que, réduite à ces termes, la question ne présente aucune difficulté sérieuse ;

» Qu'il est évident, en effet, que *la disposition* de cet article EST GÉNÉRALE et qu'elle s'applique *à tous les genres d'occupation civile*, soit qu'elle découle d'une décision de l'autorité administrative, soit qu'elle résulte d'un contrat volontaire ou judiciaire, soit même qu'elle ne repose que sur un *fait de prise de possession ;*

» Qu'il suffit de l'examen le plus superficiel pour se convaincre que, contrairement à la prétention de Chagot et Cⁱᵉ, l'article 44 de la loi du 21 avril 1810 *doit s'appliquer* avec plus de raison A LA PROPRIÉTÉ BATIE qu'à celle qui ne l'est pas, car le superficiaire DÉPOSSÉDÉ *de son habitation* éprouvera très-certainement un préjudice plus considérable que celui qu'IL AURAIT A SUBIR SI L'EXPROPRIATION *avait pour objet* UN PRÉ *ou un* CHAMP ;

» Qu'il suit de là que Chagot et Cⁱᵉ, DEMANDANT à *acquérir* les bâtiments de Tremeau et leurs dépendances *ou* CONSENTANT à *les acquérir*, CE QUI EST LA MÊME CHOSE, *doivent les payer au double de l'esti-mation.* »

Faisons remarquer tout d'abord que *consentir*, c'est subir la loi qui vous est imposée, tandis que *demander* ou *exiger*, c'est au contraire l'imposer ; dans tous les cas, le consentement était *conditionnel*, on ne consentait à payer que le prix d'estimation et les dommages *accordés en sus.*

Disons encore que l'article 44 ne s'applique qu'AUX TERRAINS *occupés* ou qu'AUX TERRAINS *impropres à la culture* et enfin qu'AUX TERRAINS *à l'usage de l'exploitation*, sur lesquels les travaux ont été établis, et jamais à des bâtiments, et que le double prix représente les deux redevances tréfoncière et foncière, qui forment le prix séparé des deux propriétés, celle de dessous et celle de dessus.

Au temps de la loi de 1791 on ne payait qu'une fois le terrain, parce que le concessionnaire ne payait qu'une indemnité pour dégâts causés à la surface ; dans ce temps-là, il n'était pas pro-priétaire du terrain, et il ne payait rien pour la concession de la substance minérale.

Ainsi le double prix n'est que le rachat des deux redevances qui sont imposées au propriétaire de la mine lorsqu'il dépossède complètement le propriétaire *exproprié* de son terrain.

Dans tous les cas, accorder le double prix de constructions établies sur un terrain *ruiné* ou *excavé*, ce serait encourager une odieuse spéculation, qui aurait pour résultat inévitable de paralyser l'exploitation des mines et de ruiner les propriétaires souterrains.

La théorie admise par les tribunaux dans l'affaire Tremeau, qui a donné lieu à l'arrêt de la Cour impériale de Dijon du 24 mars 1858, et celle adoptée par le comité houiller de France, produisent aujourd'hui de funestes résultats, en reconnaissant que « *le fait de la concession ne doit pas avoir pour conséquence de* DÉPOUILLER *le propriétaire de la surface d'aucun* DE SES DROITS (1). »

En effet, un propriétaire de *la surface d'une mine*, n'ayant tenu aucun compte de l'avertissement qui lui a été donné par le propriétaire de la mine, vient de bâtir sur un terrain *concédé* et déjà *miné* par l'extraction souterraine.

Quant à présent, ni la surface de la mine, ni la maison bâtie *au-dessus des excavations*, n'ont éprouvé de dommages, néanmoins le propriétaire *de la surface* demande au tribunal de Chalon-sur-Saône d'ordonner que des travaux soient pratiqués *dans l'intérieur de la mine* pour prévenir tout mouvement de terrain, et qu'à défaut de cette précaution le propriétaire *de la mine* soit condamné à lui payer une somme de soixante-quatre mille francs, le double prix de sa propriété *excavée*.

Dans sa demande, le sieur Ducrot expose qu'il est propriétaire de divers corps d'héritages d'une contenance totale de 5 hectares 44 ares 80 centiares et d'une maison, situés à

(1) Voir, page 157, fin du 2me alinéa.

Montceau-les-Mines, lieu dit *le Magny*, à une distance d'environ 250 mètres d'un puits ouvert par la compagnie des mines de houille de Blanzy, et dit :

« Que par un acte récent, MM. Jules Chagot et Cⁱᵉ, gérants de cette compagnie, ont fait notifier à l'exposant, qu'étant propriétaires des mines de houille de Blanzy, Sᵗ-Vallier, Montceau-les-Mines et lieux environnants, ils sont fondés à s'opposer aux constructions que l'exposant fait édifier au lieu dit le Magny, sur l'un des héritages plus haut relatés, sur une partie *qui était déjà excavée* par des galeries souterraines, et qu'il pourrait y avoir des affaissements dont ils repousseraient la responsabilité.

» Qu'en effet *l'exposant s'est assuré* que soùs toute sa propriété des affouillements ont été exécutés jusqu'à plus de 20 mètres de hauteur ; que les piliers de support ont été détruits et qu'il y aurait danger soit à habiter sa maison, soit même à cultiver ses terres. — Que la compagnie se refuse à exécuter *des travaux de soutènement*; qu'il y a cependant la plus grande urgence à ce que des travaux soient exécutés.

Le sieur Ducrot, à la suite de cet exposé, a demandé et obtenu la permission, attendu l'urgence, d'assigner extraordinairement la compagnie des mines de Blanzy par-devant le tribunal de Chalon-sur-Saône, pour :

« Voir dire que, dans les huit jours du jugement à intervenir, elle sera tenue d'exécuter *tous les travaux nécessaires* pour soutenir la voûte de la mine et le sol qui la couvre, de manière à prévenir tout accident ; et, faute par elle de ce faire dans ledit délai, voir autoriser l'exposant à faire exécuter lesdits travaux aux frais, risques et périls de la compagnie, sous la direction de tels experts qu'il plaira au Tribunal commettre, et en cas où les travaux seraient reconnus impossibles, s'entendre condamner à payer au requérant la somme de SOIXANTE-QUATRE MILLE *francs* pour valeur au double de sa propriété. »

Pour apprécier cette demande, il est indispensable de savoir comment on exploite les mines et par qui les mesures de sûreté doivent être prescrites ; de connaître les droits, les devoirs des propriétaires de mines, la nature de leurs propriétés, et enfin les droits laissés aux propriétaires de la surface des mines.

1. La loi de 1810 ne trace aucune règle pour l'exploitation des mines ; seulement, à l'article 1er, elle dit que *les masses* de substances minérales ou fossiles SONT RENFERMÉES *dans le sein de la terre* ou EXISTENT *à la surface*, et il en résulte que le mode employé pour les extraire dépend uniquement de la disposition des gisements.

L'exploitation a lieu par *tranchées à ciel ouvert* lorsque les masses de substances minérales ou fossiles sont *à la surface de la terre*, ou par puits et galeries souterraines lorsqu'elles sont enfouies *dans le sein de la terre*, à une profondeur telle que le premier mode d'extraction devient impossible.

Pour l'exploitation souterraine de la houille, par exemple, on ouvre à la surface un puits dont le forage se continue jusqu'à ce qu'on rencontre la couche de houille ; arrivé à cette couche, on la perce et l'on trace un réseau de galeries horizontales qui découpent le massif en piliers rectangulaires, et c'est après ce *travail préparatoire* qu'on procède *au dépilage* et que commence *la véritable exploitation*.

Les piliers de houille qui soutiennent le *toit du mineur* sont enlevés successivement, et l'ouvrier bat en retraite, se rapprochant chaque jour du puits ; dans la partie dépilée l'effet est le même que si l'on avait enlevé une tranche de terre de l'épaisseur de la couche de houille, et à mesure que les piliers sont détruits le *toit du mineur* tombe naturellement derrière lui.

Les *remblais* provenant de l'affaissement des terres *foisonnent* et remplissent bientôt les cavités ; puis un tassement se produit pendant un temps plus ou moins long, jusqu'à ce que les vides soient parfaitement comblés, et lorsque l'exploitation a lieu à une grande profondeur le foisonnement des terres empêche que la surface ne s'affaisse.

En effet, le foisonnement des terres donne 50 pour 100 ; de telle sorte que 30 mètres *de remblais* en produisent 45, et les cavités produites par l'enlèvement d'une couche de houille d'une épaisseur de 15 mètres se trouveraient complètement remplies par la chute de 30 mètres d'épaisseur de terre, s'il ne se produisait ultérieurement un tassement qui réduit le foisonnement *à un cinquième*.

Mais les excavations à 200 mètres de profondeur, fussent-elles de 15 ou de 20 mètres de hauteur, peuvent parfois ne causer aucun préjudice à la surface.

Tandis que, lorsque la couche de houille n'est qu'à 50 mètres de profondeur, le sol, après l'enlèvement de cette couche, devient mouvant et n'est plus en état de supporter des constructions ; mais lorsque les constructions précèdent l'extraction, il est impossible d'enlever la houille qui est au-dessous, et l'exploitation de la mine se trouve par le fait frappée d'interdit.

D'autre part, lorsque la situation des lieux indique naturellement le port ou l'entrepôt d'une grande exploitation, il serait facile d'empêcher le propriétaire d'une mine d'arriver à son entrepôt général au moyen de nouvelles constructions ou enclos, qui lui interdirait tout passage ou chemin, si l'article 11 protégeait les établissements de création nouvelle.

Tout cela démontre que le *statu-quo* est forcément imposé sur la surface du périmètre d'une mine, sinon que toute exploitation pourrait devenir impossible.

II. S'il y avait nécessité d'exécuter des travaux de sûreté *dans l'intérieur d'une mine*, de manière *à prévenir tout accident* sur la surface de la mine, le maître de cette surface devrait s'adresser à l'autorité administrative, chargée par les articles 47, 48, 49 et 50 de la loi de 1810 *de la surveillance* de l'exploitation des mines ; ces articles portent :

« Art. 47. Les ingénieurs des mines exerceront, sous les ordres du ministre des travaux publics et des préfets, *une surveillance* de police pour la conservation *des édifices* et la sûreté *du sol*.

» ART. 48. Ils observeront la manière dont l'exploitation sera faite, soit pour *éclairer* le propriétaire sur ses *inconvénients*, soit pour *avertir* l'administration des *vices*, *abus* ou DANGERS QUI S'Y TROUVERAIENT.

» ART. 49. Si l'exploitation est *restreinte* ou *suspendue* de manière à inquiéter *la sûreté publique* ou le besoin des consommateurs, les préfets, après avoir entendu les propriétaires, en rendront compte au ministre des travaux publics, pour y être pourvu ainsi qu'il appartiendra.

» ART. 50. Si l'exploitation compromet *la sûreté publique*, la conservation des puits, *la solidité* DES TRAVAUX, *la sûreté* DES OUVRIERS ou DES HABITATIONS DE LA SURFACE, il y sera pourvu *par le préfet*, ainsi qu'il est pratiqué en matière de grande voirie et selon les lois. »

L'instruction ministérielle donnée pour l'exécution de la loi, le 3 août 1810, au § V, porte aussi :

» L'exécution de la loi de 1810 présente deux sortes d'actions distinctes de l'autorité publique.

» 1° L'action *administrative*, qui constate la nature de l'objet, en établit la propriété, *la surveille* et *la protège* sous le rapport DE SURETÉ PUBLIQUE et DE SURETÉ INDIVIDUELLE, et sous celui des avantages commerciaux.

» 2° L'action *judiciaire*, qui a pour objet le maintien des droits légitimes, la répression des contraventions auxquelles peut donner lieu *la propriété* des mines, minières et carrières, soit entre les exploitants, soit entre ceux-ci et les propriétaires de la surface ou autres personnes. »

Mais si, par négligence ou par imprévoyance, les ingénieurs des mines ou gardes-mines préposés à la surveillance des travaux exposaient les édifices de la surface à un danger réel, les propriétaires de ces édifices devraient s'adresser directement *aux préfets*, qui, selon l'imminence du danger, pourraient prescrire d'urgence des mesures de sûreté ou la suspension des travaux, conformément au décret du 3 janvier 1813.

» C'est l'autorité administrative, dit la circulaire du 10 mai 1843, qui doit prescrire et faire exécuter d'office les mesures nécessaires pour garantir *la sûreté publique*. La présence des ingénieurs est essentielle pour *indiquer* et diriger au besoin les ouvrages à effectuer. »

De tous ces documents il résulte suffisamment que les tribunaux ordinaires sont incompétents pour ordonner des travaux *dans l'intérieur d'une mine*; il est dès-lors superflu d'insister sur ce point (1).

III. Les droits des propriétaires de mines sont indiqués dans les articles d'exécution de la loi de 1810, notamment dans les articles 8 et 11.

L'article 8, en déclarant que les bâtiments, machines, puits, galeries et autres travaux *établis à demeure* sont immeubles, conformément à l'article 524 du code Napoléon, indique d'une manière incontestable que le propriétaire d'une mine a le droit de bâtir et d'établir toute espèce de travaux sur *la surface de sa propriété*, et que, moyennant indemnité, il peut disposer en maître absolu *du terrain concédé* comme peut le faire tout propriétaire d'un fonds.

L'article 11, en désignant les lieux et les terrains sur lesquels la concession *ne donne aucun droit*, sans le consentement formel du propriétaire de la surface à déposséder, indique encore que, partout ailleurs et dans toute l'étendue du périmètre concédé, le concessionnaire a le droit de disposer du terrain, *depuis la surface jusqu'au centre de la terre*, soit pour une exploitation à ciel ouvert, soit pour une exploitation par puits et galeries souterraines.

Or, on a vu que le mode employé pour l'exploitation d'une mine n'est pas abandonné à la volonté et aux combinaisons particulières de l'exploitant; il dépend des gisements de la matière minérale, et l'exploitant est tenu par la loi d'enlever tous les gisements de sa concession.

La force des choses peut donc amener et contraindre même le propriétaire de la mine à excaver et à bouleverser *de fond en comble* le terrain concédé *partout où la substance minérale se trouve*.

IV. Les devoirs des propriétaires de mines sont inscrits dans

(1) Voir, t. I, de la *Propriété des Mines*, page 363, et t. II, pages 619 et 636.

l'article 49 de la loi de 1810 ; ils ne sont pas libres de renoncer à exploiter ou d'aliéner une portion quelconque du terrain concédé, ni de suspendre ou de restreindre leurs exploitations ; la société attend le produit des mines pour subvenir à ses besoins, et la prospérité publique serait compromise si les mines n'étaient pas toujours en exploitation.

M. Sauzet, rapporteur devant la Chambre des députés sur le projet de la loi sur les mines du 27 avril 1838, disait :

Le principe fondamental (de la loi) est posé, le concessionnaire doit EXPLOITER DANS L'INTÉRÊT PUBLIC, et si l'intérêt public est compromis. le gouvernement *le protège* par des mesures dont l'opportunité et *la nature* sont déterminées par lui....

» Cela posé, il a paru impossible à votre commission de trouver ailleurs *que dans la dépossession* du concessionnaire *récalcitrant* un moyen d'exécution plus efficace. »

M. d'Argout, rapporteur devant la Chambre des Pairs du projet de la même loi, s'exprimait ainsi :

« L'EXPROPRIATION POUR CAUSE D'UTILITÉ PUBLIQUE ne s'exerce que pour changer la nature de la propriété et pour l'affecter *à un usage public.* — Or, qu'est-ce qu'une concession ? *un contrat* par lequel le gouvernement confère à certains particuliers *des biens* d'une valeur souvent très-considérable, *mais sous la condition formelle* DE LES EXPLOITER *dans l'intérêt général de la société.* »

Le propriétaire d'une mine est donc tenu d'exploiter dans l'intérêt général de la société ; il doit conduire une exploitation constante et surmonter tous les obstacles, et il n'a pas seulement *le droit* de pratiquer des excavations, mais c'est pour lui *un devoir* qu'il a accepté et qu'il doit remplir.

Le propriétaire de la surface ne peut dans aucun cas paralyser cette exploitation, et quels que soient les travaux exécutés ou les excavations pratiquées *dans l'intérieur de la mine,* ils n'autorisent une action en indemnité contre l'exploitant que lorsqu'un affaissement s'est produit à la surface de la mine et qu'il en est résulté un dommage.

V. La nature de la propriété d'une mine ou d'une *houillère* n'est pas différente de celle d'une *minière*, d'une *carrière*, d'une *tourbière*, d'une *platrière*, d'une *marnière*, d'une *sablière* ou de toute autre propriété *territoriale ;* elle se compose du terrain concédé, et cette concession résulte de plusieurs articles d'exécution de la loi de 1810, notamment des articles 12, 29 et 43.

L'article 12, en disant que dans aucun cas les recherches ne pourront être autorisées *dans un terrain déjà concédé*, et d'autre part, le rapport de M. de Girardin, déclarant que les recherches sont exclusivement réservées au concessionnaire *dans un terrain déjà concédé*, ne fournissent-ils pas de bonnes preuves qu'il y a concession *du terrain* pour que la matière minérale en soit extraite partout où elle se trouve et dans toute l'étendue du périmètre concédé, sous la seule exception portée à l'article 11 ?

L'article 29, en disant que l'étendue de la concession est déterminée par l'acte de concession et que *les limites* de la propriété concédée *partent de la surface jusqu'à une profondeur indéfinie*, n'indique-t-il pas que tous les terrains compris dans le périmètre limité forment la propriété de la mine, et qu'on ne doit en excepter que ce qui est exclu de la concession par la loi ou par l'acte même de concession.

L'article 43, dans sa première disposition, en disant que les propriétaires de mines sont tenus de payer les indemnités dues au propriétaire de la surface sur laquelle *ils établiront leurs travaux*, reconnaît certainement que les propriétaires de mines, moyennant indemnités, ont le droit d'établir des travaux partout où les gisements de la substance minérale à extraire se trouvent *sous la seule exception des lieux réservés.*

Du reste, quand on sait que les gisements de la matière minérale à extraire existent *depuis la surface de la terre jusqu'à une profondeur indéfinie ;* quand on sait également que les propriétaires de mines ont *le droit* et *le devoir* d'exploiter tous ces gisements *partout où ils se trouvent*, et que ce droit et ce devoir *sont perpétuels*, peut-on contester la concession perpétuelle du terrain qui les renferme ?

On peut d'autant moins contester cette concession que les articles 6, 18, 42, 43 et 44 ont pour objet d'en régler le prix.

VI. Les droits des propriétaires de la surface, après la concession des terrains, sont en effet déterminés par les articles 6, 18, 42, 43 et 44 de la loi de 1810 et par deux arrêts remarquables de la Cour suprême.

L'article 6, en exigeant que *les droits* des propriétaires de la surface sur le produit des mines concédées soient réglés par l'acte de concession, reconnaît leurs droits de propriété *sur les mines* et a pour but de les associer à l'exploitation et *aux produits que leur chose donne*, suivant ce qui a été dit par l'Empereur dans la séance du Conseil d'État du 8 avril 1809.

L'article 18, en réunissant l'indemnité accordée aux propriétaires de la surface par l'article 6 *à la valeur de la surface*, indique que ces propriétaires, au moyen de cette indemnité, ne conservent que la jouissance ou la valeur de la propriété de la surface jusqu'à ce que les besoins de l'exploitation de la mine exigent leur dépossession.

L'article 42, en établissant que les droits attribués aux propriétaires de la surface par l'article 6 doivent être fixés par l'acte de concession, veut que l'association de ces propriétaires soit réglée conformément à ce qui a été dit par l'Empereur dans la séance du 8 avril 1809.

Si l'on observe que la seconde disposition de l'article 43 prend pour base de l'indemnité de dépossession de la surface *ce qu'aurait produit net le terrain* occupé par les travaux, on doit en conclure que le propriétaire de la surface n'a droit qu'au produit de la superficie de la propriété concédée.

L'article 44 autorise le propriétaire de la surface à exiger le paiement du terrain concédé lorsque les travaux établis sur la surface l'ont *privé de son revenu* pendant plus d'une année, ou quand *le terrain n'est plus propre à la culture;* cela indique que ce propriétaire ne peut qu'*exploiter* et *cultiver* la propriété qui lui est laissée en jouissance, comme l'ont dit d'ailleurs les rédacteurs de la loi (1).

La Chambre civile de la Cour de cassation a décidé que l'article 11 de la loi de 1810 ne peut être appliqué aux établissements *formés après la concession* de la mine, et par là ne permet au propriétaire de la surface d'établir de nouvelles constructions sur une mine concédée qu'à leurs risques et périls.

La même Chambre et toutes les Chambres réunies de la Cour suprême, en décidant encore que le propriétaire d'une mine n'est pas obligé de subir la perte d'une partie de sa concession *à raison* DE LA CRÉATION *d'un établissement nouveau,* imposent implicitement *le statu-quo* sur la surface d'une mine, par respect pour la propriété concédée, et déclare que le maître de la surface ne peut bâtir qu'autant que ses constructions ne seront pas nuisibles à l'exploitation de la mine (2).

M. Dalloz, dans une dissertation insérée dans son recueil de jurisprudence, à la suite de l'arrêt solennel de la Cour suprême, nous dit:

« Les BATIMENTS et CONSTRUCTIONS QUI EXISTAIENT dans le périmètre de la concession *avant qu'elle ait été faite* DOIVENT ÊTRE CONSERVÉS; c'est là une charge de la propriété que cette concession a pour effet de constituer, et dès-lors le concessionnaire ne pourra se plaindre des mesures administratives qui tendent *à protéger* les constructions; car il a dû prendre les choses dans l'état où elles se trouvaient, *avec toutes les servitudes* DÉJA ÉTABLIES.

» A cet égard le concessionnaire n'est pas dans une position différente de celle DE TOUT ACQUÉREUR *qui achète* UN IMMEUBLE *grevé de servitudes.* — Mais est-ce à dire que le propriétaire de la superficie

<hr>

(1) Voir, page 91, tout le § 7.
(2) Voir, page 95, tout le § 8.

pourra impunément faire de nouveaux travaux *après la concession*, et réclamer en leur faveur *le même privilège* QUE POUR LES OUVRAGES ANCIENS? NON !

» Le propriétaire de la surface DOIT RESPECTER *la propriété de la mine*, de même que le concessionnaire doit respecter la sienne ; *il se trouve désormais* EN PRÉSENCE D'UN TIERS DONT LES DROITS ne sont pas *moins* CERTAINS, *moins* LÉGITIMES que les siens....

» Mais, dit-on, tout le périmètre de la mine, et il peut comprendre plusieurs lieues, sera donc frappé d'*interdiction* PERPÉTUELLE *de bâtir?* — Cette objection séduit au premier abord ; cependant, comme à sa faveur on réclame un droit qui n'irait à rien moins qu'à *faire périr*, au gré du superficiaire, LE DROIT DE PROPRIÉTÉ que la loi de 1810 a consacré au projet du concessionnaire de la mine, elle doit être écartée *à cause de sa trop* GRANDE PORTÉE.... »

On s'effraie de l'*interdiction perpétuelle de bâtir* sur la propriété concédée, comme s'il était permis de bâtir *sur la propriété d'autrui*, et au premier abord on ne veut pas admettre une pareille interdiction ; mais il suffit de réfléchir que LE DROIT *de propriété*, que la loi de 1810 a consacré au profit du concessionnaire de la mine, *serait à la merci* du propriétaire de la surface, pour reconnaître que tous travaux *nuisibles* à l'exploitation de la mine doivent être formellement interdits.

Du jour de la concession, dit M. Dalloz, le propriétaire de la surface *se trouve en présence d'un tiers* dont les droits ne sont pas moins *certains*, moins *légitimes* que les siens ; le concessionnaire d'une mine est dans la position *de tout acquéreur* qui achète un immeuble, dont la propriété lui est garantie *à perpétuité* par l'article 7 de la loi de 1810.

C'est en effet ce que la Cour suprême a décidé dans les deux arrêts remarquables que nous avons rapportés ; les droits des deux propriétés superposées y sont définis d'après *les articles d'exécution de la loi*, et le propriétaire de la surface ne peut bâtir qu'à la condition de ne pas gêner l'exploitation de la mine.

VII. Les droits des deux propriétés superposées ne sont pas

définis *par une disposition spéciale* de la loi de 1810; le législateur s'est volontairement abstenu de les définir; mais il a suppléé à cette lacune volontaire *par des articles d'exécution,* et quand on étudie avec soin toutes les dispositions de cette loi on est amené et par les textes et par la force des choses à trouver *tous les éléments d'une définition bien complète.*

Légalement, le propriétaire de la surface n'a plus qu'un droit de culture; on ne l'a pas dit sous cette forme *nette* et *explicite*, parce qu'on pensait qu'il lui serait permis de bâtir encore *à ses risques et périls*, pourvu qu'il ne cause aucun préjudice à l'exploitation des mines.

Il résulte de là que le propriétaire de la surface a autant de droit *après* qu'*avant* la concession, et n'est gêné seulement que par cette obligation nouvelle *de ne pas nuire* au propriétaire de la mine dans toute l'étendue de sa propriété, et c'est là ce qui a été décidé par la Cour de cassation.

Dans la séance du Conseil d'État du 9 janvier 1810, lorsque M. le comte Jaubert proposa de décider que le concessionnaire deviendrait *plein propriétaire de la mine,* à la charge de payer une indemnité au propriétaire, il y eut une vive opposition de la part de M. Regnault de Saint-Jean-d'Angély, disant que la proposition se reportait au premier point de la discussion ; que ce système rendrait le concessionnaire de la mine propriétaire *du dessus* et *du dessous* du terrain concédé comme mine, et que le propriétaire de la surface *cesserait de l'être* DANS TOUTE L'ÉTENDUE DE LA CONCESSION.

C'est alors que M. le comte Boulay fit observer : « *Qu'il serait* PRUDENT DE S'ABSTENIR *de toute définition, de n'insérer dans le projet que* LES ARTICLES D'EXÉCUTION. »

L'Empereur ajouta : « Il faut établir en principe que le propriétaire du dessus l'est aussi du dessous, à moins *que le dessous* NE SOIT CONCÉDÉ *à un autre*, auquel cas il reçoit une indemnité à raison de la privation *de la jouissance* DU DESSUS. »

La *prudence* exigeait en effet *de ne rien définir*, parce qu'il était à peu impossible de préciser d'une manière certaine les droits du propriétaire de la surface en dehors *de son revenu* et *de son droit de culture* sur le terrain concédé comme mine.

L'Empereur a néanmoins déclaré formellement que ce propriétaire *cesserait de l'être* de la propriété *du dessous* à partir de la concession, et que dans ce cas il recevrait une indemnité pour privation *de la jouissance du dessus*.

VIII. La propriété *de la surface d'une mine* est naturellement une propriété *superficielle*, sans profondeur ; le nom donné à cette propriété de la surface du périmètre du terrain concédé *comme mine* indique suffisamment *sa nature* et que le maître de cette surface n'a rien à voir ni à prétendre *au-dessous de sa propriété*, dans l'intérieur de la mine.

Si, à partir du jour de la concession d'une mine, il y a dans un même carré de terrain deux propriétés distinctes : *la mine* et *la surface* (de la mine), les limites ne peuvent être établies qu'au moyen d'une *séparation horizontale*.

Le propriétaire de la surface n'a point à se plaindre des excavations pratiquées *dans la mine* tant qu'il peut *exploiter* et *cultiver* la surface dont la jouissance lui est abandonnée ; ses droits *sont définis* dans les articles 43 et 44.

Il ne peut bâtir ou créer de nouvelles constructions qu'à ses risques et périls ; la loi ne les protège pas, parce qu'elle ne peut imposer aux propriétaires de mines deux obligations contradictoires : celle d'exploiter la mine *quand même* et celle de respecter tous les établissements nouveaux ou anciens créés à la surface.

IX. Le droit commun régit toutes les propriétés sans exception, à moins qu'une disposition spéciale de la loi n'ait dérogé à la règle générale.

Lorsqu'un dommage quelconque est causé à la propriété de la surface, la réparation doit en être faite d'après les règles ordinaires ; seulement, lorsque les travaux de la mine arrivent sous les maisons ou lieux d'habitation, ou dans leur voisinage immédiat, un cautionnement peut, aux termes de l'article 15 de la loi de 1810, être exigé de l'exploitant pour assurer la *valeur* de l'édifice et non *la double valeur*.

Mais si le propriétaire de la surface vient lui-même s'exposer au danger ; s'il bâtit, quoiqu'il sache bien qu'en vertu de la loi et dans l'intérêt de la société toute entière le terrain sera miné ou excavé, et peut-être bouleversé de fond en comble, que peut-il exiger en réparation de dommages ?

S'il est même assez imprudent pour établir des constructions au-dessus d'excavations déjà faites, pourra-t-il demander le prix de ces constructions ruinées par un mouvement du sol, et surtout le double de ce prix ?

Le propriétaire d'une mine doit exploiter dans l'intérêt public, à moins qu'un autre intérêt plus grave l'emporte sur celui qui est attaché à l'exploitation des mines ; dans ce cas, l'article 50 de la loi de 1810 confère à l'autorité administrative le droit de pourvoir à la conservation des puits, à la solidité des travaux de la concession et à la sûreté des habitations de la surface.

« Mais, dit la Cour suprême, toutes Chambres réunies, cette disposition n'altère en rien LE DROIT de *propriété* du concessionnaire, et ne lui impose pas l'obligation DE SUBIR LA PERTE D'UNE PARTIE de sa concession, *à raison* DE LA CRÉATION D'UN ÉTABLISSEMENT NOUVEAU, *sans une juste indemnité.* »

De deux choses l'une : ou le propriétaire de la mine fera supprimer *sans indemnité* l'établissement nouveau, ou il aura droit à une indemnité *si la création* d'un établissement nouveau paralyse ses travaux.

La raison et l'équité qui ont dicté les arrêts remarquables de la Cour suprême le veulent ainsi (1), et l'article 48 du titre XI de la loi du 16 septembre 1807 veut également que

(1) Voir page 103, 2e et 3e alinéa.

les constructions établies sans droit soient démolies sans indemnité, si l'intérêt public l'exige.

Cependant, la Cour impériale de Dijon a marché dans une voie opposée; elle est allée jusqu'à accorder *le double prix de bâtiments* créés au-dessus d'excavations souterraines, par application de l'article 44 de la loi de 1810 (1); cette jurisprudence laisserait le champ libre *à des spéculations déloyales*, si un prompt changement n'y était apporté.

X. Les conclusions que l'on doit tirer des principes de la loi de 1810 se trouvent énoncées d'abord dans le rapport que M. le comte Regnault de Saint-Jean-d'Angély fit dans la séance du 3 février 1810, lorsqu'il dit que les concessions *seront à perpétuité*; que les concessionnaires jouiront de leur propriété de manière à en conserver *la jouissance à nos neveux*, et qu'ils doivent regarder *leurs mines* COMME L'HÉRITAGE DE LEURS ENFANTS (2).

Dans la séance du 13, même mois, l'Empereur mit fin au célèbre débat qui durait depuis *quatre années*, en disant:

« Pour ce qui est relatif aux mines, LE DROIT DE PRÉLEVER *une redevance sur le produit des mines* DÉRIVE DE LA QUALITÉ DE PROPRIÉTAIRE DU DESSUS; mais c'est à la redevance que se borne ce droit, lorsqu'il s'agit d'une exploitation de mine, et CETTE RESTRICTION *nous place dans la seconde* disposition de l'article 552 du code Napoléon (3). »

D'après l'Empereur, le propriétaire dont le terrain est concédé *comme mine* a droit à une redevance sur le produit de la mine; mais c'est à cette redevance que se borne *son droit* de propriété; après la concession il n'a plus que la propriété *du dessus* ou *de la surface*, car tous les articles d'exécution de la loi aboutissent à ce système.

(1) Voir page 175, 3e alinéa et page suivante.
(2) Voir page 27, 2e et 3e alinéa.
(3) Voir page 28, 1er alinéa et page suivante.

En résumé, quelle que soit *la nature* de la propriété d'une mine ou celle de la surface, il résulte de diverses dispositions de la loi, notamment du mode employé pour l'extraction de la matière minérale, que le propriétaire d'une mine, ayant le droit et le devoir d'extraire cette matière partout où elle se trouve, peut disposer de tout le terrain compris dans le périmètre de sa concession pour être fouillé et pour en extraire les richesses qu'il contient.

V

Causes des erreurs sur l'interprétation de la loi de 1810.

Les erreurs que l'on commet dans l'interprétation de la loi de 1810 résultent de ce que généralement on ignore que cette loi a seulement pour objet de donner au gouvernement *le droit de disposer* des propriétés *territoriales* reconnues pour contenir *des richesses nationales*, comme l'or, l'argent, etc., et de régler les conditions *de la concession* des terrains composant ces sortes de propriétés.

La loi de 1810 ne contient des dispositions *exceptionnelles* que pour régler l'exercice du droit que le gouvernement accorde ; ces dispositions ne peuvent être invoquées que lorsque le permissionnaire ou le concessionnaire *veut prendre possession* de la propriété permissionnée ou concédée, et, comme les exceptions sont de droit étroit, on ne peut appliquer les dispositions exceptionnelles de cette loi en dehors des cas *spécialement prévus*.

Le plus difficile était de trouver *le secret* de concéder une propriété sans obliger le concessionnaire à en payer le prix *au moment de la concession*, c'était là *un grand problème* qui a été résolu de la manière la plus satisfaisante, la plus favorable aux intérêts de la société.

Mais la solution n'en a jamais été bien comprise, et aujourd'hui on fait une fausse application des articles 6, 11, 43 et 44 de la loi de 1810, parce qu'on ne veut pas voir avec l'arrêt solennel de la Cour suprême du 3 mars 1841, que l'article 7 DÉROGE AU DROIT *de propriété* conféré par l'article 552 du code Napoléon et AUTORISE UNE EXPROPRIATION *pour cause d'utilité publique*, afin d'assurer *à perpétuité* l'exploitation des richesses nationales *renfermées* dans le sein de la terre ou *existantes à la surface*, et de fait on reste dans le système de la loi de 1791.

Il faudrait, avant tout, commencer par reconnaître que la -propriété d'une mine n'est pas d'une autre *nature* que les autres propriétés *territoriales*, et que les articles 5 et 10 de la loi de 1810 donnent au gouvernement le droit de concéder ou de permissionner *la propriété d'autrui*, depuis la surface jusqu'à une profondeur indéfinie, pour en extraire les matières précieuses qu'elle contient, *partout où elles se trouvent*.

LA SURFACE *de la mine* concédée aux termes de l'article 19 forme une propriété *distincte*, et le propriétaire *exproprié* ne possède plus que *cette surface*, pour *l'exploiter* et *la cultiver* COMME IL LUI PLAÎT, a dit M. LOCRÉ (1), et ainsi que cela a été dit dans la séance du conseil d'État du 10 octobre 1809.

Le droit conféré au gouvernement par les articles 5 et 10 n'est pas contesté ; chacun au contraire obéit aux prescriptions de la loi en cédant *sa possession* au fur et à mesure des besoins des travaux du permissionnaire ou du concessionnaire.

Mais on est loin de soupçonner que la permission ou la concession du gouvernement est une *véritable* EXPROPRIATION *provisoire* ou *définitive*, et alors on ne comprend pas la nécessité *de distraire* DU PÉRIMÈTRE *de terrain* demandé en concession les *habitations*, les *enclos murés* et les *terrains attenants*.

Aussi l'article 11, édicté pour désigner les lieux et les

____

1. Voir, pages 193, 2ᵐᵉ alinéa.   13

terrains sur lesquels la permission ou la concession ne donne *aucun droit*, est-il encore *une énigme* qu'on n'a pas pu résoudre *depuis cinquante ans*.

On ne voit pas non plus que *le plan* RÉGULIER *de la surface*, prescrit par l'article 30, a pour objet de faciliter l'application de l'article 11, en ce qu'il doit indiquer *ce qui existe sur la surface* et *les noms des propriétaires*, afin d'empêcher que, par de nouvelles constructions ou par des acquisitions, les concessionnaires ne soient, en vertu de l'article 11, privés d'une partie de la propriété qui leur a été concédée.

Du reste, cet article ne peut jamais être opposé à celui qui établit *chez lui* un magasin, un chemin ou qui sonde *on terrain*, y creuse un puits.

La Cour impériale de Dijon, dans son arrêt du 20 août 1858, aurait donc formellement violé l'article 552 du code Napoléon, ainsi que les articles 7 et 12 de la loi de 1810, en interdisant à celui qui est *doublement propriétaire*, comme maître de la surface et comme concessionnaire de la mine, le droit d'ouvrir un puits chez lui, sur son terrain, sans le consentement du voisin, parce qu'il a plu à celui-ci d'entourer *tout récemment* sa propriété d'une clôture.

La qualité de propriétaire suffisait, d'après les articles 552 du code Napoléon et 12 de la loi de 1810, pour que le droit de fouille fût maintenu sans entrave.

« Art. 552. LE PROPRIÉTAIRE peut faire *au-dessus* … Il peut faire » *au-dessous* toutes les constructions et *fouilles* qu'il jugera à propos, » et *tirer de ces fouilles* tous les produits qu'elles peuvent fournir, » *sauf les modifications* résultant des lois et règlements *relatifs aux* » *mines.* »

» Art. 12. LE PROPRIÉTAIRE pourra faire des recherches, sans for- » malité préalable, *dans les lieux réservés par l'article* 11, comme » dans les autres parties de sa propriété; mais *il sera obligé d'obtenir* » *une concession* avant d'y établir une exploitation. »

Les modifications dont parle l'article 552 étant en faveur des recherches et de l'exploitation des mines, et l'article 12 étant une exception à l'article 11 *en faveur du propriétaire*, il en résulte qu'en aucun cas l'article 11 ne peut être invoqué contre celui qui est tout à la fois concessionnaire de la mine et propriétaire du sol.

Mais, qu'on le remarque bien, l'article 11 n'est pas et ne peut pas être *une exception* à l'article 552; il *ne restreint* que *le droit* concédé ou permissionné, et ne peut être invoqué que par celui *dont la propriété* est concédée ou permissionnée, et le droit de propriété conféré par l'article 552 n'est modifié que pour *favoriser* l'exploitation des mines.

- D'autre part, la circonstance que les constructions étaient nouvelles était d'un intérêt décisif. La Chambre civile a en effet écrit dans son arrêt du 18 juillet 1837 : « *Attendu que l'article 11 de la loi de 1810 ne peut être appliqué aux établissements formés après la concession.* » La même doctrine a été maintenue dans l'arrêt solennel du 3 mars 1844 , en disant que le concessionnaire ne doit pas subir la perte d'une partie de sa concession « *à raison de la création d'un établissement nouveau.* »

Ces décisions ont conservé toute leur autorité, parce qu'elles sont dans la force des choses. En effet, la protection de l'article 11 ne peut pas être invoquée par le propriétaire de la surface qui bâtit *sur le terrain concédé*, parce qu'il ne peut pas nuire à la propriété de la mine, non moins respectable que la sienne.

Un puits creusé, un magasin construit, un chemin établi, *protégés par l'article* 8, ne peuvent pas être reculés au caprice du voisin qui établira une clôture, et il faudrait aller jusque-là si l'article 11 était applicable dans tous les cas, ce qui ne peut pas être, ou bien il faudrait rayer de la loi l'article 7, qui confère *la propriété* minérale *à perpétuité*, en ces termes :

« L'acte de concession donne *la propriété* PERPÉTUELLE *de la mine*, » laquelle est dès-lors disponible et transmissible comme tous autres

» biens, et DONT ON NE PEUT ÊTRE EXPROPRIÉ QUE DANS LES CAS *et*
» *selon les formes prescrites* POUR LES AUTRES PROPRIÉTÉS, confor-
» mément au code Napoléon et au code de procédure civile. »

Or, qu'est-ce qui compose *la propriété* d'une mine ou d'une houillère ? Est-ce *la houille* ou *le terrain* houiller ? C'est évidemment le terrain, parce que cette propriété ne diffère des autres que par les *produits* qu'elle *renferme*.

Dans tous les cas, le propriétaire d'une mine subirait l'EXPROPRIATION *partielle* ou *totale* de sa propriété EN DEHORS *des cas* et *des formes prescrites* pour les autres propriétés, et sa propriété *serait mise* HORS LA LOI, si, par la création d'un établissement nouveau, il était privé d'une partie de sa concession ou de son exploitation.

Par la force des choses on arrive à reconnaître avec les arrêts remarquables de la Cour suprême, que le propriétaire d'une mine, *quelle que soit la nature de sa propriété*, ne doit pas être privé d'une partie de sa concession à raison de la création d'*une clôture nouvelle*, et que l'article 11 ne s'applique pas aux clôtures ou habitations *formées après la concession*.

La prohibition d'établir une exploitation de mines à 100 mètres d'une habitation ou d'une clôture est quelque chose de parfaitement *exceptionnel*, qui dérive de la permission ou de la concession *qui en forme l'une des conditions*, et la consé-quence naturelle qui en résulte c'est que ce qui est accepté comme une convention, ce qui fait la loi des parties, *ne peut plus être changé;* tout se reporte nécessairement à cet égard au temps de la concession.

Il résulte de là que la Cour de Dijon n'a pas seulement violé l'article 7 de la loi de 1810, mais qu'elle s'est placée en contra-diction avec la jurisprudence de la Cour de cassation.

La loi, après avoir désigné à l'article 11 les lieux et les terrains qui sont exclus de la concession, avait à régler le PRIX *de la dépossession* du propriétaire de la surface, et c'est dans ce but que les articles 43 et 44 ont été édictés.

Mais, comme on n'admet pas la concession d'une *véritable* propriété en fait et en droit, on n'a pas mieux compris les articles 43 et 44 que l'article 11.

La concession du terrain est cependant évidente : elle résulte principalement de la seconde disposition de l'article 7, parce que, s'il n'y avait concession que de la substance minérale, on ne pourrait pas en faire le partage *avant l'extraction* ni empêcher le partage *après l'extraction;* elle résulte encore de l'article 39, parce qu'il n'y a que le terrain qui puisse être exploité comme *mine nouvelle* ou *mine ancienne;* la substance à extraire serait toujours mine nouvelle, et ouvrir une mine c'est ouvrir le terrain.

Néanmoins, on croit que ces articles 43 et 44 ont pour objet de régler les dommages causés à la propriété de la surface, et l'on a voulu, à l'occasion du même terrain, établir *deux sortes* de dommages, l'un provenant des travaux intérieurs et l'autre des travaux extérieurs, et *deux sortes* d'indemnités, l'une au simple et l'autre au double.

Pour faire prévaloir cet étrange système on a dit que les dommages résultant des travaux *intérieurs* sont involontaires et qu'il y a perte pour l'exploitant, tandis que les dommages occasionnés par les travaux *extérieurs* sont volontaires et sont causés en vue d'un bénéfice à faire.

C'est là une double erreur de la part des meilleurs esprits ; le dommage provenant des travaux intérieurs est causé par un affaissement du sol, suite naturelle de l'extraction de la *substance minérale*, et cette richesse donne *un bénéfice;* s'agit-il au contraire de travaux extérieurs, établis pour les recherches, il arrive souvent que celles-ci sont infructueuses et qu'*il y a perte* pour l'exploitant.

De telle façon qu'on devrait plutôt accorder le double du dommage provenant des travaux intérieurs, si la question de la double indemnité dépendait de l'utilité des travaux; mais le système *de deux sortes* de dommages et *de deux sortes* d'indemnités a été repoussé avec raison par la Cour de cassation.

Les articles 43 et 44 ont une application spéciale, exceptionnelle, et il est même impossible de les appliquer au règlement des dommages causés par accident.

En effet, l'article 43 règle l'indemnité d'occupation sur une *base à forfait :* le double de ce qu'eût *produit net* le terrain occupé par les travaux, sans nulle augmentation, et l'article 44 règle le prix du terrain également sur une *base à forfait :* le double de la valeur qu'il avait *avant l'exploitation de la mine.*

On n'a peut-être pas remarqué que l'explorateur, *simple permissionnaire,* n'est jamais tenu, quelles que soient la durée de l'occupation et la nature du dommage causé, d'acquérir et de payer le terrain occupé ou endommagé ; il doit seulement l'indemnité d'occupation, et, à la cessation de l'occupation, le dommage causé d'après la règle commune, *si le terrain n'est pas mis en culture* COMME IL L'ÉTAIT AUPARAVANT.

Les *travaux d'exploration* sont cependant absolument semblables aux *travaux d'exploitation ;* pour les uns comme pour les autres il faut occuper la surface de la mine, et les uns et les autres occasionnent des affaissements ; seulement les dommages sont, aux termes de l'article 46, réglés par le Conseil de préfecture.

De son côté, l'explorateur ou l'exploitant concessionnaire, quand *il n'a pas occupé* la surface de la mine *pendant plus d'une année,* ou quand *son occupation* n'a pas rendu le terrain *impropre à la culture,* ne doit non plus que l'indemnité d'occupation et la réparation du dommage causé, *si le terrain n'est pas mis en culture* COMME IL L'ÉTAIT AUPARAVANT.

Mais, comme les articles 43 et 44 ne peuvent être appliqués au règlement des dommages, on est forcément tenu de recourir au droit commun, et alors il n'y a plus ni *base* ni *forfait,* c'est un *quasi-délit* à réparer.

Peu importe la cause du dommage, la réparation ne peut en être exigée qu'en vertu de l'article 1382 du code Napoléon, et la Cour de Dijon, dans un arrêt du 21 août 1856, a décidé :

« Que le droit commun *est même*, en certains cas, PLUS FAVORABLE au propriétaire dépossédé, puisqu'au lieu de lui adjuger *une indemnité* à FORFAIT, comme le font les articles 43 et 44, *il permet* de proportionner l'indemnité au dommage, et par conséquent d'ÉLEVER *en certains cas* CETTE INDEMNITÉ *au-delà* DU DOUBLE. »

Le règlement du dommage doit comprendre *tout le préjudice* causé et s'applique *à toute chose*, sans distinction ; tandis que l'indemnité d'*occupation* PROVISOIRE OU DÉFINITIVE est établie sur une base à forfait : LE DOUBLE de ce qu'aurait *produit net* LE TERRAIN *occupé*, et ne s'applique qu'à ce terrain. Toute erreur sur ce point est impossible.

Quant au règlement du prix du terrain, la loi renvoie pour l'évaluation *au mode* indiqué par les règles établies dans la loi du 16 septembre 1807, *sur le dessèchement* des marais, etc., titre XI, et le terrain doit être estimé AU DOUBLE *de la valeur qu'il avait avant l'exploitation de la mine*, d'après *la base* fixée par la loi pour l'occupation *provisoire* ou *définitive*.

Le renvoi à la loi du 16 septembre 1807, a été proposé par M. Regnault de St-Jean-d'Angély dans la séance du 27 juin 1809, et, après examen par la section de l'intérieur, la proposition a été adoptée le 24 octobre suivant, en ces termes :

« L'évaluation du prix sera faite suivant les règles établies par la loi du 16 septembre 1807, sur le dessèchement des marais, etc., titre XI. LE TERRAIN à *acquérir* SERA TOUJOURS COMPTÉ *pour vingt-cinq ares*, lors même que la surface à acquérir sera plus petite. »

La *base à forfait* posée dans l'article 43 pour l'estimation des terrains, ne devait être appliquée qu'à un *minimum de vingt-cinq ares*, lorsque la commission du Corps législatif proposa la rédaction suivante :

« LE TERRAIN à *acquérir* SERA TOUJOURS ESTIMÉ AU DOUBLE DE LA VALEUR *qu'il avait* AVANT L'EXPLOITATION DE LA MINE. »

Le Conseil d'Etat supprima le *minimum* et adopta le système du double prix, sans changer *la base d'estimation;* mais le renvoi à la loi de 1807 a été maintenu avec addition de ces mots: *quant au mode,* et l'article de la loi de 1810 porte:

« L'évaluation DU PRIX *sera faite,* QUANT AU MODE, suivant *les règles établies* par la loi du 16 septembre 1807, sur le dessèchement des marais, etc., titre XI: mais le terrain à acquérir *sera toujours estimé* AU DOUBLE DE LA VALEUR QU'IL AVAIT AVANT L'EXPLOITATION DE LA MINE. »

On a vu dans notre traité *de la Propriété des Mines* que le gouvernement, la Cour suprême et le Conseil d'Etat n'ont pu s'entendre pour l'exécution du 2me § de l'article 44, et que les auteurs ont accusé le législateur *d'inadvertance;* en disant que le renvoi à la loi de 1807 doit être *réputé non écrit* (1).

Les arrêts de la chambre des requêtes de la Cour de cassation ayant appliqué le renvoi aux articles 56 et 57 du titre XI de la loi de 1807, et déclaré que valeur *avant l'exploitation de la mine* c'est valeur *avant le dommage causé,* les auteurs ont pu *accuser* le législateur d'inadvertance et *rayer* une disposition de la loi, parce qu'il est impossible d'admettre l'interprétation donnée à cette disposition par la Cour suprême.

1° Quant *au renvoi* à la loi de 1807, si l'on recourt au titre XI, *indiqué dans le renvoi,* on trouve en tête de ce titre les articles 48 et 49, qui règlent *la condition* des constructions *illicites* et des terrains dont la valeur a été augmentée par des *travaux d'utilité publique,* et tout indique que le renvoi s'applique à ces deux articles quand on admet, *avec toutes ses conséquences,* la concession de ces terrains *sous le nom de mines.*

Deux décrets du Conseil d'État du 24 octobre 1832 et du 30 juin 1841 ont appliqué les dispositions de l'article 49 à des terrains dont la valeur avait été augmentée par des travaux d'utilité publique.

2° Quant à la valeur du terrain *avant l'exploitation de la*

(1) Voir, t. II, pages 552 et 559, § 4 et 5.

mine, c'est la valeur BASÉE *sur le produit de la surface ;* le propriétaire qui exige l'achat de son terrain valeur avant l'exploitation *comme mine*, renonce tacitement à ses droits *sur le produit de la mine.*

Le propriétaire dépossédé, ayant droit à *deux redevances*, l'une sur la mine et l'autre sur la surface, eût conservé ses droits *sur le produit de la mine* sans cette disposition : *valeur avant l'exploitation de la mine*, interprétée par l'Empereur dans la séance du 13 février 1810.

« Pour ce qui est relatif aux mines, LE DROIT *de prélever* UNE REDEVANCE *sur le produit de la mine* DÉRIVE DE LA QUALITÉ *de propriétaire* DU DESSUS. »

Or, le propriétaire de la surface qui vend son terrain, en perdant *sa qualité* de propriétaire du dessus, perd ses droits sur *le produit de la mine*, et le prix du terrain ne doit pas comprendre *la valeur de la mine*, il est payé valeur *avant l'exploitation de la mine.*

Rien au surplus n'oblige le propriétaire de la surface à renoncer à ses droits sur la mine ; il lui suffit de rester propriétaire *du dessus* de la mine et de se contenter des redevances, jusqu'au rachat qui peut en être fait.

3° Quant *aux bases* de l'estimation des terrains OCCUPÉS *provisoirement* ou *définitivement*, on a vu que M. Treilhard a dit que LES BASES d'après lesquelles *l'indemnité doit être évaluée* SONT FIXÉES PAR LA LOI, et que M. Regnault de St-Jean-d'Angély a fait observer qu'*elles* LE SONT par l'article 43, disant ensuite, *dans les motifs de la loi*, que cette indemnité est réglée de manière *à désintéresser* l'un *sans grever* la condition de l'autre (1).

Les bases d'estimation pour le règlement *du prix* sont les mêmes que pour le règlement *de l'indemnité annuelle ;* elles ne changent pas selon que l'occupation est *provisoire* ou

(1) Voir pages 14, 1er et 2me alinéa, et 71, la fin du 5me alinéa.

définitive, ni selon que le propriétaire préfère l'indemnité annuelle ou le prix de son terrain.

La propriété de la *surface d'une mine* n'a d'autre valeur que celle de la terre *végétale*, et cette valeur est fixée d'après la *qualité* et la *quantité* des produits et la *facilité* d'en opérer la vente ; ces avantages étant réunis autour d'une exploitation de mines, il en résulte que *la base* d'estimation fixée par la loi est *juste* et *équitable*, et le législateur n'ayant pas dérogé a cette base pour le double prix, on doit capitaliser la redevance.

Tout autre *mode d'estimation* doit être écarté ; il exclut les constructions *illicites*, NON PROTÉGÉES par l'article 11, et l'augmentation du prix en déhors du produit, ainsi que le veut LE MODE *des règles établies* par les articles 48 et 49 de la loi de 1807, auxquels renvoie l'article 44 de la loi de 1810.

Seulement, *le prix du terrain* peut être exigé de toute la pièce de terre, lorsqu'elle est *endommagée* ou *dégradée* sur une trop grande partie de la surface, tandis que l'*indemnité annuelle* n'est due que pour la parcelle occupée.

Le propriétaire de la surface n'est pas tenu de morceler sa terre quand il en exige l'achat ; mais *la base* de l'indemnité d'une occupation *partielle* doit, à plus forte raison servir pour la fixation du prix *de la totalité* de la terre, et les propriétaires de mines sont ainsi protégés par l'article 44 comme par l'article 43, ce qui est d'ailleurs démontré par le renvoi à la loi de 1807.

Aussi est-il de leur intérêt d'occuper la surface lorsque leurs travaux souterrains ne sont pas à une profondeur telle qu'elle puisse empêcher un effondrement. Dans ce cas, comme l'exploitation *est obligatoire*, les propriétaires de mines *ont le droit* de prendre possession de la surface, sauf l'autorisation du préfet et l'indemnité *préalable,* pour prévenir *toute collision* au moment *de la dépossession* du propriétaire exproprié.

On évite par là le paiement d'*un premier* dommage, puis d'*un second* et de *tout le terrain*, à mesure que l'effondrement augmente le préjudice, et l'on évite surtout expertises sur expertises, indemnités sur indemnités, et les frais ruineux *qui sont la conséquence de l'application du droit commun.*

On évite donc l'application du droit commun lorsque le préfet, sur l'exposé de l'utilité des travaux, a autorisé *la prise de possession* DU TERRAIN *à occuper* ou *à exploiter*, et que l'arrêté préfectoral a été notifié au propriétaire *à déposséder*, avec offre du double de la valeur de ce qu'eût *produit net* le terrain, *pour toute indemnité*, conformément à l'article 43.

Pour l'indemnité d'occupation on a UNE BASE invariable : « LE DOUBLE *de ce qu'aurait* PRODUIT NET *le terrain* », rien de plus, c'est l'art. 43 de la loi qui le veut, et, si les travaux *établis à demeure* rendent l'indemnité annuelle et perpétuelle, le concessionnaire a le droit, en vertu de l'article 530 du c. N., de s'en affranchir en remboursant LE CAPITAL *au denier vingt.*

Le propriétaire de la surface, lui-même, lorsqu'il requiert inscription sur la mine, pour assurer le paiement de l'indemnité perpétuelle, ne peut la requérir que pour UN CAPITAL *au denier vingt*, et, le cas échéant, il ne peut exiger que le capital *conservé par l'inscription.*

Il n'y a rien à objecter contre ces simples observations ; elles empêcheront *à l'avenir* les évaluations *arbitraires* que le législateur de 1810 a voulu éviter pour les estimations de terrains, notamment par la disposition *valeur* du terrain avant son exploitation *en mine.*

Aussi bientôt les rôles seront intervertis : d'un côté, les propriétaires de mines se mettront sous la protection de la loi de 1810 et repousseront l'application du droit commun ; de l'autre, les propriétaires de la surface invoqueront le droit commun et refuseront les indemnités allouées par les art. 43 et 44, comme on l'a fait dans les espèces jugées par les Cours de Bourges et de Dijon, le 20 avril 1831 et le 12 août 1853, où le droit commun a été réclamé et appliqué de préférence aux articles 43 et 44, et alors des deux côtés on comprendra mieux la loi de 1810 (1).

Mais les idées d'une *double indemnité* en matière de mines sont tellement aujourd'hui dans les esprits, que la Cour de Dijon, malgré sa propre jurisprudence, confirmée dans son arrêt du 21 août 1856, a, dans celui du 24 mars 1858, fait l'application de l'article 44 *à des bâtiments* endommagés.

Ces bâtiments n'étaient ni à l'usage de l'exploitation, ni occupés depuis plus d'un an, et, quoique cet article 44 n'ait rapport qu'aux *terrains occupés* ou *rendus impropres à la culture*, néanmoins la disposition portant que *les terrains seront payés* au double de la valeur qu'ils avaient avant l'exploitation de la mine *a été appliquée à des* BATIMENTS !

De telle sorte qu'aussitôt que le propriétaire de la surface éprouve un dommage, il exige l'achat au double de l'objet endommagé, et, s'il osait, il demanderait volontiers le prix double *de sa personne* valeur avant l'exploitation de la mine, si les travaux de mines lui occasionnaient un accident.

Valeur avant l'exploitation de la mine, c'est là une énigme, et l'on raie de la seconde disposition de l'article 44 le renvoi au titre XI de la loi de 1807 ; cependant le renvoi et le double prix *sont indivisibles* ; l'un adoucit l'autre, a dit M. de Girardin.

N'a-t-on pas vu aussi que M. Regnault de Saint-Jean-d'Angély, devant le Corps législatif, comme commissaire du gouvernement, a dit, en parlant des indemnités à ceux dont on est obligé de prendre la propriété, qu'elles étaient réglées de manière à *désintéresser* les propriétaires *sans grever* la condition des exploitants ?

Et d'ailleurs ne voit-on pas que tous les systèmes dont on a essayé jusqu'ici ont égaré la justice dans des sentiers inextricables et que l'on est arrivé partout *à des impossibilités ?*

Chacun ensuite accuse le législateur de ne pas avoir rédigé

(1) T. II, de *la Propriété des Mines,* page 524.

la loi telle qu'il la comprend , sans se souvenir qu'elle a été conçue par *le génie de l'*Empereur, ni voir qu'elle complète le livre deuxième du code Napoléon , titre Ier, *des biens et des différentes modifications de la Propriété.*

Mais puisque le propriétaire d'une mine a le droit de disposer *en maître absolu* DU TERRAIN CONCÉDÉ , *depuis la surface jusqu'à une profondeur indéfinie*, pourquoi ne pas admettre qu'il a une propriété territoriale ordinaire de la même nature qu'une carrière de pierres , comme l'a dit l'*Empereur ?*

Sous le régime de la loi de 1791 , a dit M. de Girardin , les concessionnaires de mines *étaient des fermiers ;* ils exploitaient une propriété qui résidait en d'autres mains , tandis que la loi de 1810 *les rend propriétaires.*

En présence de déclarations aussi explicites , émanant des auteurs de la loi , que peut-on opposer contre elle? Dira-t-on qu'elle est mal faite ?

On ne résiste *au système* de la loi de 1810 que parce qu'on s'effraie des *anciennes* grandes concessions ; on ne sait pas que celles-ci n'ont été accordées que dans *des contrées inhabitées*, comme l'étaient autrefois le Creusot, Montceau-les-Mines et Montchanin-les-Mines.

Il y a de très-petites concessions ; quelques-unes n'ont même qu'une étendue d'un à deux hectares, et un grand nombre n'ont pas cinquante hectares ; dans ce cas, on comprend facilement qu'il faut que le propriétaire de la mine ait la libre disposition *de la surface de sa propriété.* Mais on comprend aussi qu'il ne peut y avoir deux législations : une pour les petites et une autre pour les grandes concessions ; les unes comme les autres ont droit au même respect et sont régies par la loi de 1810.

D'ailleurs, quelle que soit l'étendue de la concession, une fois accordée, tous les terrains concédés *comme mine* sont présumés indispensables à l'exploitation de la mine et condamnés pour longtemps au *statu-quo.*

En résumé, on ne comprendra bien la loi de 1810 qu'en

reconnaissant avec les arrêts de la Cour suprême du 18 juillet 1837 et du 3 mars 1841 (1), que l'article 7 de cette loi modifie gravement le droit de propriété conféré par l'article 552 du code Napoléon.

Il résulte, en effet, DES ARTICLES D'EXÉCUTION *de la loi de* 1810 que le propriétaire de la mine peut, aux termes des articles 1er, 7, 8 et 29, disposer, pour tous les besoins de ses travaux, DU PÉRIMÈTRE *de terrain concédé* SOUS LE NOM DE MINE, *depuis la surface jusqu'à une profondeur indéfinie*, et que le propriétaire de la surface, d'après les articles 43 et 44, n'a qu'une propriété *superficielle* qui ne donne qu'un droit de *culture* sur la surface de la mine.

Car, quelle que soit *la nature* de la propriété d'une mine, elle a droit à autant de respect que toutes les propriétés en général, et c'est là ce qui montre bien qu'elle ne peut être *frappée d'interdit* par de nouvelles constructions.

Il est urgent aujourd'hui de poser des principes certains ; car d'erreur en erreur on en est arrivé à ne plus s'entendre sur les principales dispositions de la loi de 1810 et à en rendre l'exécution tout-à-fait *impossible*.

On suit *un système bâtard*, qui n'est ni celui de la loi de 1791, ni celui de la loi de 1810 ; on ne reconnaît au concessionnaire qu'un droit d'exploitation subordonné *au bon plaisir* du propriétaire de la surface, et celui-ci, tout en subissant les conséquences de la concession de son terrain, n'admet néanmoins aucune *modification* à son droit de propriété.

Ce propriétaire ne paraît point au moment de la demande en concession ; n'use de son droit d'opposition ni pour discuter l'indemnité offerte par le demandeur en concession, ni pour solliciter la distraction d'une partie des terrains demandés ; il ne croit pas à *la réalité* de cette concession et néglige ces précautions prudentes comme des formalités illusoires.

(1) Voir, page 95, tout le § 8.

En définitive, il résulte des articles 1er, 8 et 29 de la loi de 1810 que la concession d'une mine *donne le droit* au concessionnaire, sous les *restrictions* portées en l'article 11, DE S'ÉTABLIR *à demeure* SUR LE TERRAIN *concédé*, pour en extraire les matières minérales qu'il *contient* et qui existent *tant à la surface* que dans le tréfonds, c'est-à-dire *depuis la surface* jusqu'à une profondeur indéfinie, *sans interruption*.

Alors il demeure démontré avec évidence que l'article 11, *dont l'article 12 est d'ailleurs une exception*, ne modifie point le droit de propriété résultant de l'article 552; qu'il restreint seulement l'*expropriation*, et que les articles 6, 42, 43 et 44 n'ont été édictés que pour régler *le prix de la concession* au moment de la dépossession du propriétaire exproprié, soit du tréfonds d'abord, soit de la surface ensuite.

Mais, encore une fois, qu'on lise avec attention tous les documents législatifs que nous avons rapportés, notamment les articles 1er, 2, 3, 4, 5, 6, 7, 8, 29, 42, 43 et 44, on verra que la propriété d'une mine comprend le terrain tout entier, surface et tréfonds, et que tout a été prévu par la prudente sagesse de Napoléon Ier.

Ce qui prouve d'ailleurs que nous sommes dans le vrai, c'est, d'un côté, l'appui d'hommes de talents et l'approbation donnée à notre système : d'abord, *par la Cour de cassation* dans ses deux arrêts remarquables, et ensuite par la Cour impériale de Dijon dans deux arrêts du 29 mars 1854 et du 21 août 1856, par le tribunal d'Alais dans un jugement du 1er avril 1857, et par le tribunal de Mâcon dans un jugement du 13 juillet 1858 (1) ; c'est, d'autre part, *l'aveu fait par nos adversaires* que leur système n'aplanit pas les difficultés.

Tandis que l'interprétation que nous donnons à l'œuvre du législateur de 1810, loin de rencontrer des obstacles, dénoue

____

(1) T. II, *De la Propriété des Mines*, page 597, et ici, pages 95 et 131.

naturellement et sans efforts *toutes les difficultés ;* elle éclaire toutes les dispositions de la loi et les rassemble, les groupe comme les effets d'une même cause, les conséquences d'un même principe.

Si nous venions, au milieu d'un accord universel, changer une interprétation depuis longtemps réglée de la loi de 1810, nous comprendrions qu'on repoussât nos idées comme une nouveauté inutile.

Mais, quand nous entendons dire de toute part, même parmi le Conseil d'État, la magistrature et l'administration, que la législation des mines *est en général mal connue* (1), pourquoi nous ferait-on un crime d'avoir une opinion personnelle *neuve* et *contraire* aux idées admises, et pourquoi n'examinerait-on pas notre travail avec un sérieux intérêt?

Les idées que nous émettons ont besoin d'être *mûrement réfléchies ;* elles apportent des modifications tellement graves au droit de propriété, qu'une mesure législative serait peut-être nécessaire *pour régulariser le passé.*

Nous oserons même affirmer qu'il est de toute impossibilité de s'entendre si l'on n'admet pas l'interprétation que nous donnons à la loi de 1810 ; dans ce cas, nous engageons les propriétaires de mines *à s'adresser au gouvernement,* parce qu'ils ne peuvent pas accepter la dernière jurisprudence des tribunaux sur les articles 11, 43 et 44 ; vingt-cinq années d'expérience dans ces matières et de persévérants travaux nous donnent le droit de parler ainsi.

Tout récemment, le 12 janvier 1859, M. le procureur-général Dupin, portant la parole devant les Chambres réunies de la Cour suprême, disait :

« Je suis toujours en défiance contre ces questions qui surgissent AU BOUT DE CINQUANTE ANS, et qui, après l'*exécution uniforme* d'une loi CONSTAMMENT ENTENDUE *d'une certaine manière,* apparaissent tout-à-coup comme une découverte, comme une soudaine illumination,

____

(1) **Voir page xii de l'avertissement.**

dont la lueur éclaire seulement quelques rares esprits, en accusant tout le passé d'aveuglement ou d'inattention.

» Hélas! sans doute il arrive souvent aux meilleurs esprits de se tromper et de faire fausse route; on a vu des jurisprudences s'introduire à l'aide de quelques espèces singulières, dans des circonstances propres à faire illusion, et se perpétuer par une suite *de décisions vassales* de celles qui les avaient précédées, sans qu'on eût entrevu à l'origine les conséquences auxquelles il faudrait arriver en persévérant dans la même voie; et puis, tout-à-coup, des faits nouveaux commander un nouvel examen, réclamer une solution différente, et faire proclamer une doctrine contraire à celle des premiers arrêts.

» On peut même dire que, dans ces retours de la jurisprudence sur elle-même, *il y a plus que de la* JUSTICE ORDINAIRE, puisqu'il s'agit *pour le juge* DE VAINCRE SON AMOUR-PROPRE EN RECONNAISSANT QU'IL S'ÉTAIT TROMPÉ.

» Mais dans l'espèce qui vous est soumise et qui commande la réunion de toutes les Chambres, s'agit-il donc d'une simple erreur de doctrine qui se serait produite dans une question ordinaire de droit?

» *Il s'agirait* D'UNE ERREUR GÉNÉRALE, UNIVERSELLE !.... »

Dans l'espèce citée par M. le procureur - général on était généralement d'accord; l'article 548 du code de procédure civile avait été interprété d'une manière uniforme pendant *cinquante ans* par tout le monde, sans *réclamations*, sans *controverses*, et néanmoins, contrairement aux conclusions de M. Dupin, la Cour suprême, cassant les arrêts des Cours impériales de Paris et de Rouen, a déclaré que *l'erreur avait été générale*, et que la disposition avait été par tous mal comprise.

En ce qui concerne la loi de 1810, c'est le contraire; on cherche depuis *cinquante ans* à interpréter d'une manière équitable ses principales dispositions. Elle n'a jamais été exécutée d'une manière uniforme par les tribunaux; la jurisprudence d'un même tribunal ne dure qu'un jour, et l'opinion générale flotte incertaine dans une nuit profonde.

On ne peut pas dire ici qu'une erreur générale a prévalu sans contestations et d'un accord universel; on ne peut pas accuser tout un passé d'aveuglement ou d'inattention, puisque toujours les esprits inquiets ont été en travail et se sont efforcés de résoudre un grand problème.

Nous-même nous avons longtemps réfléchi sur ce sujet ; c'est par un travail persévérant que nous sommes arrivé à obtenir la preuve que la loi de 1810 n'a jamais été bien comprise, et ce n'est pas une soudaine illumination qui nous a conduit sur le chemin de la vérité, en démontrant que la propriété d'une mine est une *propriété* ORDINAIRE, *inviolable* et *sacrée* comme toutes les autres propriétés.

Qu'on ne nous accuse donc pas de témérité, si nous nous déclarons franchement hostile aux idées qui ont prévalu jusqu'à ce jour et si nous prétendons accomplir *une révolution* dans la jurisprudence des tribunaux, car en cela nous sommes moins *novateur* qu'on ne pense.

Dans l'état actuel des choses, il est reconnu que nulle conciliation n'est possible entre les arrêts de la justice ; eh bien ! nous proposons simplement qu'au lieu d'essayer encore de nouvelles hypothèses, on remonte aux origines de la loi, qu'on recherche la pensée du législateur, comme on revient aux *sources* primitives de l'histoire, au témoignage des contemporains, pour éclaircir des faits douteux ou controversés.

Mais, il faut bien le dire, nous avons entrepris une grande tâche en osant demander à tout le monde de réformer ses idées *pour sortir d'embarras* ; car, comme l'a dit M. le procureur-général Dupin, c'est plus qu'un acte de justice ordinaire, puisqu'il s'agit pour le juge *de vaincre* SON AMOUR-PROPRE *en reconnaissant qu'il s'était trompé* sur l'interprétation et l'application des articles 11, 43 et 44 de la loi de 1810.

TABLE ANALYTIQUE

RÉSUMANT LES DOCUMENTS LÉGISLATIFS, LA LOI ELLE-MÊME ET LES
ARRÊTS REMARQUABLES DE LA COUR SUPRÊME, SUR LA NATURE
DE LA PROPRIÉTÉ DES MINES.

Pages

§ 3. Exposé des motifs de la loi par M. Regnault de Saint-Jean-d'Angély.

Pages

§ 7. Opinion de M. Locré sur les droits des propriétaires
de la surface.

§ 8. Arrêts remarquables de la Cour de cassation sur les
droits des propriétaires de mines.

Pages

I. Erreurs dans l'application de l'article 11.

II. Erreurs dans l'application de l'article 6.

Pages

FIN DE LA TABLE.

UN DERNIER MOT.

D'après une jurisprudence consacrée depuis l'impression du *Résumé du Traité de la Propriété des Mines*, cette propriété, garantie à perpétuité par l'article 7 de la loi de 1810, pourrait désormais, selon le bon plaisir du propriétaire de la surface ou du voisin, être *frappée d'interdit*, et la loi *serait alors* LETTRE-MORTE !

La Cour suprême vient en effet d'approuver, par arrêt du 31 mai 1859, celui rendu par la Cour impériale de Dijon le 20 août 1858 (1), qui interdit à un propriétaire la faculté de creuser un puits chez lui, *sur son terrain*, parce qu'il a plu au voisin d'entourer un champ d'une clôture murée.

Ce voisin venait de clore son champ lorsque le concessionnaire de la mine a ouvert, *sur son propre sol*, un puits dont la suppression a été ordonnée par la Cour suprême, en vertu de l'article 11 de la loi de 1810.

Les droits sont ainsi intervertis : ce n'est plus la surface qui, *moyennant indemnité*, est subordonnée à l'exploitation de la mine, c'est au contraire la mine qui, *sans indemnité*, est subordonnée à la surface.

Il y a là une erreur inouïe, qui conduit à l'anéantissement complet du droit de propriété conféré par l'article 7 de la loi de 1810 et à l'*interdiction* de l'exploitation d'une mine *dans toute l'étendue de son périmètre* quand le propriétaire de la surface ou le voisin le voudra !

La Cour de cassation s'étant prononcée sur ce point, il ne reste plus aux propriétaires de mines qu'un recours à l'Empereur, afin de faire interpréter par un décret l'article 11 de la loi de 1810.

En Belgique, où la loi de 1810 est demeurée en vigueur,

(1) Voir pages 131 à 137.

cet article a une portée toute autre ; une disposition législative,
du 14 mars 1826 (1) lui a donné une interprétation que la
Cour de cassation française n'a jamais voulu reconnaître.

Et cependant quelle confusion, quelle contradiction de
toutes parts ! La Cour impériale de Lyon, qui avait donné l'élan
à la jurisprudence adoptée par la Cour suprême, réforme ses
propres arrêts pour suivre un système qu'elle avait combattu
pendant plus de trente années !

La Cour impériale de Dijon, jusqu'à son arrêt du 20 août
1858, résiste à la jurisprudence de la Cour de cassation, pour
suivre l'interprétation donnée en Belgique à l'article 11.

C'est en effet un contraste bizarre que de voir la Cour
impériale de Lyon ne changer de jurisprudence que pour
adopter celle que la Cour de Dijon devait abandonner, et la
Cour impériale de Dijon ne changer la sienne que pour suivre
celle que la Cour de Lyon venait de repousser.

Or, quand les arrêts *immuables* de la Cour de cassation
rendent impossible l'exécution de la loi, et que deux Cours
impériales marchent tour à tour avec la Cour suprême, et
toujours dans un sens opposé l'une à l'autre ; ne changeant de
jurisprudence que pour adopter un système qu'elles ont combattu pendant plus de trente années, n'est-il pas évident qu'une
disposition législative est nécessaire pour mettre fin à un état
de choses aussi déplorable ?

Mais on ne doit pas s'étonner si la loi de 1810 n'a jamais été
bien comprise ; nous l'avons étudiée pendant 25 ans et nous
avons écrit des volumes pendant 10 ans, avant d'avoir pu bien
comprendre le 2me § de l'article 44, et ce n'est qu'à la fin de
ce petit travail (2) et dans l'avertissement que nous l'avons
interprété d'une manière logique et juste.

(1) Voir, t. II, *De la Propriété des Mines*, page 290.
(2) Voir pages 200 à 208.